Rudolf Steiner

Der Goetheanumgedanke inmitten der Kulturkrisis der Gegenwart

Ausgewählte Aufsätze
1921–1925

RUDOLF STEINER VERLAG
DORNACH / SCHWEIZ

Herausgegeben von der Rudolf Steiner-Nachlaßverwaltung

Die hier veröffentlichten Aufsätze
erschienen erstmals in «Das Goetheanum.
Internationale Wochenschrift für Anthroposophie und Dreigliederung»,
Dornach 1921 bis 1925

Ungekürzte Teilausgabe nach dem gleichnamigen Band
der Rudolf Steiner Gesamtausgabe
Bibliographie-Nr. 36, ISBN 3-7274-0360-8
1. Auflage Dornach 1961

Taschenbuchausgabe
1.–10. Tsd. Dornach 1982

Bestell-Nr. tb 6350

Zeichen auf Umschlag und Titelseite von Rudolf Steiner

Gesamtherstellung Clausen & Bosse, Leck

ISBN 3-7274-6350-3

INHALT

Die in Klammern gesetzten Daten hinter den Aufsatz-Titeln beziehen sich auf deren Erstveröffentlichung in «Das Goetheanum. Internationale Wochenschrift für Anthroposophie und Dreigliederung», Dornach

Der Hauptteil dieser Sammlung wurde vor einem halben Jahrhundert durch Marie Steiner zum hundertsten Todesjahr Goethes 1932 in einer besonderen Publikation herausgebracht. Sie nannte die Sammlung «Goethe-Studien und Goetheanistische Denkmethoden. Der Goetheanumgedanke inmitten der Kulturkrisis der Gegenwart». Der Untertitel war: ein *Goethejahrbuch*, herausgegeben von der Leitung der Sektion für Redende und Musische Künste am Goetheanum. Nur ein Jahrbuch liegt in dieser Form von Marie Steiner vor. Es mußte schon eine besondere Gelegenheit sein, damit dieses zustande kam.

Die Ausgabe enthielt Arbeiten aus der frühen und späten Schaffenszeit Rudolf Steiners, welche bis dahin nur in den Zeitschriften, für die sie verfaßt wurden, erschienen waren: die Aufsätze von der Jahrhundertwende im «Magazin für Literatur» und in den «Dramaturgischen Blättern», die späten der Jahre 1922/23 in der Wochenschrift «Das Goetheanum».

Inzwischen liegt das gesamte Aufsatzwerk Rudolf Steiners, chronologisch geordnet, in mehreren Bänden der «Rudolf Steiner Gesamtausgabe» vor.

Das Vorwort von Marie Steiner zu dem Jahrbuch findet der Leser am Schluß dieses Taschenbuches. Mit Recht. Es ist zwar aus dem Augenblick heraus geschrieben, und man muß die Situation von 1932 mit ihren Symptomen im Auge behalten. Doch ist es über den Moment hinaus bedeutsam in seinem Gedenken an Goethe, der neben Rudolf Steiner im Mittelpunkt der künstlerischen Arbeit im Goetheanum stand, die 1938 zur ungekürzten Gesamt-Aufführung der Faust-Dichtung führte.

«Rudolf Steiner begann seine geisteswissenschaftliche, menschenweckende Tätigkeit mit dem Hinweis auf Goethe. Ausgangspunkt für seine Darlegung der neuen Geisteslehre wurde ihm ‹das Märchen von der grünen Schlange und der schönen Lilie›, in welchem Goethe in Bildgestalt sein Glaubensbekenntnis niedergelegt hat. Es ruht darin ein tief esoterischer Kern, den Rudolf Steiner in der Sprache der Bewußtseinserkenntnis uns nahe gebracht hat. Dieser esoterische Gehalt, der ein objektiver ist und aus dem die Kräfte einer geistigen Zukunftsgestaltung der Menschheit erblühen können, ist auch den vier modernen Mysteriendramen Rudolf Steiners zugrunde gelegt. Was jahrzehntelang in seinen Gedanken sich formte und Gestalt gewann, wurde dann in den Nächten eines mitten im Menschengetümmel mit treibender Tagesarbeit überfüllten Sommermonats niedergeschrieben. Und was im ‹Faust› drängendes Streben ist, hier wurde es ruhige Erkenntnisgrundlage, entnommen den im Märchen zu Bildern gestalteten kosmischen Mächten der Schönheit, Weisheit und Schaffenskraft.»

Als sich die Frage stellte, ob nach fünfzig Jahren, zum Gedenkjahr 1982, an eine Neuausgabe der damals von Marie Steiner getroffenen Zusammenstellung gedacht werden könne – wenn auch in der bescheideneren Form einer Taschenbuchausgabe –, zeigte es sich, daß die Fülle der in der Gesamtausgabe vorliegenden Goethe-Arbeiten Rudolf Steiners eine solche Erweiterung forderten, die eine Aufteilung in zwei Bände nötig machte. So erscheinen nun die oben erwähnten frühen Schriften zusammen mit weiteren Arbeiten aus jener Zeit in einem Band dieser Reihe unter dem Titel «Goethe-Studien» (Tb 634). Die vorliegende Ausgabe bringt die Aufsätze aus «Das Goetheanum» in derselben Auswahl und Zusammenstellung, wie sie von Marie Steiner in der Ausgabe von 1932 getroffen worden war.

Goethe hat, auf seine Seelenentwickelung im reifen Alter zurückblickend, drei Persönlichkeiten genannt, die auf ihn den größten Einfluß gehabt haben: *Linné*, der Naturforscher, *Spinoza*, der Philosoph, und *Shakespeare*, der Dichter. Zu Linné hat er sich in Gegensatz gestellt, und ist dadurch zu seinen Anschauungen über Pflanzen- und Tierformen gekommen; von Spinoza hat er die Ausdrucksweise genommen, um eine Gedankensprache zu haben für seine Weltanschauung, die innerlich umfassender, reicher war, als diejenige des Philosophen; in Shakespeare fand er den Geist, der seine Dichterkraft so belebte, wie das den innersten Anforderungen seines eigenen Wesens gemäß war.

Wer Goethe nachempfindet, was er innerlich durchgemacht hat, als er die Seelenkämpfe erlebte, die aus Götz und Werther sich offenbaren, der kann auch eine Vorstellung davon bekommen, was in ihm vorging, als er sich zuerst in Hamlet versenkte.

Man erhält einen tiefen Eindruck davon, wenn man Goethes Gedanken nimmt, in denen er von Shakespeare wie von einem Interpreten des Weltgeistes selber spricht. Was dieser in den Offenbarungen der Natur verschweigt, das spricht Shakespeares Genius aus. In solche Vorstellungen faßt Goethe seine Empfindung von Shakespeare.

Was man heute Intellektualismus nennt, das durchdringt das Seelenleben der Menschheit erst seit etwa fünf Jahrhunderten. Es hat sich erst allmählich in das Innere der Menschen eingewurzelt. In den Anschauungen, welche man über Welt und Leben vorher hatte, lebte eine andere Art der Seelenverfassung. Das Begreifen durch den Gedanken spielte eine untergeordnete Rolle.

In Goethes Seele ist ein Kampf sichtbar gegen das Eindringen der Gedankenherrschaft. Er möchte noch mit anderen Seelenkräften die Welt innerlich erleben. Aber das äußere Geistesleben, von dem er umgeben ist, formt den Gedanken zu dem tonangebenden Element im Seelendasein. Für ihn wird das Gefühl: kann man in Gedanken der Welt nahe kommen, zum erschütternden Innenerlebnis.

Aus dieser Erschütterung wird seine Faustgestalt geboren. Faust hat, so wie ihn Goethe darstellt, zehn Jahre als Lehrer in einem Zeitalter gewirkt, in dem der Intellektualismus erst im Entstehen war. Dieser hatte noch eine schwache Kraft über das Menschengemüt. Faust empfindet ihn noch nicht in Philosophie, Juristerei, Medizin und Theologie als Überzeugung bringende Kraft. Er kann als Mann der Wissenschaft noch zurückverfallen in die Seelenverfassung einer früheren Epoche, in der der Mensch Geistiges in der Natur unmittelbar, ohne die Vermittelung des Intellektes erlebte. Er will zur unvermittelten Geistanschauung kommen. Was in Faust vorgeht in diesem Schwanken zwischen Gedankenerleben und Geistanschauung, das war für den jungen Goethe Seelenkampf.

Hamlet, andere Gestalten Shakespeares, stellten sich vor Goethes Inneres, als er diesen Seelenkampf durchmachte. Hamlet, der seine Lebensaufgabe aus Seelenerlebnissen erhält, die sich ihm als Verkehr mit der Geistwelt darstellen, und der nicht nur in herbe Zweifel, sondern in Tatenlosigkeit geworfen wird durch die Macht seines Intellektes. In Seelenabgründe blickt man bei Hamlets Worten:

> «Der angebornen Farbe der Entschließung
> Wird des Gedankens Blässe angekränkelt.»

Der junge Goethe hat oft in diesen Abgrund geblickt. Und diese Blicke haben seine Empfindung für Hamlets Charakter geschärft. Man wird in der Nachempfindung von Goethes Seelenleben von der Hamlet-Stimmung zu der Faust-Stimmung geführt. Man erlebt *dabei* ein Stück Goethe-Biographie. Es muß nicht belegt werden durch die äußeren Dokumente. Es braucht auch gar nicht im gewöhnlichen Sinne historisch zu sein. Und doch kann es mehr Geschichte spiegeln, als was man gewöhnlich so nennt.

Man kommt zu dem Bilde: Faust, wie er in Goethe lebt, der Lehrer aus einer Seelenverfassung heraus, die hin- und herschwankt zwischen Intellekt und Geistanschauung. Er lehrt in diesem Schwanken zehn Jahre seine Schüler. Man denke sich unter diesen Schülern Hamlet, nicht den der dänischen Sage, sondern den, der in Shakespeares Drama vor dem Leser steht. Goethe hat im Faust den Lehrer hingestellt, der Hamlets «angeborener Farbe der Entschließung» des «Gedankens Blässe angekränkelt» haben kann. So angesehen wird Shakespeare der Dichter, der einen Charakter aus der Dämmerzeit von Mittelalter und Neuzeit vor der Seele hat; Goethe derjenige, der in die Weltanschauungsstimmung dringen will, in der solche Charaktere erwachsen.

In vielen Gestalten Shakespeares konnte Goethe den Abglanz dieser Dämmerzeit empfinden. Das brachte ihm Shakespeare so nahe. Denn das hing zusammen mit seinem Kunstgefühle. In dieses Kunstgefühl drang der Intellektualismus Spinozas ein. In Spinoza lebte bereits der Gedanken-Geist, der dem Denken der neuern Menschheit die Seelenorientierung gibt. Für Goethe wurde dieser «Spinozismus» erst erträglich, als er vor den italienischen Kunstwerken stand, und in ihnen künstlerisch jene «Notwendigkeit» der schöpferischen Naturkräfte empfinden konnte, die ihm bei Spinoza im bloßen Gedankenkleide entgegengetreten war. Er hatte Spinozas Philosophie in Gemeinschaft mit Herder aufgenommen; doch erst in Italien konnte er im Anblicke der Kunst schreiben, was er beim Lesen des Spinoza nicht konnte: «Da ist die Notwendigkeit, da ist Gott.» Goethe bedurfte, um in der Kunst sicheren Boden zu fühlen, einer Weltanschauung; aber diese Weltanschauung mußte die Kunst wie eines ihrer Wesensglieder in sich schließen; nicht es *neben* sich gestellt haben. Aus der Natur offenbarte sich für Goethe der schaffende Weltgeist; in Shakespeare fand er den Künstler, der diesen Weltgeist in seinem Schaffen selbst offenbarte.

Goethe hat tief gefühlt, wie der Mensch nach Wissenschaft aus dem Wesen seines Innern heraus streben muß; aber er fühlte nicht weniger, wie in diesem Streben der Gedanke sich in Weltenferne verirren kann. Bei Spinoza fühlte sich Goethe in dieser Gefahr; bei Shakespeare fühlte er die Weltennähe der unmittelbaren künstlerischen Anschauung. Und Goethe hat dieses sein Verhältnis zu Shakespeare selbst mit den Worten ausgesprochen: «Eine Notwendigkeit, die mehr oder weniger oder völlig alle Freiheit ausschließt» – wie in den Alten –, «verträgt sich nicht mehr mit unsern Gesinnungen; diesen hat jedoch Shakespeare auf seinem Wege sich genähert; denn indem er das Notwendige sittlich macht, so verknüpft er die alte und die neue Welt zu unserm freudigen Erstaunen.»

Für Goethe wurde Shakespeare der Genius, der ihm in seiner Jugend den Weg in die «neue Welt» wies, weil Shakespeare in der dramatischen Menschengestaltung die Notwendigkeit des Naturwirkens mit der Freiheit des Gedankenlebens in jenem Schweben zu halten wußte, das von dem neuzeitlichen Menschen gefühlt werden muß, wenn er im Gedanken nicht die Wirklichkeit verlieren will.

GOETHE, DER SCHAUENDE, UND SCHILLER, DER SINNENDE

Zu den schönsten Blüten des menschlichen Geisteslebens gehört, was Goethe und Schiller in der Zeit ihres Freundschaftsbundes geschaffen haben. Dieser Bund ist aber nur dadurch zustande gekommen, daß beide Geister schwerwiegende innere Hindernisse überwanden, die ihre Seelen auseinanderhielten. Man sieht diese Hindernisse wirksam, wenn man das von Goethe berichtete Gespräch ins Auge faßt, das die beiden führten, als sie einmal aus einem Vortrag über die Pflanzenwelt gekommen waren, der in der Naturforscher-Gesellschaft in Jena stattgefunden hatte. Schiller fand, daß der Vortrag unbefriedigend sei, weil die *einzelnen* Pflanzenformen nebeneinandergestellt wurden, ohne daß in der Betrachtung der Zusammenhang ersichtlich geworden sei. Goethe erwiderte, daß ihm ein solcher Zusammenhang in seiner Urpflanze vorschwebe, die das enthalte, was als das Wesen in allen *einzelnen* Pflanzen lebe. Es gleiche diese «Urpflanze» nicht einer einzelnen Pflanze; aber es werde eine jede aus dieser dem ganzen Pflanzenreich zugrunde liegenden Urform verständlich. Goethe zeichnete mit einigen charakteristischen Strichen diese Urform vor Schillers Augen hin. Dieser erwiderte: das sei aber keine Erfahrung, das sei eine Idee. Goethe aber bestand darauf, daß für ihn eine solche Idee zugleich Erfahrung (Beobachtung) sei, und daß, wenn man dergleichen als Idee bezeichne, *er* seine Ideen mit den Augen wahrnehme. Aus der Schilderung des Gespräches durch Goethe geht hervor, daß die beiden damals zu einem Ausgleich ihrer Meinungen noch nicht haben kommen können.

Goethe fühlte sich berechtigt, dasjenige, was sich ihm über die Dinge der Natur in Ideen formte, so als ein Beobachtungsergebnis anzusprechen, wie er das etwa der roten Farbe der Rose gegenüber tat. Für ihn war Wissenschaft geisterfüllt und doch zugleich objektives Beobachtungsergebnis. Schiller konnte mit einer solchen Anschauung nicht zurecht kommen. Für ihn stand fest, daß der Mensch erst aus sich heraus die Ideen formen müsse, wenn er die nur als Einzelheiten gegebenen Beobachtungsergebnisse zusammenfassen wolle. Goethe fühlte sich mit seinem Geistesinhalte in der Natur drinnen stehend, Schiller empfand sich mit demselben außer der Natur.

Wer aus dem Briefwechsel Goethes und Schillers das Leben ihrer Freundschaft verfolgt, der findet, wie diese sich dadurch immer mehr vertieft, daß Schiller sich in Goethes Anschauungsart hineinfindet. Er geht dazu über, das objektive Walten des Geistes in den Naturschöpfungen gelten zu lassen, das für Goethes Vorstellungsart etwas Selbstverständliches war. Man darf sagen, Schiller trennte von Goethe zuerst die Ansicht, daß der Mensch außer der Natur stehe, und daß, wenn er sich über die Natur ausspricht, er zu dieser etwas hinzufüge. Goethe war sich nie darüber im Unklaren, daß in dem Menschen die Natur ihr Wesen als geistigen Inhalt selbst ausspreche, wenn sich der Mensch nur in das rechte Verhältnis zu ihr setze.

Für Goethe lebt das Wesen der Natur im Menschen als Wissen. Und Menschenwissen ist ihm Offenbarung des Naturwesens. Der Erkenntnisvorgang ist für Goethe nicht bloß ein formales Abbilden eines in der Natur verborgenen Wesens, sondern das reale Offenbarwerden dessen, was ohne den Menschengeist in der Natur gar nicht vorhanden wäre. Trotzdem ist ihm der Geist der wahre Naturgehalt selbst, weil er sich die Erkenntnis als ein Versenken der Menschenseele in die Natur denkt. Schiller konnte das anfangs mit seinem Kantianismus nicht in Einklang bringen. Und diesen Kantianismus hatte er angenommen; Goethe fand in der Kantschen Anschauung nie etwas, das seiner Vorstellungsart nahe kommen könne.

In der Empfindung der Goetheschen Kunstschöpfungen fand sich Schiller aus seiner Denkart heraus und näherte sich immer mehr Goethe. In den «Briefen über die ästhetische Erziehung des Menschen» sieht man Schillers Streben, das künstlerische Erleben Goethes sich zum vollen Verständnis zu bringen. Er kommt, nachdem er nach dieser Richtung sich umbildet, dazu, in dem künstlerischen Welterleben den einzigen menschlichen Seelenzustand anzuerkennen, in dem man im vollen Sinne des Wortes wahrer Mensch sein könne. Und so wurde ihm Wissenschaft ein Welterleben, in dem der Mensch sich nicht in seinem ganzen Wesen offenbaren könne.

Goethe wollte, im Gegensatz dazu, eine Wissenschaft, die in ihrer Art ebenso den ganzen Menschen zum Ausleben bringt wie die Kunst in der ihrigen. Zu einer solchen Anschauung mußte sich Schiller erst hindurcharbeiten. Er tat es; und dadurch wurde seine Seelengemeinschaft mit Goethe auf den rechten Grund gestellt. Goethe näherte sich seinerseits Schiller dadurch, daß ihm dieser die denkerische Rechtfertigung seiner Sinnesart gab. Er selbst hätte zu dieser nicht kommen können, denn er lebte in derselben vor dem Freundschaftsbund als in etwas Selbstverständlichem, das ihm gar nicht als ein Problem zum Bewußtsein gekommen war. Schiller konnte Goethes Seele dadurch bereichern, daß er ihr vorführte, wie sie sich selbst bewußtes Rätsel werden und nach der Lösung desselben suchen könne.

Schiller hat Goethe die Anregung gegeben, seinen Faust fortzusetzen. Unmittelbar aus dieser Anregung entstand der «Prolog im Himmel». Vergleicht man diesen mit einer der ältesten Faustszenen, mit der, wo sich Faust von dem Geiste der *großen* Welt ab- und dem Erdgeiste zuwendet, so sieht man den Umschwung bei Goethe. Vorher die Abwendung von dem Geistgehalt der großen Welt; nachher die bildhafte Darstellung desselben. In der Gedankenanregung, die Schiller gegeben hatte, lag für Goethe der Keim, auch im künstlerischen Bilde des Menschen Leben im Weltenwesen sich vor das Seelenauge zu stellen. Vorher vermochte er dieses nicht, weil er dieses Leben wie etwas nur selbstverständlich Gefühltes hinnahm, ohne es sich im Innern zu gestalten.

Für die Nachwelt wird es immer bedeutsam sein können: mit Schillers Seelenauge Goethes Wesen schauen zu lernen; Goethes Wesen sich in einer gewissen Lebensepoche voll entfalten zu sehen in den Anregungen, die von Schiller ausgehen.

Die Empfindung von den Hemmungen, die beide zu überwinden hatten, um zueinander zu kommen, und die andere von der Art, wie sie zuletzt sich ergänzten, bildet einen Impuls für tiefste Seelenbeobachtungen. Er dringt damit aber auch an einem der wichtigsten Punkte in das Walten des Geistes in der Menschheitsentwickelung ein.

ETWAS VON GEISTES-WANDELUNGEN IN DER MENSCHHEITSGESCHICHTE

In der Mitte des achtzehnten Jahrhunderts war Johann Christoph *Gottsched* die unbestrittene Autorität über literarische Dinge innerhalb des deutschen Sprachgebietes. Die Dichter, die er in seinen Schriften als bedeutend nennt, galten als bedeutend in den Kreisen, die als gebildete in Betracht kamen.

1737 zählt Gottsched in einer Schrift die englischen Schauspieldichter auf, die er der Erwähnung wert findet. Shakespeare ist nicht darunter.

Johann Jacob *Bodmer* ist unter den ersten, die sich gegen die unbedingte literarische Herrschaft Gottscheds auflehnen. Er will eine Art Umwertung in das literarisch-künstlerische Urteil bringen. Die strenge, dem Antiken nachgebildete dichterische *Form*, die Gottsched gepflegt wissen wollte, sollte weniger gelten. Dagegen die frei-schaffende, sich nicht der feststehenden Form fügende Phantasie um so mehr.

Bodmer spricht 1740 nun auch von bedeutenden Dichtern; und er nennt einmal den englischen Sasper, ein anderes Mal Saspor. Der Leser der Gegenwart wird ersucht, zu verstehen, daß der gegen Gottsched auftretende Reformator der deutschen Dichtung, Bodmer, mit Sasper und Saspor den nun bekannten Shakespeare meint.

1741 erschien Shakespeares «Julius Caesar» in deutscher Sprache, durch von Bork übersetzt. Gottsched lernte den ihm vorher unbekannten Dichter kennen. Er äußert sich über den «Julius Caesar» so: das Stück «habe so viel Niederträchtiges an sich, daß es kein Mensch ohne Ekel lesen könne».

Nun war Shakespeare in Deutschland nicht immer so unbekannt und ungeschätzt. Am Ende des siebzehnten und im Anfange des achtzehnten Jahrhunderts war er sogar beliebt. Aber er war dies nicht durch die schriftstellernden Literaten, sondern durch die Theaterleute geworden. Man führte auf den primitiven Bühnen, aber weit verbreitet, Stücke auf, die, wenn man sich eine freie Auffassung des Begriffes zurechtlegt: Übersetzungen oder freie Bearbeitungen Shakespearescher Stücke genannt werden können. Man ging dann über zu Stücken, die man selbst bearbeitete. In diesen lebte, was man an Komposition, Menschendarstellung, Bühnenwirksamkeit an Shakespeare gelernt hatte. Shakespeares eigene Dichtungen, ja sein Name wurde darüber vergessen. Wie ein künstlerisches Gespenst wirkte auf den Komödiantenbühnen Shakespeares Geist, ohne daß man Shakespeare nannte.

Mit dem, was auf diesen Bühnen zur Unterhaltung des Publikums lebte, hatten die Menschen, die im Schrifttum das geistige Leben vertraten, nichts zu tun. Erst solche Persönlichkeiten wie Gottsched dehnten das Reich dessen, worüber man als geistig sich betätigender Mensch schreibt, über die dramatische Kunst aus.

Aber zunächst mußte es sich diese Kunst gefallen lassen, wenn ihr in einem recht vornehmen Ton vorgeworfen wurde, daß sie eine Art geistiger Straßenjunge ist, dessen Bühnensprünge sich plebejisch ausnehmen gegenüber den ernsten logischen Gliederungen in einem ordentlichen philosophischen Lehrbuch.

Bork hatte mit seiner Shakespeare-Übersetzung eigentlich etwas begangen, was dem «Professor der Philosophie und Dichtkunst» in Leipzig, Johann Christoph Gottsched absonderlich vorkommen mußte. Wenn *er* sich diesen «Julius Caesar» ansah, so fühlte *er* doch, wie dessen Dichter nicht aus dem Künstlerisch-Logischen herausgewachsen ist, das *er* vom Katheder herab als das «Philosophisch-Geforderte» vortrug, sondern aus dem geistigen Straßenjungentum. Nur daß aus diesem durch Shakespeare immerhin etwas entstanden ist, das ohne «philosophische Forderung» sich zur Kunst erhob, das fühlte Gottsched noch nicht. Die «philosophisch-künstlerische Forderung» empfand Ekel.

Da trat etwas Merkwürdiges ein. Am 16. Februar 1759 veröffentlichte ein gewisser *Lessing* einen Literaturbrief, durch den Gottscheds vornehme Kunstforderung als alte Zopfigkeit, reif zum Abschneiden, und das Shakespeare-ähnliche als das hingestellt wurde, das die Keime der Zukunftsdichtung in sich trägt. Die Welt eines gewissen Gebietes ward auf den Kopf gestellt.

Durch Lessing ist die literarische Luft geschaffen worden, in der Goethe und Schiller geatmet haben.

Bork mußte es sich noch gefallen lassen, daß ihm Gottsched mit einem Pädagogen-Staberl gehörig eins auf die Finger klopfte. Wieland aber durfte 1762–1768 fast den ganzen Shakespeare übersetzen, ohne daß er eine solche «Strafe» erfuhr. –

Und Shakespeare erlebte dadurch im deutschen Sprachgebiet eine Auferstehung, wie er sie sonst nirgends, auch nicht in seiner Heimat, erfahren hat.

Er konnte sie erleben, weil mit Lessing innerhalb des deutschen Geisteslebens eine Wendung zu den ursprünglichen Quellen des schöpferischen Menschentums gemacht worden ist. Man verkennt die Sachlage, wenn man die Wendung dem «Einflusse» Shakespeares zuschreibt. Man denke doch nur, wie der «Wallenstein» Schillers und der «Faust» Goethes aus so urgewaltigen menschlichen Quellen hervorgegangen sind, daß es da vollends absurd erscheint, dies Urgewaltige auf einen äußeren Einfluß zurückzuführen.

Was da mit Shakespeare geschah, ist etwas völlig anderes. Seine Dichtungen wurden in die Beleuchtung eines Lichtes gerückt, in der sie vorher nicht gestanden hatten. Das Licht kam nicht von ihnen. Aber, indem sie in dieses Licht gerückt wurden, zeigten sie etwas, das man vorher an ihnen nicht gesehen hatte. Der Umschwung in der Stellung der führenden deutschen Persönlichkeiten zu Shakespeare ist ein Symptom für die gewaltige Wandlung, die sich im Anschlusse an *Lessing* in einem Gebiete der menschlichen Geistesentwickelung vollzogen hat.

Man sollte meinen, dergleichen Tatsachen könnten doch Einiges für diejenigen bedeuten, die durchaus sich nicht leicht vorstellen wollen, daß in dem Denken und Empfinden der Menschheit an Wendepunkten der Geschichte neue Gesichtspunkte gefunden werden müssen.

Für solche sei doch wieder einmal an die ja weithin bekannte Tatsache erinnert, daß Lessing, dem doch so Machtvolles gelungen ist, am Abend seines Lebens in seiner Schrift «Die Erziehung des Menschengeschlechts» auf die wiederholten Erdenleben der menschlichen Individualitäten zu sprechen kommt. Er hat offenbar vieles von den Rätseln des menschlichen Lebens in seiner Seele erlebt; und er konnte auf der Höhe seines Denkens nicht zurecht kommen mit dem Einen Erdenleben des Menschen, an das sich dann eine Ewigkeit der

Seele anschließt, die *nur* die Folgen dieses *Einen* Lebens darstellt. Er kam dazu, dem Menschen wiederholte Erdenleben zuzuschreiben und ihn so selbst aus alten Epochen des geschichtlichen Werdens in neue, spätere die Impulse hineintragen zu lassen. Die Zwischenzeiten zwischen den Erdenleben, in denen die Seelen ein rein geistiges Dasein haben, geben dann die Anregungen dazu, daß die Seelen das früher Erfahrene in andrer Gestalt in späteren Zeiten wieder aufleben lassen; dadurch formt sich der Fortschritt des Menschengeschlechtes. Ein durch den Menschen vermitteltes Zusammenwirken einer geistigen Welt mit der Erdenwirklichkeit rückt sich dadurch vor das Seelenauge.

Lessing meint, daß man diese Anschauung nicht deshalb für töricht halten solle, weil sie in den ältesten Zeiten der Menschheit aufgetreten ist, als diese noch nicht durch allerlei Philosophieren von dem elementaren Denken und Empfinden abgebracht war.

Man könnte wohl auch meinen, daß diejenigen, die Lessing für einen «Bahnbrecher» halten, doch auch nicht glauben sollten, daß er töricht geworden sei, als er sein wirksames Denken auf der Lebenshöhe in die angedeutete Bahn brachte. Sonst könnte man ja der Ansicht sein: die Schätzer Lessings nennen an ihm groß, was ihnen bequem ist, und gehen über den «großen Mann» lächelnd hinweg, wenn er etwas ihnen Unbequemes sagt.

DIE VERSCHÜTTETE GEIST-ERKENNTNIS

Wer sich in die mitteleuropäische Literatur der Zeit um die Mitte des neunzehnten Jahrhunderts vertieft, der kann eine merkwürdige Entdeckung machen. Er wird dies aber nur dann tun, wenn er sich nicht ausschließlich an dasjenige hält, was in der folgenden Zeit beliebt geblieben ist und was in der Gegenwart gewöhnlich als wertvoll neu gedruckt wird und viel gelesen ist. Denn es gibt etwas wie eine durch die Denkungsart der spätern Zeit verschüttete Schicht mitteleuropäischer Anschauungen, die in Ton, Haltung und Interesse für bestimmte Ideenkreise heute ganz fremdartig anmuten.

Man kann sich aus der Lektüre von Werken dieser verschütteten Schichte Bilder von Persönlichkeiten mit einer der Gegenwart ganz fernen Geistesart vor die Seele stellen. Mir ist übrigens das Glück widerfahren, in meinem alten Lehrer und Freund, *Karl Julius Schröer*, in den achtziger Jahren in lebhaftem Geistesverkehr mit einer Persönlichkeit zu stehen, die nach ihrer Seelenverfassung ganz in dem Leben der Mitte des neunzehnten Jahrhunderts wurzelte. Ein idealischer Zauber ging von dieser Persönlichkeit aus. Wenn Karl Julius Schröer von Goethe sprach, so lebte etwas von der verschütteten Schichte auf.

Ich habe ein Bild aus dem Verkehr mit Karl Julius Schröer vor mir. Ich besuchte ihn wenige Stunden, nachdem der österreichische Kronprinz in der Tragödie von Meyerling zugrunde gegangen war. Karl Julius Schröer stand wie starr vor dem, was in einer Zeit geschehen konnte, von der er empfand, daß sie der seinigen so unähnlich geworden war. Seine Augen blickten wie aus einer fremden Welt heraus, und er sprach: «Es ist ja, wie wenn das Zeitalter Neros wieder auflebte.»

Schröer selbst schrieb sein Anderssein gegenüber der jüngeren Generation allerdings auch persönlichen Anlagen zu. Er sagte mir einmal – allerdings ohne sich damit als einen Anhänger der Phrenologie zu bekennen: ein Phrenologe habe ihn vor langer Zeit untersucht und eine Eigentümlichkeit an seinem Kopfe gefunden, bei der er das Wort «Theosophie» ausgesprochen habe. (Ich überlasse den Inhalt dieser Bemerkung denjenigen, die etwa zu der Ansicht kommen wollen, meine anthroposophische Anschauung sei ein dem Psychoanalytiker erklärliches Aufleben einer «Provinz» meines Seelenlebens, die in den achtziger Jahren durch Karl Julius Schröer bebaut worden ist.)

In der «verschütteten Schichte» lebte ein Verständnis für *objektive* Ideen. Man glaubte, daß im Einzelleben des Menschen und im Völkerleben solche objektive Ideen walten. Man sah aber auch mit einer gewissen intellektualistischen Trauer den Sinn für diesen objektiven Idealismus in der europäischen Zivilisation dahinschwinden. So fühlte man sich der Wirklichkeit einer geistigen Welt gegenüber; man hielt sich an diese. Die äußere Welt nahm man als eine Art Abbild eines Geist-Waltens. Man kann Persönlichkeiten auftauchen sehen durch Vertiefung in diese ältere Zeit, die aus ihrer geistgemäßen Anschauung das Verhängnis der Folgezeit wie in einer merkwürdigen Geistesschau schildern.

Eine solche Persönlichkeit ist *Ernst von Lasaulx*, der um die Mitte des neunzehnten Jahrhunderts in München gelebt und gewirkt hat. Man lese sein Buch: «Neuer Versuch einer alten auf die Wahrheit der Tatsachen gegründeten Philosophie der Geschichte» (München 1856). Ganz durchdrungen von einer geistgemäßen Anschauungsart ist dieses Buch. Die sinnenfällige und geschichtliche Wirklichkeit wird überall von der Erkenntnis des Geistigen aus beurteilt. Aufstieg und Niedergang der Völker werden mit dem aus Geist-Erkenntnis gewonnenen Lichte beleuchtet. Und man lese, was Lasaulx von der Zukunft aus *seiner* Beurteilung der Gegenwart heraus schreibt. «Daß die *Sprachen* fast aller europäischen Nationen, mit Ausnahme jener der slawischen Zunge, vollständig entwickelt, teilweise schon merklich verbraucht seien, unterliegt keinem Zweifel; ebensowenig, daß das bisherige religiöse Bewußtsein, im ganzen geschätzt, nicht mehr im Wachsen, sondern im Absterben begriffen sei: wie es denn eine offenkundige Tatsache ist, daß weit über die Grenzen Europas hinaus die innere progressive Entwicklung in allen noch bestehenden weltgeschichtlichen Völkerreligionen, im Mosaismus, im Buddhismus, im Mohammedanismus, ihren Höhepunkt längst überschritten hat, und daß in allen dreien nicht mehr bloß ein Rückleben, sondern ein unleugbarer Verfall eingetreten ist. Und wie steht es mit dem Christentum, in seiner inneren theoretischen Entwicklung und in seiner äußeren praktischen Übung in Europa?»

Nachdem er solche Fragen aufgeworfen und den Zustand Europas sich vergegenwärtigt hat, kommt Lasaulx zu dem folgenden düstern Urteile. Er überdenkt die Geschicke Süd-, West-, Mitteleuropas und setzt dieses Denken so fort: «... und daß endlich auch der nordische Koloß, wie es scheint, auf tönernen Füßen ruht und in den oberen Schichten von Lüge und innerer Fäulnis vor der Reife stark angefressen ist: wer dies und ähnliches ernst überdenkt, der wird sich einer düsteren Ahnung, wie sie jedesmal dem Eintritt großer Katastrophen vorangeht, kaum zu erwehren vermögen.»

Aber Lasaulx steht in einer Perspektive der Geistes-Erkenntnis. Und in dieser spricht er nicht bloß pessimistisch; aber überraschend ahnungsvoll am Schlusse seines andern Buches: «Der Untergang des Hellenismus»: «Und wenn das drohende Schicksal der Zukunft sich erfüllen und die verhängnisvolle Stunde eines letzten großen Völkerkampfes in Europa kommen wird, so kann es keinem verständigen Zweifel unterliegen, daß auch hierin der endliche Sieg nur da sein wird, wo die größere Kraft des Glaubens herrscht.»

Ist nicht bei einer solchen Persönlichkeit der verschütteten Schichte mehr Verständnis der Gegenwart zu finden als bei manchem maßgebenden Geiste dieser Gegenwart? Mehr Verständnis für das, was verfällt, mehr für das, was zum Aufstieg nottut. Und Lasaulx ist nur ein Repräsentant; man könnte Viele in seiner Art aufzeigen.

Die Frage drängt sich vor die Seele: warum ist diese Denkungsart verschüttet worden?

Sie war niemals eine volkstümliche; sie blieb diejenige einer auserlesenen Minderheit. Sie wurzelte im Geiste; aber nur mit dem allgemeinen Gefühle. Sie wußte sich nur intellektualistisch auszudrücken. Sie blieb in abstrakten Begriffen stecken, die das Herz der Menschen nicht warm machen können. Sie redete vom Geiste; aber sie kam nicht zu Anschauungen vom Geiste. Sie ergriff nicht den ganzen, vollen Menschen; sie ergriff nur die Erziehung der Kopfmenschen. Die Welt ließ diese Denkungsart deshalb fallen und hielt sich an das Sinnenfällig-Wirkliche und an das Geschichtlich-Äußere. Und so kam es, daß die Prophetien der Persönlichkeiten aus der verschütteten Schicht so merkwürdig wahr, ihr volkstümlicher Wirkensbereich so klein war, daß sie vergessen werden konnten.

Aber an sie darf Anthroposophie erinnern. Sie will die geistige Welt als die feste Grundlage aller Zivilisation nicht in der Abstraktion, sondern durch Vermittelung lebendiger Anschauungen geltend machen; sie möchte nicht bloß zu dem Kopfmenschen, sondern zu der ganzen, vollen Menschlichkeit sprechen. Sie will nicht intellektualistische, sie möchte realgeistige Erkenntnisse vermitteln, die lebenskräftig in der Wirklichkeit stehen können.

Daß Anthroposophie mißverstanden wird, hat viele Gründe; die Betrachtung der verschütteten Schichte liefert einen: es muß zunächst durch die sinnenfällig-materialistischen Vorstellungen hindurch gearbeitet werden, die deshalb so stark wirken, weil sie sich im Gegensatz zu einer Denkungsart entwickelt haben, die zwar geistig, aber einseitig intellektualistisch war. Man glaubt sich berechtigt, mit dieser Einseitigkeit alle Geistigkeit abtun zu können.

EINE VIELLEICHT ZEITGEMÄSSE PERSÖNLICHE ERINNERUNG

Innerhalb meiner Vorträge habe ich oft die Gedanken des feingeistigen Kunstschriftstellers *Herman Grimm* angeführt. Ich tat es, weil in ihnen mir eine der Strömungen im letzten Drittel des neunzehnten und noch bis in das zwanzigste Jahrhundert fortzuleben schien, die von Goethe ausgegangen sind. Es fiel wie ein bedeutsames Ereignis in mein Leben, als ich 1881 das Buch in die Hände bekam, das die von Herman Grimm im Wintersemester 1874/75 in Berlin über Goethe gehaltenen Vorlesungen wiedergab. Das Buch wirkte so auf mich, wie wenn etwas von Goethe selbst Ausgehendes durch dasselbe noch in die Zeit herüberwehte, in der man Goethes fünfzigsten Todestag erlebte. Für dasjenige, was ich damals empfand, sah ich später die Erklärung in den Worten, die Herman Grimm erst 1894 der fünften Auflage seines Goethebuches voranschickte: «Ich lebte in meiner Jugend in einer Umgebung, von denen fast Alle persönlich mit Goethe verkehrt hatten, und rechnete mich selbst dazu, als sei mir dies Vorrecht durch eine Art von Erbschaft zuteil geworden.»

In diesen Goethevorlesungen sind im Grunde nur Gedanken, die entweder den Abschluß von seelischen Erlebnissen bilden, oder solche, die perspektivisch in eine Weltanschauung weisen. Den Abschluß von Erlebnissen, die unter Menschen spielten, welche empfanden, wie wenn der Schatten Goethes in ihren Kreisen dann herumging, wenn Entscheidendes sich zutrug. Herman Grimm brachte gewissermaßen in Worte, was die geistigen Kinder Goethes durch mehrere Jahrzehnte als gemeinsames Seelengut sich erworben hatten. In den Vorlesungen sprach eine Persönlichkeit, die alles so sagte, wie nur sie es konnte und die doch die Anschauungen Vieler vermittelte. Alles war individuell-eigenartig und doch etwas wie die gemeinsame Empfindung einer großen Anzahl von Menschen, die es als eine geistige Errungenschaft ihrer Zeit ansahen, in der seelischen Atmosphäre Goethes zu leben.

Aber ich hatte noch eine andere Empfindung beim Lesen dieses Buches. Ich vermeinte, Herman Grimm schildere von Goethe nur, was dieser in seinem Verhältnis mit den Menschen erlebte. Mir kam vor, auch dasjenige, was in den Vorlesungen über Goethes Werke gesagt wurde, sei nur ein Spiegelbild von Goethes Umgange mit der Welt. Ich sagte mir: aber Goethe hatte doch die Stunden, in denen er den großen Rätselfragen des Daseins künstlerisch und erkenntnismäßig nachging, die in der seelischen Einsamkeit erfahren werden. Das alles schien mir in Herman Grimms Gedanken erwähnt, aber nicht vorhanden. Meine eigenen Goethe-Studien gingen aber durchaus auf diese Seite des Goetheschen Lebens. Deswegen stand ich zu dem Buche so, daß ich von ihm aufs intensivste angezogen, und daß es mir von einer andern Seite sogar unsympathisch war. Und oftmals sagte ich mir: da fehlt doch der Kern des Goetheschen Wesens; da ziehen Erlebnisse und Werke Goethes wie Schattenbilder vor dem Blicke vorüber.

Aber in diesen Schattenbildern lebte eben doch die besondere Form des Idealismus, die aus der ersten Hälfte des neunzehnten Jahrhunderts in dessen zweite herüberleuchtete. Ein Idealismus, der den Willen hatte, nicht bloß in Gedanken zu träumen, sondern in das ganze menschliche Leben sich auszubreiten. Ein Idealismus, der sich durch die Art, wie er erlebt wurde, auch für bewiesen, ja für unwiderleglich hielt.

Herman Grimm dachte und empfand in dieser Art von Idealismus. Für mich bedeutete dies, daß ich nicht anders konnte, als mich während meiner Jugendzeit mit allem bekannt zu machen, was Herman Grimm geschrieben hatte. Da stand denn bald vor mir, wie die Perspektive einer Weltanschauung den Hintergrund aller seiner Bücher und Essays bildete. Ich empfand diese Weltanschauung als überwältigend großartig auf der einen Seite, als zu leicht wiegend auf der andern. Herman Grimm hat über Goethe, Michelangelo, Raphael, Homer Bücher, über vieles andere Essays geschrieben. All das aber umfaßt nur Einzelheiten einer Weltanschauung, die im geschichtlichen Werden der Menschheit, in den Taten der großen Persönlichkeiten die Offenbarungen einer Art schaffender Weltphantasie sieht. Diese Weltphantasie steht hinter allem: in Homer, Dante, Shakespeare, Michelangelo, Raphael, Goethe lebte sie; und was diese Persönlichkeiten der Welt gaben, waren die Erlebnisse, die sie mit der schaffenden Weltphantasie hatten.

Mir war klar: die universelle Phantasie, von der Herman Grimm sprach, ist Eine der Offenbarungen der Geisteswelt, die wie in der Natur, so auch in der Geschichte als die eigentliche Realität angeschaut werden muß. In Herman Grimm lebte eine intensive Ablehnung aller geschichtlichen Anschauungen, die nicht auf den Geist gingen. Aber er wollte den Geist nur in der schaffenden Phantasie anerkennen. Vor mir stand, nach meiner Ansicht, eines der seelenvollsten Bekenntnisse zum Geist, die man in der zweiten Hälfte des neunzehnten Jahrhunderts noch finden konnte, die aber – im Sinne meines Aufsatzes «Anthroposophie und Idealismus» in dieser Wochenschrift – doch vor dem Tore der eigentlichen Geisteswelt stehen blieben.

Da ich so fühlte, war es mir ein zweites für mein Leben bedeutsames Ereignis, als ich dann während meiner Weimarer Jahre Herman Grimm persönlich kennen lernen durfte. Ich hatte das Glück, bald nachdem dies geschehen war, von ihm einmal zu Mittag im «Russischen Hof» in Weimar eingeladen zu werden. Ich war sein einziger Gast. Er hatte für uns zwei ein Zimmer im Gasthofe ausgesucht, wo sonst niemand war. Ungestört verlief das Gespräch. Er sprach wie jemand, der sich bewußt ist, einen in sich gefestigten, den eigenen Wert in sich bergenden geistigen Inhalt in sich zu tragen, der auf jüngere Leute wirken soll. Eine bis in die geringsten Kleinigkeiten gehende vornehme Haltung der Seele war ihm eigen. Nichts von Pathos kam aus seinem Munde. Die Wirkung des Bedeutenden, die alles machte, was er sagte, rührte von der Eigenart seiner Satzprägung her, die stärker im Gespräche sich geltend machte, als sie in seinen Schriften erscheint. Er hatte nichts Lehrhaftes; aber er wollte überzeugt sein können, daß seine ausgesprochenen Gedanken entsprechenden Widerhall bei dem Zuhörenden fanden. So erschien er mir, besonders wenn ich über das mit ihm genommene Mittagessen und einen Spaziergang nachdachte, den ich auch einmal mit ihm allein machen durfte. Bei dem Mittagessen kam das Gespräch auf Homer, auf Gervinus, auf die literarhistorische Methode, auf Grillparzer und auf vieles andere. Immer aber wieder wurde berührt, wie im Hintergrunde seines Denkens und Empfindens die «Geschichte der nationalen Phantasie» stehe. Im höchsten Grade seelenvoll war es, wie er auseinandersetzte, daß all sein Forschen darauf hinausliefe, eine solche zustande zu bringen. Es war schön, ihn so sprechen zu hören, und für mich war es viel zu früh, als er mit *seiner* Art des Humors, der zugleich den Ernst ausdrückte, mit dem er sich doch als Träger einer bedeutsamen Geistesströmung fühlte, sagte: «Jetzt, mein lieber Steiner, werde ich Sie in Gnaden entlassen.»

In dieser Charakteristik wollte ich andeuten, wie Werk und Persönlichkeit Herman Grimms in mir lebten, wenn ich seine Gedanken als solche anführte, die ein Streben nach der Geisteswelt innerhalb der neueren Geistesentwickelung darstellen. Es ist mit ihnen so wie mit denen des «Idealismus», den ich in dieser Wochenschrift zu kennzeichnen versuchte. – Nun war mir Herman Grimm bis vor kurzem eine Persönlichkeit, die mir wie noch lebend vorkam, wenn ich von seinen Gedanken sprach. Ich zitierte ihn so, wie ich es tat, in dem Bewußtsein: man dürfe das tun, weil er ein «Zeitgenosse» ist. Jetzt aber fühle ich: man kann ihn so nicht mehr zitieren. Seine Gedanken sind «Geschichte» geworden. Die letzten Jahre haben die Menschen viel erleben lassen. Man hat den Übergang von «Gegenwart» zu «Geschichte» gründlicher erlebt, als dies manchem andern Zeitalter zugeteilt war.

Ich möchte über diesen Übergang in einem weiteren Artikel sprechen.

WIE SICH HEUTE «GEGENWART» SCHNELL IN «GESCHICHTE» WANDELT

Im vorigen Aufsatz habe ich mit Hinweis auf Herman Grimms Gedanken darauf aufmerksam gemacht, wie heute die Menschen intensiver den Übergang von unmittelbar erlebter «Gegenwart» zur «Geschichte» durchmachen, als in manchem anderen Zeitalter. Besonders stark kann das auffallen, wenn man auf die Schilderung sieht, die Herman Grimm in seinen Goethevorlesungen von Goethes Eintritt in Rom gibt. Bei Betrachtung der Empfindungen, die in Goethes Seele aufleben, als dieser die «Hauptstadt der Welt» – nach dessen eigenem Ausdruck – betritt, steht vor Herman Grimms Geist eine große weltgeschichtliche Perspektive. Er verfolgt den inneren Geistesgang der Menschheit zurück, von der Gegenwart in die Vergangenheit. Er findet, daß der Mensch der Gegenwart mit vollem inneren Verständnis nur bis in die Zeit der römischen Entwickelung zurückreichen kann. Die römischen Tatmenschen, die römischen Denker und Künstler sind so noch zu verstehen. Denn ihre Lebensäußerungen gehen aus einer Seelenverfassung hervor, die trotz der Entwicklung, die durchgemacht worden ist, mit der gegenwärtigen eine innere Verwandtschaft hat. Geht man aber weiter zurück, so klafft ein Abgrund vor dem, was geschichtlich überliefert ist. Die griechischen Persönlichkeiten handeln aus Impulsen heraus, die den gegenwärtigen Seelen fremd sind. Erzählt man ihre Geschichte, so fühlt man sich eher in einer Märchen-Stimmung; nicht in derjenigen, die das derb-wirkliche Leben ausströmt, das mit dem Römertum beginnt, und in der die gegenwärtigen Menschen noch atmen. Alkibiades oder Solon sind in ihrem geschichtlichen Elemente die reinen Märchenpersonen gegenüber Cäsar oder Brutus, die ganz auf der Erde stehend empfunden werden.

Herman Grimm hat ein Buch über Homers Ilias geschrieben. Er wollte durch Stil und Haltung dieses ganzen Buches in ein Gebiet führen, in das man ohne Bedenken, den irdischen Boden verlassend, durch die Schwingen der Phantasie dringen darf. Denn im Erdenleben hat man, nach Herman Grimms Meinung, heute nicht mehr die Voraussetzungen, um in dies ferne, griechische Land zu kommen. Man würde ein größerer Phantast, wenn man mit heute «wirklich» genannten Vorstellungen Achill oder Agamemnon erreichen wollte, als auf den Wegen der die Welt nachschaffenden Phantasie.

Herman Grimm hat Bücher über Michelangelo und Raphael geschrieben. Da versucht er mit den Vorstellungen, die sich der Mensch im Gegenwartsleben erobert, bis in die geschichtlichen Kreise zu dringen, in denen die Renaissance-Künstler leben. Sogar bis zu Giotto und Dante nimmt Herman Grimm eine Orientierung, die an der Gegenwart gewonnen ist. Ja, er geht so bis zu Augustinus zurück; und es wäre ihm natürlich gewesen, dies auch zu tun, wenn er noch von den Vorkommnissen der römischen Republik gesprochen hätte. – Vor der griechischen Geschichte macht er Halt. Da muß der Geistesboden verlassen werden, auf den das Römertum bis in die Gegenwart herein geführt hat; da muß in Märchenstimmung hinein gesegelt werden.

Mit solchen Empfindungen sieht Herman Grimm auf Goethe hin, wie dieser in Rom eintritt. Er meint, Goethe habe Rom als die «Hauptstadt der Welt» empfunden, weil er an diesem Orte am intensivsten ausgeprägt fand, was das römische Zeitalter der Menschheit gebracht hat. Dieses Zeitalter, *vor* dem das griechische Märchenalter lag, und *nach* dem dasjenige liegen wird, in das die gegenwärtige Menschheit eben eintritt. – Herman Grimm deutet *in seiner Art* ganz kräftig darauf, wie er sich selbst im Antritte dieses neuen Zeitalters fühlt und wie er Goethes Vorempfindung desselben beurteilt. – Doch ist hier der Punkt, wo man ganz deutlich fühlt: so wie vor kurzer Zeit noch kann man jetzt nicht mehr Herman Grimms Gedanken in die Gegenwart hereintragen. Er meinte auf Goethes Empfindungen in Rom aufzutreffen, wenn er von seinen eigenen in den Goethe-Vorträgen so spricht: «Ich selbst habe noch einen allerletzten Schimmer der Abendröte erleben zu dürfen geglaubt, in welcher Goethe Rom erblickte.» «Den Römern ... fehlt das Märchenhafte völlig. Sie haben keine Spur mythischer Abstammung und sind verständlich vom ersten Augenblicke an als Politiker, Rechtsgelehrte, Soldaten, Beamte, Kaufleute. Ihre Tugenden und ihre Laster liegen offen da und ohne poetischen Überglanz.» Dagegen stellt Herman Grimm seine Empfindung gegenüber den Griechen so dar: «Wenn uns Homer und Plato, selbst Aristoteles und Thukydides, oder Phidias und Pindar noch so verwandt erscheinen: ein kleiner Mond im Nagel erinnert an etwas wie Ichor, das Blut der Götter, von dem ein letzter Tropfen in die Adern der Griechen mit hineingeflossen war.»

Aber stärker als all dieses, das Herman Grimm so sagt, als ob damit auch Maßgebendes über Goethe gesagt wäre, dringt dessen eigenes Wort heute in die Seele. Goethe betrachtet die künstlerischen Werke, die ihm in Italien zugänglich sind. Durch sie hindurch vermeint er das Wesen der griechischen Kunst zu empfinden. Und er spricht darüber aus, daß er glaubt, dem Geheimnis dieser Kunst dadurch auf die Spur gekommen zu sein, indem er sehe, wie die Griechen bei Schöpfung ihrer Kunstwerke nach denselben Gesetzen verfuhren, nach denen die Natur selbst verfährt, und denen er auf der Spur sein wollte. Da ist kein Drang in Goethe, sich von dem Niveau der römischen Erdenwirklichkeit in eine griechische Märchenwelt zu versetzen. Da ist vielmehr der ganz andere Trieb, durch die Anschauung der griechischen Kunstwerke sich zu einer *höheren*, *wahren* Wirklichkeit hindurchzuarbeiten, zu einer geistigen Wirklichkeit, von der auch die Märchen schaffende Phantasie erst eine Tochter ist.

Zu *dieser* Wirklichkeit wollte Herman Grimm doch nicht vordringen. Wo er fühlte, daß er nicht mehr Erdenwirklichkeit unter den Füßen habe, da wollte er ins Reich der schaffenden Phantasie entschweben.

Man fühlt: da darf man heute nicht mehr mitgehen. Man muß in die geistige Wirklichkeit mit Seelenkräften hineinkommen, die so exakt sich erleben lassen wie diejenige, die ins Reich des Naturdaseins dringen. Goethes Gedanken darf man dabei anführen, wie wenn sie gegenwärtig gesprochen wären. Herman Grimm sprach auch über Goethe so, wie die Zeit sprechen durfte, die noch glaubte ohne wirkliche Geistanschauung die Menschheit zur Anerkennung der bloßen Ideen vom Geiste zu bringen. Herman Grimm war einer von denen, welche diesen Traum am schönsten geträumt haben. Er wollte auskommen damit, zu sagen: «Alles Griechische, bis in die festesten historischen Zeiten hinein, behält für unsere Blicke etwas Märchenhaftes ... Alkibiades ist der reine Märchenfürst, mit Cäsar verglichen.» So zu sprechen, ist heute nicht mehr erlaubt. Die Erdenwirklichkeit ist gewissermaßen so rauh geworden, daß durch sie ein Geistiges, das wir nur im Märchenhaften anschauen, sogleich vor unseren Blikken aufgezehrt wird. Man muß heute das Wesen des Menschen in einer solchen Tiefe erkennen, daß Alkibiades nicht als «Märchenfürst» erscheint, sondern so wirklich wie Cäsar, wenn auch von einer andern Wirklichkeit.

Ich möchte in einem nächsten Aufsatz den Gedanken ausführen, daß Persönlichkeiten wie Herman Grimm der menschlichen Betrachtung gerade dadurch *lebendig* bleiben, daß man sie aus dem Lichte der «Gegenwart» im rechten Augenblicke in das der «Geschichte» rückt.

DER NOTWENDIGE WANDEL IM GEISTESLEBEN DER GEGENWART

Für die Art, wie charakteristische Kräfte im Geistesleben der letzten Zeit, die so schnell «Gegenwart» in «Geschichte» wandelt, auf eine idealistisch gestimmte Seele wirkten, ist manches bei Herman Grimm – ich möchte fast sagen – erschrecklich bezeichnend. Ich habe bei meiner Herman Grimm-Lektüre viele solche «erschreckliche» Augenblicke erfahren. Ich möchte weniges davon kennzeichnen.

In dem Essay-Band: «Aus den letzten fünf Jahren» (Gütersloh 1890) hat Herman Grimm den Vortrag abdrucken lassen, den er am 2. Mai 1886 bei der ersten ordentlichen Generalversammlung der Goethe-Gesellschaft in Weimar gehalten hat. Der Titel ist «Goethe im Dienste unserer Zeit». Man verfolgt zunächst jeden Satz mit tiefem Anteil. Geistvoll tritt hervor, wie Goethes Zeitgenossen wenig von dem gewußt haben, was die an Goethe gebildeten Menschen 1886 über ihn wissen. Aber die Empfindungswandlung wird ebenso vor die Seele gestellt, die damit gegeben ist, daß für die Zeitgenossen eben Goethe ein Lebender war, für die Späteren ist er es nicht. Da finden sich die Sätze: «Man brauchte Goethe nie begegnet zu sein, oder mehr von ihm gelesen zu haben, als in seinen vornehmsten Werken enthalten war: das bloße Wissen, daß er lebe, erfüllte mit der Kenntnis seines Wertes und mit dem Gefühle persönlichen Zusammenhanges.... Ich habe mich gefragt, ob das, was heute an Stelle dieses Gefühls bei uns getreten sei, dem entspreche, was es sein könne. Mir scheint, als sei trotz der Massen von Material, die uns über Goethes äußere und innere Erlebnisse zu Gebote stehen, unser Gefühl geistiger Verbindung mit ihm weniger wirksam, als es sein müßte.»

Und von solchen Gedanken geht Herman Grimm zu einer Besprechung von Goethes Verhältnis zu Winckelmann über. Dieser hat sich in der Zeit, welche die vorgoethesche genannt werden kann, aus engen geistigen Verhältnissen zu einer großen, reinen Kunstbegeisterung durchgerungen, die ihn nach Italien getrieben hat. Er hat zuletzt einen tragischen Tod gefunden, indem er ermordet worden ist. Nun hat Winckelmann in seinen Schriften die alte Kunst vor dem Verständnisse der Menschen geradezu wieder auferweckt. Goethe hat nun für sich diese Auferweckung in Italien in der eigenen Seele erlebt. Was ihm Winckelmann vorempfunden hat, das erlebte er auf seine Art nach. Dadurch ist er dazu gekommen, in seinem Buche «Winckelmann und sein Jahrhundert» diesem nicht bloß ein literarisches Denkmal zu setzen, sondern seine Gestalt, seine ganze geistige Tätigkeit lebendig, aus der eigenen Seele herausgebildet, zu schaffen. Herman Grimm hat die Vorstellung: der von Goethe geschaffene Winckelmann ist es, der nun in der Geistesentwickelung weiterlebt. Ohne Goethe hätte die Welt die Erinnerung an den sterblichen Winckelmann gehabt; durch Goethe ist Winckelmann neu erstanden, und zwar so, daß der von Goethe erweckte die irdische Unsterblichkeit hat. Nun meint Herman Grimm: so müßten es *die* machen, welche die rechte Verbindung mit Goethe suchen diesem gegenüber. «Goethe stellt ihn (Winckelmann) als Lebenden, als aktives Element in den Dienst der Gegenwart von 1805, und es ist Goethes Werk, wenn Winckelmann auch heute noch lebendig und Leben verleihend unter uns steht. – Dies ist es, was mit Goethe selbst in umfangreicherem Maße jetzt geschehen muß, wenn wir aus ihm ziehen sollen, was er für uns enthält.»

Das alles und das weitere des Herman Grimmschen Vortrages liest man mit zunehmender Spannung. Man gibt sich den Gedanken einer Persönlichkeit hin, die in ihrer Seele geistdurchtränkt die Frage erlebt: was soll geschehen, damit die Menschen der Gegenwart in der Fortentwickelung der Menschheit den rechten Weg gehen. Man liest, indem man den seelischen Herzschlag des Schreibenden miterlebt. Man fühlt sich in der Atmosphäre eines freudig dem Geiste zustrebenden Seelenlebens.

Da kommt man auf Seite 7; und man ist aus der ganzen Stimmung plötzlich wie herausgerissen. Da schreibt Herman Grimm: «Niemand, soviel ich weiß, glaubt heute an Goethes Farbenlehre: für uns heute liegt der Inhalt dieses Buches in Goethes Darlegungen, wie die Meinungen über das Verhältnis des menschlichen Auges zu den farbigen Erscheinungen mit der ganzen Lebensauffassung und Gesinnung derer in Zusammenhang stehen, die sie aufstellten. Nehmen wir Goethes Kampf gegen Newton. Wie Goethe hier mit der Geschichte der Naturforschung in England beginnt. Wie er die Stellung, die Newton innerhalb ihrer einnahm, zu bestimmen sucht. Wie er das, was er Newtons Irrtum nennt, als eine notwendige Folge dieser äußeren Verhältnisse in Verbindung mit seinem persönlichen Charakter erfaßt! Die Leistung als historische Arbeit ist so genial, daß sie die Frage, ob Goethe hier nicht irrte, zur Nebensache werden läßt.» –

Auf festem Boden steht man, bevor man im Verfolgen des Vortrages an diese Stelle herankommt. Aber da beginnt der Boden zu schwanken. Man fragt sich: darf für jemand zur Nebensache werden, was er zur Grundlage des Urteiles machen muß, daß Goethe eine *geniale* historische Arbeit geleistet hat. Man kann feststellen, daß es in der Farbenlehre zwei Standpunkte gibt: den Goetheschen und den Newtonschen, und kann unentschieden lassen, welchen man für berechtigt hält. Wenn man dann behauptet: Goethe habe auf dem seinigen eine geniale Leistung vollbracht, dann ist die Sache ganz begreiflich. Aber ist es auch irgendwie begreiflich, wenn jemand sagt: es ist mir gleichgültig, ob Goethes Standpunkt ein irrtümlicher ist, ich muß sogar sagen: alle maßgebenden Menschen halten ihn für einen solchen; aber Goethe hat den Irrtum genial vertreten? Man kann das *nur dann* sagen, wenn man damit nicht, wie Herman Grimm es macht, aufhört, über die Sache zu sprechen, sondern nun erst beginnt, zu kennzeichnen, wie ein genialischer Irrtum bei Goethe möglich war. – Und wie findet man mit einer solchen «Gleichgültigkeit» gegenüber einer Genieleistung Goethes mit diesem die Verbindung, «wie sie sein müßte», da doch Goethe in allem Ernste gesagt hat: er habe im Poetischen manches geleistet, doch das schätze er nicht so stark wie die Tatsache, daß er auf gewissen Gebieten der Naturerkenntnis unter seinen Zeitgenossen allein das Rechte wisse?

Für jemand, der Herman Grimm so verehrt wie ich, ersteht da die Frage: Ist es dieser hervorragenden Persönlichkeit hier nicht so ergangen, daß sie sich innerhalb des Geisteslebens ihrer Zeit die Geistigkeit, zu der sie hinstrebte, nur unter einer bestimmten *Voraussetzung* – wie eine Illusion – vor das Seelenauge stellen konnte? Diese Voraussetzung war die, daß sich Herman Grimm nicht kümmerte um diejenigen Elemente im Geistesleben seiner Zeit, die, wenn er sie im vollen Ernste genommen hätte, von ihm hätten zurückgewiesen werden müssen, sofern er seinen eigenen Standpunkt hätte aufrecht erhalten wollen. Er hat sie nicht zurückgewiesen. Er wollte in Ruhe mit ihnen leben. Dadurch aber war er genötigt, mit seinen eigenen Meinungen wie auf einer Insel zu leben, auf der er idealische Bauten aufführte, während rings herum die verheerenden Wogen der mechanistisch-«positivistischen» Weltanschauungen brausten. – Und fällt heute der Blick auf die «Insel der Idealität» Herman Grimms, in ihrer oft bezaubernden Schönheit, so verschwindet sie sogleich für diesen Blick. Das «mechanistisch-positivistische» Meer verschlingt sie. So ist es mit den Geisteswegen, die einzelne auserlesene Persönlichkeiten in der zweiten Hälfte des neunzehnten Jahrhunderts gingen. Ihre Geistigkeit war selbst dann abstrakt, wenn sie so seelenvoll und gemütinnig auftrat wie bei Herman Grimm. Die darauf folgende Zeit fordert das Verhältnis des Menschen zum «Geistigen in seiner Wirklichkeit».

Ein weiteres Verfolgen dessen, was den Bewunderer Herman Grimms «erschrecken» kann, wenn er an einzelne Stellen seiner Schriften kommt, und was den Wandel der Geistesforderungen in der heutigen Zeit offenbart, soll in einem nächsten Artikel sich finden.

DER GEIST VON GESTERN UND DER GEIST VON HEUTE*

In den Jahren 1890 bis 1897 lebte ich in Weimar. Ich hatte am Goethe- und Schiller-Archiv zu arbeiten. Herman Grimm kam wiederholt zu kurzen Besuchen dahin. Für mich waren diese Tage besondere Festtage. Ich hatte das Gefühl: wenn Herman Grimm in Weimar ist, versteht man das «Weimar der Goethe-Zeit» besser als sonst. Er brachte einen Teil von Goethes Seele lebendig mit. Mir wurde das kleinste Detail dieser Besuche von Bedeutung. Heute steht noch lebendig vor mir, wie Herman Grimm einmal im Archiv über Goethes Iphigenie sprach. Und so vieles andere. Immer war, abgesehen von dem Inhalt seines Redens, die Art fesselnd, in der er sprach. Man konnte die Empfindung haben, dahinter liegen geistige Zusammenhänge, die er erlebt hat, und aus denen heraus seine Worte kamen.

1894 trat mir aber seine Gestalt in seiner Abwesenheit im Archiv ganz eigentümlich vor die Seele. Es war eben das Vorwort zu der fünften Auflage seines Goethebuches erschienen. Herman Grimm hatte darin auseinandergesetzt, wie er während der Arbeit an diesen Vorträgen und auch nachher in freundschaftlichem Verkehr stand mit Persönlichkeiten, deren Interesse ganz besonders Goethe zugewandt war. Es waren

* Dieser Aufsatz schließt sich mit den drei vorigen zu einem Ganzen zusammen.

der Literarhistoriker Julian Schmidt, der das geistreiche Buch über die Geschichte des neueren deutschen Geistesleben geschrieben hat, Gustav von Loeper, der verdienstvolle Herausgeber von Goethes Werken, und Wilhelm Scherer, der Professor der deutschen Literaturgeschichte an der Berliner Universität. Mit den beiden ersten fühlte sich Herman Grimm ganz im Einklang, obwohl er und jeder der beiden andern in bezug auf Goethe voneinander abweichende Betrachtungswege gingen. Anders war es bei Scherer. Er hielt im Äußeren mit ihm Freundschaft. Nach Scherers früh erfolgtem Tode schrieb er in diesem Vorwort, nachdem er versichert hatte, wie gut er mit Julian Schmidt und Loeper ausgekommen war: «Viel später erst trat Wilhelm Scherer, aus Straßburg berufen, dauernd in Berlin ein. Um Jahrzehnte jünger als wir drei Norddeutschen. Aus Wien kommend. Durch seine Stellung als amtlich berufener Professor der Deutschen Literatur auch für das, was speziell Goethe anging, uns gleichsam vorgesetzt. Ein jugendlicher, aggressiver, rücksichtsloser Geist, der, was uns Dreien am meisten fehlte, mit den Lehren der Lachmann-Hauptischen Schule vertraut, die sogenannte ‹wissenschaftliche Methode› dieser Schule nicht nur mit Leichtigkeit anwandte, sondern auch sie energisch zu vertreten willens war. Wir drei Älteren gingen aus von Goethes Persönlichkeit, Scherer von den Manuskripten und Lesarten seiner Werke. Scherer verlangte vor allen Dingen einen ‹sauberen Text›. ‹Jeder Text›, lautete seine Lehre, ‹ist verderbt: es gilt, ihn so zu edieren, daß auf ihm sicher gefußt werden kann.› Diese Edierung zu bewirken, gab es Mittel, die er genau kannte. Uns drei Anderen waren sie gleichgültig.»

Diese Charakteristik Wilhelm Scherers stand eines Tages unmittelbar nach dem Erscheinen des Vorwortes in Diskussion bei mehreren damals zum Besuche im Archiv anwesenden Persönlichkeiten, die zumeist unbedingte Verehrer des gekennzeichneten Literarhistorikers waren. Auch Erich Schmidt, der gefeiertste Schüler Scherers und dessen Nachfolger im Berliner Lehramt war dabei. Es war eine recht aufregende Szene. Man war ungeheuer verärgert. «Jeder Text ist verderbt: es gilt, ihn so zu edieren, daß auf ihm sicher gefußt werden kann.» Das sollte Scherers Lehre sein. Man empfand das wie einen Unsinn und bezeichnete es als solchen. – Nun, inhaltlich war ja auch wirklich kaum etwas einzuwenden gegen das, was Erich Schmidt und die andern sagten. Sie hatten – nicht nur von ihrem Standpunkte aus – recht.

Mir war die Stunde schmerzlich. Vor mir stand im Geiste die Gestalt Herman Grimms, des glänzenden, geistvollen Kunsthistorikers, des Prägers von lichtvollen Ideen, die ich so liebte. Er hatte hier etwas geschrieben, wovon mit Recht gesagt wurde, es sei ärgerlicher Unsinn.

Aber was lag denn eigentlich vor? Da war eine Richtung in der Literaturgeschichte ausgebildet, die die dichterischen Schöpfungen in ihrem geschichtlichen Zusammenhange so betrachtete, daß dabei die damals so erfolgreich ausgebildete «positivistisch-naturwissenschaftliche» Methode zur Anwendung kam. Ein Höchstes in menschlicher Geistesentfaltung sollte so erforscht werden, wie man gewohnt geworden war, in der Naturwissenschaft vorzugehen. Wilhelm Scherer war der energischste Repräsentant dieser Forschung. Die Naturwissenschaft war auf dem Wege, in ihren Aussagen das Geistige ganz zu verlieren; nun sollte die Betrachtung des Menschengeistes ihrem Ideal folgen. Die literaturgeschichtlichen Forschungen konnten zum Inhalt nur noch Tatsachen haben, die in ganz äußerlichem Zusammenhange mit dem wahren Werden des Menschengeistes stehen. – Das war ein Weg, der Herman Grimm nur ganz unheimlich sein konnte. Er wollte das Werden des *Geistes* verfolgen, wenn auch nur in einer dem *abstrakten* Idealismus verwandten Art. Aber diese Art war, wie der ganze abstrakte Idealismus, nicht imstande, gegen den Ansturm der ungeistigen naturwissenschaftlichen Methoden aufzukommen. Das kam in Herman Grimms persönlichem Verhalten zum Ausdrucke. Er fand keine wirksamen Gedanken, um seine instinktive Abneigung gegen Scherers Methode auszusprechen. Er hatte nur das *Gefühl* von etwas Schlimmem.

Und so kennzeichnete er Scherers «Lehre», indem er etwas Absurdes aussprach. Wie wenn er hätte sagen wollen: was da eigentlich zugrunde liegt, weiß ich nicht; aber es kommt mir so absurd vor, wie wenn man durch allerlei kritische Methoden die Dichtertexte erst machen müßte.

Damit aber ist die Stellung der Geistesforscher von der zweiten Hälfte des neunzehnten Jahrhunderts gegenüber einer geistverleugnenden Wissenschaft gegeben. Diese Geistesforscher hatten nicht den lebendigen Geist, sondern nur dessen ideellen Gedankenschatten. Mit diesem fanden sie noch die Möglichkeit, über Kunst, Geschichte und so weiter zu sprechen, aber sie konnten sich kein durchgreifendes Urteil bilden über den Wert der geltenden Wissenschaft. Ein Vertreter dieser «geltenden Wissenschaft» sagte mir einmal: Herman Grimm ist kein ernster wissenschaftlicher Arbeiter, sondern ein geistiger Spaziergänger.

Nur eine Geisteswissenschaft, die nach dem lebendigen Geiste strebt, kann in der Naturerforschung wieder den Geist finden und ihn dann aber auch der Kunst-, der Geschichtsbetrachtung und so weiter zurückgeben.

Herman Grimm stand mit der bei ihm leuchtenden, schönen Schattenform der Gedanken wie ratlos gebannt zwischen einer geistgemäßen und einer geistverleugnenden Weltbetrachtung.

In dem Kapitel seines Goethe-Buches, in dem Herman Grimm Goethes Verhältnis zur Naturerkenntnis behandelt, findet sich die Offenbarung dieser Ratlosigkeit. Da sagt er: «Die mosaische Schöpfungsgeschichte gipfelt im Menschen, welcher als Inhaber der Nutznießung alles Vorhergeschaffenen eintritt ... und das Christentum erhebt den Menschen in solchem Sinne zum Zweck der Schöpfung, daß ohne ihn die Welt inhaltslos wäre. – Gegen diese Anschauung empörten sich die Naturwissenschaften. Die Astronomie eröffnete den Kampf, indem sie die Erde, die für den Mittelpunkt des Weltsystems galt, als ein nur untergeordnetes Gestirn erkannte, dessen herrschende Bewohner damit zugleich degradiert wurden ...» Herman Grimm bringt es nur zu einer Art ästhetischer Entrüstung gegenüber der naturwissenschaftlichen Denkart. Von der Kant-Laplaceschen Hypothese sagt er: «Aus dem in sich rotierenden Weltnebel – die Kinder bringen es bereits aus der Schule mit – formt sich der zentrale Gastropfen, aus dem hernach die Erde wird, und macht, als erstarrende Kugel, in unfaßbaren Zeiträumen alle Phasen, die Episode der Bewohnung durch das Menschengeschlecht mit inbegriffen, durch, um endlich als ausgebrannte Schlacke in die Sonne zurückzustürzen: ein langer, aber dem heutigen Publikum völlig begreiflicher Prozeß, für dessen Zustandekommen es nun weiter keines äußeren Eingreifens mehr bedürfe, als die Bemühung irgend einer außenstehenden Kraft, die Sonne in gleicher Heiztemperatur zu erhalten. – Es kann keine fruchtlosere Perspektive für die Zukunft gedacht werden, als die, welche uns in dieser Erwartung als wissenschaftlich notwendig heute aufgedrängt werden soll. Ein Aasknochen, um den ein hungriger Hund einen Umweg machte, wäre ein erfrischendes appetitliches Stück im Vergleiche zu diesem letzten Schöpfungsexkrement, als welches unsere Erde schließlich der Sonne wieder anheimfiele ...»

Noch vor kurzem hatte man ein Recht auf die Meinung, die Betrachtung der Natur werde einen Anstoß nach dem Geistigen durch die Fortbildung einer solchen Denkart wie die Herman Grimmsche erhalten können. Heute zeigt sich, daß die Kraft dieser Denkart nirgends mehr lebendig ist. Und Herman Grimm würde, wenn er jetzt noch lebte, wohl selbst einsehen müssen, daß nicht nur Naturwissenschaft bis zur Anschauung des Geistigen fortgeführt, sondern daß auch alle historischen Betrachtungen von den gedanklichen Geistesschatten bis zu den lebendig-waltenden Geisteswesenheiten verfolgt werden müssen.

SCHEINBARE UND WIRKLICHE PERSPEKTIVEN DER KULTUR

Der Leser von *Albert Schweitzers* «Geschichte der Leben-Jesu-Forschung» (von Reimarus zu Wrede, 1906) und anderer Schriften desselben Verfassers, muß diesen für einen sehr scharfen Denker halten. Für einen solchen, der mit seinen Gedanken in Gebiete des Geisteslebens eindringen möchte, die viele andere für das Denken unzugänglich und nur für gefühlsmäßiges, mystisches oder Glaubenserlebnis erreichbar halten.

Man greift daher mit Interesse nach dem eben erschienenen ersten Teil einer «Kulturphilosophie» von Albert Schweitzer, der den Titel trägt: «Verfall und Wiederaufbau der Kultur» (Paul Haupt, Akademische Buchhandlung Bern, 1923).

Sogleich auf den ersten Seiten stößt man auf die Wiedergabe von Empfindungen, die von den Verfallserscheinungen der «Kultur» der Gegenwart widerklingen. Der Mangel an einem Denken, das die Geistigkeit der Welt ergreift, wird gründlich empfunden und mit schneidender Schärfe charakterisiert. Die Worte der Kritik fallen wie schneidende Messer auf das Gesamtantlitz des gegenwärtigen Lebens.

Der erste Satz lautet: «Wir stehen im Zeichen des Niedergangs der Kultur.» Damit ist der Grundton angeschlagen. Und aus dessen Weiterführung hören wir: «Wir kamen von der Kultur ab, weil kein Nachdenken über Kultur unter uns vorhanden war.» ... «So überschritten wir die Schwelle des Jahrhunderts mit unerschütterten Einbildungen über uns selbst.» ... «Nun ist für alle offenbar, daß die Selbstvernichtung der Kultur im Gange ist.» ... «Die Aufklärungszeit und der Rationalismus hatten ethische Vernunftideale über die Entwicklung des Einzelnen zum wahren Menschentum, über seine Stellung in der Gesellschaft, über deren materielle und geistige Aufgaben ... aufgestellt.» ... «Aber um die Mitte des neunzehnten Jahrhunderts fing diese Auseinandersetzung ethischer Vernunftideale mit der Wirklichkeit an abzunehmen. Im Laufe der folgenden Jahrzehnte kam sie mehr und mehr zum Stillstand. Kampflos und lautlos vollzog sich die Abdankung der Kultur ...»

Schweitzer glaubt zu sehen, woran das liegt. Die ethischen Vernunftideale waren bei früheren Weltanschauungen in denselben Quellen liegend wie die Gedanken über die Natur. Diese Weltanschauungen sahen hinter der Natur eine geistige Welt. Und aus dieser flossen in den Tatsachen der Natur die Antriebe; ebenso aber auch in der Menschenseele die ethischen Vernunftideale. Es gab eine «Totalweltanschauung». Die gibt es heute nicht. Die Gedanken der neuen Naturanschauung können nur von Kräften in den Naturerscheinungen, nicht aber von ethischen Zielen der Menschenseele sprechen.

Schweitzer sieht innerhalb dieser Situation nur eine kraftlose Philosophie, die die Schuld trägt an dem Niedergange. «Daß das Denken es nicht fertig brachte, eine Weltanschauung von optimistisch-ethischem Charakter aufzustellen und die Ideale, die die Kultur ausmachen, in einer solchen zu begründen, war nicht Schuld der Philosophie, sondern eine Tatsache, die sich in der Entwicklung des Denkens einstellte. Aber schuldig an unserer Welt wurde die Philosophie dadurch, daß sie sich die Tatsache nicht eingestand und in der Illusion verblieb, als ob sie wirklich einen Fortschritt der Kultur unterhielte.» ... «So wenig philosophierte die Philosophie über Kultur, daß sie nicht einmal merkte, wie sie selber, und die Zeit mit ihr, immer mehr kulturlos wurde. In der Stunde der Gefahr schlief der Wächter, der uns wach erhalten sollte. So kam es, daß wir nicht um unsere Kultur rangen.»

Schweitzer weist scharf darauf hin, daß Institutionen in der äußeren Welt, auf welche die neuere Menschheit allein baut, den Verfall der Kultur nicht aufhalten können. Ihm ist klar, daß aller materielle Lebensinhalt, soll er sich zur Kultur gestalten, von den selbständigen Schöpfungen des Geisteslebens ausstrahlen müssen. Er findet, daß die Menschen der Gegenwart, weil sie sich an das Materielle der Außenwelt verloren haben, *unfrei*, im Denken *ungesammelt*, in der Entfaltung der vollen Menschlichkeit *unvollständig*, im ethischen Verhalten *humanitätslos* geworden sind. Die Einrichtungen des Lebens erscheinen ihm *überorganisiert*, weil die Initiative des Einzelnen gehemmt ist durch die Einspannung in die Organisationen, die überall das Individuelle in ein abstraktes, unpersönliches Allgemeines aufnehmen wollen.

Daß das Vertrauen in die Schöpferkraft des denkenden Geistes geschwunden ist, kennzeichnet Schweitzer in der verschiedensten Art. «Früher war jeder wissenschaftliche Mensch zugleich ein Denker, der in dem allgemeinen geistigen Leben seiner Generation etwas bedeutete. Unsere Zeit ist bei dem Vermögen angelangt, zwischen Wissenschaft und Denken scheiden zu können. Darum gibt es bei uns wohl noch Freiheit der Wissenschaft, aber fast keine denkende Wissenschaft mehr.» In den Seelen der Denker müssen, im Sinne Schweitzers, die Impulse entstehen, die in alles materielle Kulturgeschehen wirken. «Kant und Hegel haben Millionen regiert, die nie eine Zeile von ihnen gelesen haben und nicht einmal wußten, daß sie ihnen gehorchten.» ... «Daß das römische Reich, trotz der vielen hervorragenden Herrscher, die es besaß, zugrunde ging, lag letzten Endes daran, daß die antike Philosophie keine Weltanschauung mit reichserhaltenden Gedanken hervorbrachte.» ... «Für die Gesamtheit wie für den Einzelnen ist das Leben ohne Weltanschauung eine pathologische Störung des höheren Orientierungssinnes.»

Ich muß nun den Rest dieser Ausführungen so gestalten, daß ich mich der Gefahr aussetze, von Vielen für einen eingebildeten Tropf gehalten zu werden. Doch das geht nun einmal angesichts meiner Überzeugung über die Dinge, die Albert Schweitzer bespricht, nicht anders.

Nehmen wir an, jemand wolle ein Haus bauen, und man frage ihn: wie soll es gestaltet sein? Er antwortet: fest, wittersicher, schön und so, daß man bequem darin wohnen kann. Man wird mit dieser Antwort nicht sonderlich viel anfangen können. Man wird einen konkreten Plan und in sich begründete Formen gestalten müssen. Albert Schweitzer durchschaut die Baufälligkeit der «Gegenwartskultur». Er fragt sich: wie soll der Aufbau einer neuen sein? Er antwortet: «Die große Aufgabe des Geistes ist, Weltanschauung zu schaffen.» «Die Zukunft der Kultur hängt also davon ab, ob es dem Denken möglich ist, zu einer Weltanschauung zu gelangen, die den Optimismus, das heißt die Welt- und Lebensbejahung, und die Ethik sicherer und elementarer besitzt als die bisherigen.» Nun, auch mit dieser Antwort kann man nicht sonderlich viel anfangen. Die Anthroposophie empfindet das Negative in der «Gegenwartskultur» ähnlich wie Schweitzer. Sie wird dies vielleicht weniger polternd und weniger kraftmeierisch zum Ausdruck bringen; aber sie beantwortet das Beobachtete mit einer geistigen Erkenntnis, die das menschliche Denken von den berechtigten Forderungen der Naturanschauung zu einer Einwurzelung in die lebendige Geisteswelt weiterführt. In dieser Geisteswelt haben die ethischen Ideale wieder Kraftwirkung wie auf dem Felde der Natur die Naturkräfte.

Schweitzer meint, das neuere Denken schrecke davor zurück, in das Geistige einzudringen und überlasse dieses Feld der gedankenfreien Mystik. «Aber warum» – sagt er – «annehmen, daß der Weg des Denkens vor der Mystik ende?» Er will ein Denken, das so lebendig ist, daß es in die Regionen eindringen kann, die Viele der Mystik zuteilen. Nun – die Anthroposophie lebt ganz in einem solchen Denken und in einem solchen Verhältnis zur Mystik. – Schweitzer findet: «Wieviel wäre für die heutigen Zustände schon gewonnen, wenn wir alle nur jeden Abend drei Minuten lang sinnend zu den unendlichen Welten des gestirnten Himmels emporblickten und bei der Teilnahme an einem Begräbnis uns dem Rätsel von Tod und Leben hingeben würden ...» Man sehe, wie sich *dazu* die Anthroposophie verhält.

Schweitzer kennzeichnet das alles, wie Einer, der sagt: ich will ein Haus haben, das fest, wettersicher, schön und so ist, daß man bequem darin wohnen kann. Die Anthroposophie möchte nicht in diesen Abstraktionen verbleiben, sondern den konkreten Bauplan gestalten.

Am 17. März 1917 starb bei Zürich *Franz Brentano* im hohen Alter, nach einem äußerlich durch wechselnde Schicksale hindurchgegangenem Philosophen-Leben. Viel bewegter aber war der innerliche Erdenwandel dieser Persönlichkeit. Dem Suchen nach der Wahrheit im ernstesten Sinne war dieses Leben gewidmet. Franz Brentanos Oheim war Clemens Brentano, der deutsche Dichter der Romantik. Die Familie war eifrig katholisch. Clemens Brentano war der Sohn von Maximiliane Brentano, der Freundin Goethes. Dieser hat die hochsinnige Gestalt der Maximiliane in seinem Werther als «Fräulein von B.» verewigt.

In Franz Brentano wirkte weiter der geistige Hochsinn der Familie Brentano wie auch ihr Katholizismus. Aber die Wirkung war eine sehr eigenartige. Er trug im Blute den Flug in Geisteswelten; aber nicht die romantische Leichtigkeit, um über alle Logik-Fesseln hinweg auf Phantasie-Flügeln in diesen Welten zu leben wie sein Oheim Clemens. Und er liebte innig die Hingabe an eine Erkenntnis, die frommem Fühlen entspringt; aber die scholastisch-aristotelische Schulung hinderte ihn, die Wahrheit in Offenbarungsform zu empfangen; das Herz drängte nach Religion; der Verstand nach Durchschauen des Wahrheitsinhaltes.

Er wurde zunächst katholischer Priester. Nicht nur aus den äußeren Verhältnissen einer katholischen Familie heraus, sondern aus echtem inneren Beruf. Und er *war* Priester in seiner Jugend, auch in dem Sinne, daß er den Eigengebrauch des Intellektes gegenüber dem Offenbarungsglauben für sündhaft hielt. Aber er war auch eifriger Theologe. Sein Scharfsinn entfaltete sich in glänzendster Art an der Scholastik und am Aristotelismus. Das romantische Erbe seiner Familie scheint in ihm ganz in logische Begriffsgestaltung gewandelt und verbunden mit höchster Gewissenhaftigkeit für die Wahrheit. Unbewußte, halbbewußte Zweifel wühlen in den Untergründen der Seele. Sich ihnen hinzugeben, gestattet sich der fromme Katholik nicht.

So trifft ihn die Erklärung des Unfehlbarkeitsdogmas. Er hatte für den berühmten Bischof Ketteler jene Denkschrift über dieses Dogma auszuarbeiten, welche dieser dann auf der Bischofversammlung zu Fulda vorbrachte. Brentano war innerlich durch die Abfassung dieser Denkschrift an der katholischen Kirche irre geworden. Gegen ein Dogma, das schon *bestand*, auch nur zu *denken*, hätte ihm sein frommer katholischer Sinn verboten. Aber das Unfehlbarkeitsdogma bestand noch nicht, als er sich zu dessen Prüfung aufgefordert fand. Er durfte prüfen. – Und er fand, nach der Prüfung, in seinem Herzen den Weg zur katholischen Kirche nicht mehr zurück. Die Kirche hatte das Dogma angenommen, das er aus seiner Katholizität heraus ablehnen mußte.

Franz Brentano verließ die Kirche und ward freier Philosoph. Er brachte in die Philosophie hinein die Kunst der streng logischen Begriffsgestaltung. Der Aristotelismus mit seinem Aufstieg von der Beobachtung der Sinne bis zur Erfassung des Geistigen in scharfsinnig geformten Begriffen war Brentano zur zweiten Natur geworden. – So wollte er sich als Philosoph in das Zeitalter hineinfinden, in dem die Naturerkenntnis Führerin in aller wissenschaftlichen Methodik geworden war. Eine seiner ersten philosophischen Schriften war diejenige, in welcher er den Satz vertrat: die wahre Philosophie dürfe sich keiner anderen Methoden bedienen als die echte Naturwissenschaft. Aus dieser Gesinnung heraus wollte er in den siebziger Jahren des neunzehnten Jahrhunderts eine Psychologie schreiben. Sie war auf mehrere Bände berechnet. Aber es ist nur der erste Band erschienen. – In meinem Buche «Von Seelenrätseln» (Dornach 1960, Seite 95) habe ich die Gründe versucht darzustellen, aus denen heraus Brentano nie zum Abschlusse, nicht einmal zur Weiterführung seiner Psychologie hat kommen können. Dort findet man die Ansicht entwickelt, daß die Seelenerscheinungen gerade derjenige durch eine zum geistigen Schauen entwickelte Erkenntnisart wird beobachten wollen, der das Wesen der naturwissenschaftlichen Methodik recht durchschaut. Ein solcher wird sich für die Grenzen des

Naturgebietes an diese Methodik zunächst halten, aber gerade durch ihre Handhabung sich überzeugen, daß die Seele in ihrer Wirksamkeit und ihrem Wesen nur erkannt werden kann, wenn das gewöhnliche Bewußtsein über sich hinausgehend die Fähigkeit eines exakten Schauens entwickelt. Diesem Schauen erschließen sich die Seelen- und Geistesvorgänge. Brentano wollte zu solchem Schauen nicht übergehen. Er wollte mit der naturwissenschaftlichen Methodik auch in das Reich der Seelenerscheinungen eindringen. Damit brachte er es nur bis zu den elementaren Seelenvorgängen. Aber nach seiner eigenen Meinung ist eine Seelenkunde wertlos, die es nur bis zur Bildung und Verkettung der Vorstellungen, zur Formung der Aufmerksamkeit und des Gedächtnisses und so weiter bringt. Wahre Psychologie muß zur Erkenntnis dessen gelangen, was als des Menschen besserer Teil bestehen bleibt, wenn der Leib zerfällt. – Aber zu solcher Psychologie kann nur exaktes Schauen kommen. Brentano wollte dieses nicht; und so ergab sich ihm für die höheren Teile der Psychologie kein Inhalt. Aus der naturwissenschaftlichen Methode heraus konnte er ihn nicht finden. Eine bloße Formalistik zu liefern, verbot dem ernsten Wahrheitssucher seine im höchsten Sinne ausgebildete denkerisch-wissenschaftliche Gewissenhaftigkeit.

Brentano rang nun sein ganzes Philosophen-Leben hindurch mit den Weltenrätseln, die sich nur dem exakten Schauen erkenntnismäßig ergeben. Es war dieses sein Ringen ein großartiges. Wer seine bei Lebzeiten erschienenen Schriften verfolgt hat, der wurde, wenn er dafür ein Organ hatte, tief angezogen von der gewaltigen Erkenntnisarbeit dieses Philosophen.

Es ist nun nach den Mitteilungen seiner ihm treu ergebenen Schüler ein reicher Nachlaß Franz Brentanos vorhanden. Er soll im Laufe der Zeit veröffentlicht werden. Man wird seinen Schülern zu größtem Dank verpflichtet sein.

Was von diesem Nachlaß zu erwarten ist, davon bekommt man eine Vorstellung durch die erste Veröffentlichung aus demselben. Sie bringt – von Alfred Kastil vorzüglich eingeleitet – Brentanos «Die Lehre Jesu und ihre bleibende Bedeutung, mit einem Anhange: Kurze Darstellung der christlichen Glaubenslehre» (Leipzig, Verlag von Felix Meiner, 1922).

Anfang und Ende der Brentanoschen Erkenntnisarbeit stehen durch diese Schrift vor der Seele des Lesers. Aus zwei Grundlagen geht hervor, was der Philosoph über die Lehre Jesu zu sagen hat. Aus einem innigen Verständnis für die Evangelien und aus einem gewissenhaft wirkenden, auf scharfe Ideenformung gerichteten Erkenntnisstreben. Durch Zusammenwirken dessen, was er auf diesen beiden Grundlagen errichtet, entsteht in Brentanos Seele: 1. Die Sittenlehre Jesu; 2. Die Lehre Jesu von Gott und Welt und seiner eigenen Person und Sendung; und 3. eine «Kurze Darstellung der christlichen Glaubenslehre». In derselben Art ergibt sich ihm, was er als ausführliche Kritik der Pascalschen Darstellung des Katholizismus bringt.

Man kann nun den Bruch in Brentanos Weltanschauung, der für seine Bearbeitung der Psychologie festgestellt werden mußte, auch in seiner Stellung zum Christentum finden. Die Überzeugung gegenüber wissenschaftlichem Denken, die ihm aus dem nach naturwissenschaftlicher Methode arbeitenden Forschen erwachsen ist, wurde ihm Charakteristikon seiner ganzen Weltanschauung. Und so ringt er denn auch gegenüber der Person Jesu, in der er die Gottwesenheit des Christus nicht finden kann. Wie stark an eine Auffassung, die an das Christusgeheimnis mit exaktem Schauen herantritt, und in Jesus den Christus als übersinnlich-überirdisches Gottwesen entdeckt, klingen Brentanos Worte an (Seite 37): «Die Weltanschauung Jesu war also nicht bloß geozentrisch, sondern auch christozentrisch und zwar in solcher Weise, daß um die Person des einen Menschen Jesus sich nicht bloß die ganze Erdgeschichte, sondern auch die der reinen Geister, der guten wie der bösen, ordnet und in jeder Hinsicht nur durch die Zweckbeziehung zu ihm ihr Verständnis findet. Die Welt ist nicht bloß in Rücksicht auf den einen allwaltenden Gott, sondern auch in Rücksicht auf diejenige Kreatur, die vor allen anderen sein Ebenbild ist, eine Monarchie zu nennen.» – Und doch: die Ideen, die Brentano von dem Christus Jesus entwickelt, laufen nicht ein in eine solche Geistesgestalt, die als die Wirklichkeit empfunden werden kann. Das kann nur bei einer Weltanschauung der Fall sein, welche von der Naturwissenschaft zu einer Geisteswissenschaft aufsteigt, von einer Geschichtserkenntnis über die äußeren Geschehnisse zu einer exakten Anschauung der übersinnlichen Wirksamkeit des Geistesreiches im geschichtlichen Leben. Jesus findet man durch eine der Naturwissenschaft nachgebildete Geschichtserkenntnis; den Christus findet nur eine echte Geisteserkenntnis. (Damit ist natürlich nicht gemeint, daß der fromme Sinn des Christen den Christus nicht findet. Er findet ihn im Gefühls-Erleben. Erkenntnis des Christus aber kann nur auf die angegebene Art errungen werden. Und nach einer solchen strebte Brentano.) Der Philosoph Brentano hat sich den Weg ins Geistgebiet, auf den er doch gewiesen war, durch seine Stellung zum naturwissenschaftlichen Denken verbaut*. Er hat deshalb auch den Weg zu Christus, den er durch seine Auseinandersetzung mit dem katholischen Dogma verloren hat, nicht völlig wiedergefunden. Gerade durch das, was ein so ehrwürdiger Wahrheitssucher nicht finden konnte, ist Brentano eine der bedeutendsten Philosophen-Erscheinungen der Gegenwart.

* Man hat im Kreise der Brentanoschen Schülerschaft meine Auffassung von den Schwierigkeiten Brentanos gegenüber der Psychologie angefochten. Ich würde gerne zugeben, daß die dem Philosophen Nahestehenden darüber mehr wissen können als ich; aber ich werde nun in meinem Urteile gerade durch die «Lehre Jesu» Brentanos wesentlich bestärkt.

Unter den Menschen, die für das geistige Leben zu Ende des neunzehnten Jahrhunderts besonders charakteristisch sind, wird man den im Frühling 1917 verstorbenen Philosophen *Franz Brentano* nennen müssen. (Ich habe in dieser Wochenschrift von ihm anläßlich des Erscheinens seines Christusbuches gesprochen und in einem Nachruf, der den 3. Abschnitt meines Buches «Von Seelenrätseln» bildet.)

Franz Brentano wollte eine Philosophie von der Seelenkunde aus gewinnen. Er hat von seiner groß beabsichtigten Psychologie nur den ersten Band erscheinen lassen. Er wollte die Seelenwissenschaft nach einer Methode aufbauen, die nach dem Ideal der Naturwissenschaft orientiert sein sollte. Alles, was er an Feinem, Scharfsinnigem über die Seelenerscheinungen ersonnen hat, geht in der Richtung, die hier in dieser Wochenschrift als «Anthroposophie» gekennzeichnet wird. Allein die Naturwissenschaft, in der Brentano aufgewachsen ist, und an der er methodisch festhalten wollte, betrachtet ein Eindringen in die wirkliche geistige Welt als Phantastik. Und zu einer «Geisteswissenschaft», die auf Anschauung des Geistes geht und dabei doch so streng verfährt wie die moderne Naturwissenschaft, konnte sich Brentano nicht verstehen. Er konnte sich mit vollem Bewußtsein nicht zu dem aufschwingen, wozu alle seine Ideenwege hinweisen. So blieb sein Werk unvollendet.

Aber gerade durch ihr Ringen wird die Seele dieses «Seelenforschers» zu einer Erscheinung, die den geisteswissenschaftlichen Seelenbetrachter immer wieder aufs neue mächtig anzieht. Die kleinste Gabe seiner schriftstellerischen Leistungen bietet ein unbegrenztes Interesse.

Es gibt nun ein kleines Büchelchen «*Aenigmatias*» (Neue Rätsel von Franz Brentano, 2. Auflage, München 1909) von diesem Philosophen. Er sagt selbst in der Vorrede, daß die zahlreichen Rätsel, die er geschaffen und in diesem Büchelchen mitgeteilt hat, «recht eigentlich Erzeugnisse der Gelegenheit» sind. «Wiederholt fand ich mich in Kreisen, die sich mit solchen Spielen des Scharfsinnes zu unterhalten liebten; und nur dem Wunsche, ihnen gefällig zu sein, verdanken meine Rätsel ihr Entstehen.»

Und dennoch; geht man liebevoll auf diese Rätsel ein, so findet man in ihnen die besondere Eigenart dieses Denkers wieder. – Brentano wurde durch seine strenge scholastische Schulung zu einer scharfen Behandlung des Denkens geführt. Das Stellen von Fragen an das Leben und die Welt wurde ihm zur feinsten Seelenkunst. Das Gestalten klarer, lichtvoller Begriffe war ihm in unbegrenztem Felde eigen. Aber durch sein Eingehen auf die Naturwissenschaft seiner Zeit kam er in ein seelisches Erleben, das nicht an die Wesenheit der Dinge heran will; die «Grenzen des Erkennens» trafen bei ihm mit einem nach Unbegrenztheit treibenden Scharfsinne zusammen. Und so konnte er sich mit diesem Scharfsinn den Dingen und Vorgängen der Welt gegenüber nur fühlen wie jemand, der irgend etwas in einer leichten Umhüllung in Händen hat und der sich nun zu *raten* bemüht, was diese Umhüllung in sich schließt.

Wer Sinn hat für die Untertöne, die aus den Gedanken eines Menschen herausklingen, der kann aus Brentanos tiefgründigen Büchern und Abhandlungen überall den «Rätselsucher» auf besondere Art herausfühlen. Es entstehen bei ihm die Rätsel der Natur und des Geistes dadurch auf besondere Art, daß er in seinen Fragestellungen etwas wie ein Tasten hat, das an die Dinge nicht heran will, weil es glaubt, durch zu unvorsichtiges Zugreifen die Wirklichkeit zu grob wahrzunehmen. Das wird schließlich die Grundstimmung des ganzen Brentanoschen Denkens.

Und ein solches Denken darf sich, ohne sich untreu zu werden, zur Erholung in die spielerischen Regionen zurückziehen, wo das Fragestellen zum geistreichen *Umhüllen* des Gemeinten wird. So empfindet man gegenüber den Brentanoschen Rätseln. Denn es ist bei ihm dieselbe Seelenverfassung auf leichtspielerische Art wirksam, wenn er den Leuten Rätsel aufgibt, die sich zum äußersten Ernst erhebt, wenn er den «Rätselfragen» des Daseins nachsinnt.

Man merkt die Gedankenfeinheit, wenn Brentano raten läßt:

«Süß bin ich und dem Kindeshunger Wonne,
Da schwind' ich rasch wie Schnee im Strahl der Sonne.
Doch, schwingt die junge Phantasie die Flügel,
So schwell ich, wachse über alle Hügel
Und sperr' ihr Paradies als breiter Riegel.»

Und man empfindet ernst dieselbe Feinheit, wenn Brentano die Äußerungen des Seelenlebens in Klassen einteilt.

Wenn dieser Philosoph die Leute witzig unterhalten will, so tut er es, indem er in den Scherz den Geist von seinem Philosophen-Impuls gießt. Und wenn der Philosoph empfindet, wie das Denken ein solch merkwürdiger Alchimist ist, der aus dem kleinsten Vorgang ein tiefernstes Welträtsel macht, so bringt es Brentano durch eine ähnliche Umwandlung zustande, einen Spaß so auszudrücken, daß ihn eine «Tragödie in Worten» umhüllt:

«Wen warf man in Wasser zum Sieden erhitzt?
Wem hat man den Bauch mit dem Messer geschlitzt?
(Vorhingen die innern Geweide ihm itzt;)
  Wem riß man die Seel' aus dem Leibe?
Wem stutzte den Schweif man zum traurigen Stumpf?
Wen stieß man hinab in den pfuhligen Sumpf?
Wen schleifte man fort mit verstümmeltem Rumpf? –
  Mich, der ich es alles beschreibe.»

(Brentano sagt von manchem seiner Rätsel: «Begegnet man bei ihrer Lösung oft großer Schwierigkeit, so trägt die Geschicklichkeit derjenigen die Schuld, für die sie zunächst bestimmt waren. Die feinsten und wunderlichsten Aufgaben waren ihnen die liebsten, und keine blieb ungelöst.» Da ich aber bei den Lesern dieser Wochenschrift keine geringere Geschicklichkeit voraussetzen darf, so lasse ich die Lösung bei den Beispielen weg. Brentano gibt ja auch in dem Buche keine.)

Zuweilen ist es reizvoll, wie der Philosoph in das Rätsel etwas hineinträgt, was fast die Weltenschwere einer philosophischen Frage hat, zum Beispiel:

«Ich bin ein Meer, ein Ozean,
Der schier die halbe Erde decket,
Ein Grab, das Tausende umfahn
In gleichem Frieden hingestrecket.

Bin eine Hexe, die den Sinn
Mit Trugesfäden dir umwebet,
Ich bin die ernste Lehrerin,
Die euch der Schöpfung Schleier hebet.»

Daß eine Winzigkeit mit geradezu dialektischem Wortschwall sinnvoll umhüllt werden kann, zeigt das Rätsel:

«Weil ein klein, unscheinbar Ding,
Achtet man es oft gering,
  Was Verwirrung schuf.
Wenn es in den Lüften schwebt,
Schweigt das Zischen, und es hebt
  Sich des Staunens Ruf.

Ja ein Weiser hochgelahrt (Hegel)
Hat den Atem nicht gespart,
  Sprach das große Wort,
In dem wohlgefügten Staat
Sei der Fürst, was in der Tat
  Dies an seinem Ort.»

Brentano wurde Rätselschmied, weil er im Grunde seines Denkquells viel mehr Kraft hatte, als er in seiner Philosophie ausleben konnte; aber er war in so hohem Grade Philosoph, daß er dies auch blieb, wenn er Witze machte. Seine Rätsel sind von der verschiedensten Art: Charadoiden, Verdoppelungscharaden, Füllrätsel und so weiter sind darunter; aber alle sind so, daß man fühlt: es ist da der Geist selbst, der zum Späßemacher wird.

Als Beigabe zu den Vortragsreihen über Anthroposophie und Pädagogik, die ich gegenwärtig hier in England zu halten habe, wurden von den Veranstaltern auch einige Ausführungen über die eurythmische Kunst gewünscht.

Ich wollte den Zuhörern zeigen, wie diese Kunst geradeso wie jede andere in dem Sinne aus dem Leben heraus gestaltet ist, daß dabei der schöne Gedanke Goethes zur Wahrheit wird, die Kunst sei eine Manifestation geheimer Naturgesetze, die ohne sie niemals zu einer Offenbarung kämen. Etwas scheinbar ferne und doch so nahe Liegendes drängte sich mir auf, da ich darauf hinweisen wollte, wie Eurythmie als die Kunst der Bewegung des einzelnen Menschen oder von Menschengruppen die Offenbarung der menschlichen Seele durch den Menschenleib wird. Die Erinnerung an den von mir in dieser Wochenschrift öfter besprochenen Philosophen Franz Brentano tauchte in meinen Gedanken auf. An dem, was einem besonders wertvoll ist, wird man oft in charakteristischer Weise gewahr, was man eigentlich im Leben überall beobachten kann. Man würdigt aber das Allgemein-Gegenwärtige erst recht, wenn man es im Lichte eines besonders Charakteristischen sieht.

Es verursachte mir immer einen tiefen Eindruck, wenn ich vor vielen Jahren in Wien als Zuhörer Franz Brentano, den hervorragenden Seelenforscher, dem Rednerpult sich nahen, dann seine Konzeptblätter entfalten und seine Gesten während des Vortrags machen sah. All dies sagte ebensoviel wie die Worte, die der Philosoph sprach; ja ich möchte fast das Paradoxon aussprechen: es sagte mehr.

Die rechte Hand nahm das Blatt, hielt es aber so, daß man fast hätte meinen können, es müßte den gerade gestreckten Fingern, die es nur leise umfaßten, entfallen. Es war mehr in den Raum hineingestreckt als gehalten. Dabei war die Hand zumeist so gehalten, daß sie an dem vorgestreckten Arm etwas nach abwärts hing. Sie war in einer Geste, in der ein Betrachtender sein kann, der einen Gegenstand ins Auge faßt, welcher tief seine Seele beschäftigt. Die linke Hand unterstützte öfter die rechte im Halten des Blattes; öfter bewegte sie sich zwischen Blatt und Tischoberfläche in vielsagender Weise. Die Fingerbewegung war dabei äußerst ausdrucksvoll. Man konnte die Vorstellung bekommen, daß alle diese Gesten darnach strebten, ein unmittelbarer Ausdruck dessen zu sein, was in der Seele vorging, und daß das Blatt, das gehalten werden mußte, eigentlich nur störend in die Gestenentfaltung eingriff. – Die Art, wie der Blick auf das Blatt fiel, war diesem Eindruck ganz angemessen. Er streifte gewissermaßen leise über die Blattfläche hin. Man konnte nicht meinen, daß gelesen wurde; eher, daß zu dem auf dem Blatte Stehenden etwas hinzugesehen wurde.

In all dem lag die ganze Seelenbetrachtung Franz Brentanos. Dieser hat die von ihm gegebene Gliederung der menschlichen Seelenfähigkeiten immer für etwas besonders Wichtiges gehalten. Er unterschied im Umfange des seelischen Lebens das Vorstellen, die Urteilsfällung und die Gefühle der Liebe und der Abweisung. Der *Wille* kam dabei etwas zu kurz. Er wurde gewissermaßen nur so weit berücksichtigt, als er im Gefühle lebt. Die ganze Philosophie Franz Brentanos macht den Eindruck, als ob sie sich subtil, geistvoll in dem Umfang des innerlich Seelischen bewegte, aber davor zurückschreckte, die dem Menschen äußere Wirklichkeit zu ergreifen. Als ob sie sich in diesem Ergreifen sofort unsicher fühlte. Es ist etwas da, was die Seele hindert, den Punkt zu erfassen, wo das Gefühl sich im Willen verwirklicht und die Außenwelt ergreift.

Die ganze Weltanschauung Brentanos trägt diesen Charakter an sich. Sie ist Betrachtung, die in sich selbst unsicher darüber sich fühlt, wie sie zu dem kommt, was betrachtet wird. Sie findet in sich etwas vor wie ein «Ding an sich»; aber findet innerhalb ihrer selbst keine Berechtigung, robust von einem solchen zu reden. Sie weiß aber zugleich auch, daß alles Reden über die Welt stumpf bleibt, wenn die Brücke zum in sich ruhenden Dasein nicht gefunden werden kann.

Brentano hat viele Ausgangspunkte gewählt, um diese

Brücke zu finden. Ich habe im dritten Kapitel meines Buches «Von Seelenrätseln» davon gesprochen, wie er deshalb seine schon in den siebziger Jahren als ersten Band veröffentlichte Psychologie nicht weiter brachte, weil er die von ihm erstrebte Brücke nicht finden konnte.

Brentano hielt in seinen Gedanken die Dinge der Welt so, wie er das Konzeptblatt in der Hand hielt. Diese Hand brachte nur genau so viele Kraft auf, als nötig war, damit ihr das Blatt nicht entfiel. Sie ließ das Blatt zwischen den Fingern ruhen; hielt es aber nicht. Und der Blick fiel nicht auf das Blatt, er fiel über dasselbe; er las nicht, sondern schien bloß die Formen des Geschriebenen zu betrachten.

So auch waren die Gedanken dieses Mannes. Sie wollten in das Innere der Dinge, hielten sich aber scheu an den Formen derselben zurück, sobald sie an sie stießen. Sie sahen über die Dinge hinweg. Sie streiften sie.

Es waren wirklich die Seelenerlebnisse in einer deutlichen Art in der ganzen Haltung des Körpers, besonders in Arm- und Händehaltung geoffenbart. Man möchte sagen: in seinen Gedanken hat Brentano immer wieder den Ansatz dazu gemacht, diese Haltung zu ändern; in dem Streben nach der ihm eigenen Geste war seine Philosophie durch das Wesen seiner Persönlichkeit fest geworden. Diese Gesten sagten in präziser Form, was die Gedanken, weil sie immer wieder in Zweifel verfielen, aus dieser präzisen Form herausbrachten.

Wer derartiges erlebt hat, der lernt hinblicken auf die Sprache des menschlichen Körpers. In seinen Bewegungen wird die Welt zur bewundernswerten Künstlerin. Sie läßt das Seelische, in dem der Geist lebt, für das Auge sichtbar werden. Und im Sinnlich-Wahrnehmbaren Geistiges ganz unmittelbar *schauen*, so daß man beim Anschaubaren stehen bleiben kann, und die Gedanken als solche verstummen; das ist künstlerisches Betrachten.

Ein Gebiet des Geistes so erobern, daß es restlos sinnlich anschaubar werden konnte, das hat stets zu einem Kunstbereich in der Entwickelung der Menschheit geführt.

Nun, die Eurythmie will, was in der Seele leben kann, durch die aus dem menschlichen Organismus naturgemäß folgenden Bewegungen wie in einer sichtbaren Sprache zum Ausdruck bringen. Sie geht über das Mimische hinaus, das die Sprache nur gewissermaßen da und dort ergänzt, aber ihr nicht vollkommen gleich wird; sie wird aber auch nicht zum Tanz, der den Charakter der Sprache verlieren muß, weil er nicht Offenbarung des Seelisch-Geistigen, sondern Überfließen desselben in die äußere Bewegung werden muß. Nichts soll gegen die volle Berechtigung dieser Künste selbstverständlich gesagt werden; sie haben ihre eigene Schönheit. Die Eurythmie stellt sich ihnen selbständig als aus dem Leben gestaltete sichtbare Sprache, die zur Kunst werden kann, gegenüber. –

DAS VERSTEHEN DER MENSCHEN (BRENTANO UND NIETZSCHE)

Persönlichkeiten wie Franz Brentano, über dessen Lebensarbeit im letzten Aufsatz einige Andeutungen gemacht worden sind, geben Veranlassung, den Blick auf die Kulturkräfte des ganzen Zeitalters zu richten. Denn dasjenige, was sich in dem Leben solcher Menschen entwickelt, geht aus den Kulturströmungen dieses Zeitalters hervor. In gewissem Sinne ist es so, daß diese Menschen nur intensiver bewußt fühlen, was in ihren Mitmenschen mehr oder weniger unbewußt auch vorgeht. Das gesamte soziale Leben setzt sich aber zuletzt aus diesen unbewußten Vorgängen zusammen.

Nun ist im Leben Brentanos eine der auffälligsten Erscheinungen sein Gegensatz zu Friedrich Nietzsche. Das tritt ganz deutlich auch in Brentanos «Lehre Jesu» zutage. Es findet sich in diesem Buche ein ganz kurzes Kapitel, in dem gefragt wird, wie Nietzsche sich neben der Persönlichkeit Jesu ausnimmt. Schon daß Brentano eine solche Frage aufwirft ist charakteristisch. Wer zu Jesus dem Christus so steht, wie – nach den Ausführungen im letzten Aufsatz – Brentano nicht stehen konnte, wie es sich aber einer anthroposophischen Erkenntnis ergibt, der wird diese Frage gewiß *so* nicht aufwerfen, wie es Brentano tut. Daß ein so ernster Wahrheitsucher überhaupt zu dieser Frage kommt, zeigt bei ihm eine tief verhaltene Antipathie gegen die ganze Geistesart Nietzsches. Diese verrät sich auch dadurch, daß Brentano Nietzsche eine belletristisch schillernde Eintagsfliege nennt.

Hier soll weiter nicht eingegangen werden auf das Verhältnis, das Brentano in seiner Art zwischen Jesus und Nietzsche feststellt, sondern nur auf die absolute Ablehnung der ganzen Geistesart Nietzsches von seiten Brentanos.

So begreiflich diese Ablehnung für jemand ist, der beide Persönlichkeiten ihrem Wesen nach kennt, so bezeichnend ist sie als Ausdruck für eine bedeutsame Zeiterscheinung: für die Verständnislosigkeit überhaupt, mit der sich heute Menschen gegenüberstehen können, die aus der Zeitkultur heraus ihre Bildung schöpfen.

Manche werden sagen, solch eine Erscheinung sei selbstverständlich, und es sei zu allen Zeiten so gewesen. Denn der Mensch entwickele sich eben nach seiner Individualität; und da müsse, was Zeitbildung ist, bei dem einen so, bei dem andern anders erscheinen. Das ist richtig; und es soll hier gewiß nicht der philisterhafte Standpunkt vertreten werden, daß es am besten wäre, wenn die Menschen die persönlichkeitslosen Abdrücke einer allgemeinen Kulturschablone wären. – Aber, wer unbefangen gewisse soziale Tatsachen des heutigen Lebens betrachtet, der kann wissen, daß von einem verständnisvollen Einander-Entgegenkommen der verschiedensten individuellen Anschauungen für den Fortschritt der zivilisierten Menschheit gerade in der nächsten Zukunft unermeßlich viel abhängen wird. Und einem solchen tauchen dann die schwersten Bedenken gegenüber diesem Fortschritt auf, wenn er wahrnehmen muß, wie eine scharf ausgeprägte Individualität nicht nur das Eigene energisch vertritt, sondern auch sich erfüllt mit bloßer Ablehnung einer andern scharf ausgeprägten Individualität, statt mit jener verständnisvollen Auffassung, die heute so notwendig auch den entgegengesetztesten Gedankenrichtungen wäre.

Man kann nämlich sehen, wie Nietzsches innere Lebensrichtung aus ganz ähnlichen Untergründen hervorgeht wie die Brentanos. Dieser geht vom Katholizismus aus und wendet sein Denken so, daß er in eine naturwissenschaftliche Gesinnung einmündet. Aus dieser findet er keinen Ausweg in eine Erfassung der geistigen Weltwesenheit. Nietzsche geht von dem Griechentum aus, dessen künstlerischer Impuls ihm bei Richard Wagner wieder erneut erscheint. Philosophisch legt er sich, was sich ihm da als Weltauffassung gestaltet, durch die Anlehnung an Schopenhauer zurecht. Man kann sagen: Nietzsche, der nur um wenige Jahre jünger ist als Brentano, steht im Beginne der siebenziger Jahre des vorigen Jahrhunderts vor der aufkommenden naturwissenschaftlichen Denkungsart so wie Brentano einige Jahre vorher. Dieser als gläubig-zweifelnder Katholik, jener als gläubig-zweifelnder Bekenner einer antikisierenden Kunstweisheit. Und Nietzsche verfällt derjenigen naturwissenschaftlichen Anschauung, die nicht durch Umartung der Erkenntnis zum Geist aufsteigen will, geradeso wie Brentano.

In «Menschliches-Allzumenschliches», in der «Morgenröte» steigt Nietzsche für die Erkenntnis des Menschenwesens aus dem Seelischen in das Physiologische hinunter, das die naturwissenschaftliche Zeitrichtung gelten läßt. Nur die persönliche Orientierung ist bei beiden verschieden. Brentano will alle Wahrheit nach dem Muster der zeitgenössischen Naturerkenntnis wissenschaftlich begründen. Er kann dabei nicht in die Region der geistigen Weltwesenheit gelangen, nach der er doch aufstrebt. Diese Region zieht sich gewissermaßen zurück vor dem, was er naturwissenschaftlich erfassen kann. – Nietzsche hat vor seiner Seele die sittlichen Ideale des Menschen stehen. Er lernt naturwissenschaftlich denken. Da wird, was als rein geistig-seelisches Ideal vorher erschienen war, zum Ergebnis dessen, was aus den Kräften der Leiblichkeit aufsteigt. Physiologisch im umfassenden Sinne wirkt der menschliche Leib.

Er bildet als Ergebnis auch die Ideen und Ideale aus. Es wird für Nietzsche eine Lebenslüge, wenn man die Sache so ansieht, daß die Ideale in einer selbständigen Geisteswelt wurzeln. Diese Geisteswelt ist der Nebel, der für den verblendeten Menschen als selbständig erscheint, für den Wissenden als physiologisches Machtstreben, das sich als selbständige Geisteswelt maskiert.

Brentano schmiedet sich sein Erkenntniswerkzeug mit der naturwissenschaftlichen Methodik seines Zeitalters. Es wird fein in der Zergliederung auch des Seelischen; aber es wird stumpf gegenüber den großen Welttatsachen des Geisteslebens. Nietzsche bildet sich mit der naturwissenschaftlichen Denkungsart sein Werkzeug; es wird robust, um das Seelische überall in seiner leiblich-physiologischen Umkleidung zu beklopfen; aber es wird zum Hammer, der die selbständige Geisteswelt zermürbt.

So persönlich verschieden gestaltete sich die Wirkung des wissenschaftlichen Zeitalters auf Brentano und auf Nietzsche. Aber die Ursache war bei beiden das Untertauchen in die zeitgenössische naturwissenschaftliche Denkungsart.

An zwei Persönlichkeiten, von denen eine jede auf andere Menschen einen bedeutenden Eindruck gemacht hat, zeigt sich, was eine allgemeine Zeiterscheinung von heute ist: die Menschen leben sich nicht zusammen, sondern auseinander. – Da kann nur heilend wirken ein erkennendes Aufsteigen in die geistigen Welten. Denn diese sind einheitlich für alle Menschen. Sie unterdrücken nicht die Individualitäten. Diese können, nach ihren persönlichen Eindrücken, allerdings in der mannigfaltigsten Weise von ihnen reden. Und befangene Gemüter sagen dann, weil die verschiedenen Menschen so Verschiedenes über Geisteswelten sagen, ist alles unsicher. Aber die Verschiedenheit rührt nur von den Gesichtspunkten her, von denen gesehen wird. Die geistige Wirklichkeit, die erkannt wird, ist eine Einheit. Und deshalb findet der Mensch, der zum Geiste aufsteigt, den andern Menschen in seiner Seele. Brentano hat für Nietzsche nur Ablehnung, *trotzdem* er ihm durch das Schicksal, das über beide durch das Untertauchen in die naturwissenschaftliche Denkungsart verhängt ist, so nahe steht.

Die Anerkennung der Geisteswelt wird Menschen-Verstehen bringen; der Zweifel an den Erkenntniswegen in das Geistige bricht die Brücken von Seele zu Seele ab.

WIE DIE GESCHICHTE DER DICHTUNG DEN GEIST VERLOREN HAT

Um die Mitte des neunzehnten Jahrhunderts ließ der Literaturhistoriker und Geschichtschreiber *Gervinus* eine Geschichte der deutschen Dichtung erscheinen. Sie bot etwas Überraschendes. Das Werden der deutschen Dichtung ist mit eindringlicher Beherrschung des Geistesganges geschildert. Die Fülle des Stoffes ist einleuchtend gegliedert; die einzelnen dichterischen Erscheinungen mit einem gewissen Verständnis individualisiert.

Doch es ist alles so dargestellt, als ob die Kräfte, die in dieser Dichtung wirkten, mit Goethes Tode mitgestorben wären. Als ob mit Goethe alles ausgeschöpft wäre, was in dem Quell, in dem die deutsche Dichtung ihren Ursprung hatte, enthalten war.

Gervinus ließ seine Überzeugung durchleuchten, daß die nach Goethe auftretenden Dichter nicht mehr die volle Berechtigung hätten wie die vorangehenden, den Sinn aus der praktischen Wirklichkeit hinweg in die Regionen zu wenden, aus denen die dichterische Inspiration kommt. Die Folgezeit sollte nicht den Schöpfungen der Phantasie, sondern dem praktischen Leben gehören. Die Dichtung muß, wie durch ein Naturgesetz, an ein bloßes Epigonentum übergehen.

Was Gervinus ausgesprochen hatte, wirkte stark. Mein lieber Lehrer und Freund *Karl Julius Schröer*, der ein begeisterter Anhänger von Gervinus war, ließ 1875 eine Geschichte der «Deutschen Dichtung im 19. Jahrhundert» erscheinen. Er fühlte sich förmlich gedrängt, das Buch mit einer Entschuldigung vor Gervinus zu beginnen. Wie wenn es sündhaft gewesen wäre, über die auf Goethe folgenden Dichter zu schreiben, leitet er seine Betrachtungen in der folgenden Art ein:

«*Gervinus* schloß bedeutsam seine Geschichte der deutschen Dichtung mit Goethe ab.

Was damals vielleicht überraschte, ja selbst Widerspruch fand, wird heute niemand mehr bestreiten wollen.

Mit Goethe ist für lange Zeit ein Blütenalter der Dichtung abgeschlossen.

– – – – – –

Wenn ich nun in Vorliegendem einen Überblick der Entwickelung der deutschen Dichtung vom Anfang unseres Jahrhunderts bis 1870, also weit über jenen Abschluß hinaus geben möchte, so fällt mir doch nicht bei, mich damit von jenen Anschauungen zu trennen oder ihnen gar entgegenzustreben.»

Was brachte Gervinus dazu, an ein solches Absterben der dichterischen Kräfte zu glauben?

Will man auf diese Frage eine Antwort finden, dann darf man den gewaltigen Umschwung im Geistesleben um die Mitte des neunzehnten Jahrhunderts nicht aus dem Auge verlieren. Das war die Zeit, in der die Naturwissenschaft sich für allein fähig erklärte, zu entscheiden, was als «wahre» Weltansicht zu gelten habe. Das Eigenstreben der menschlichen Seele, die in innerer Kraft zum Erleben einer geistigen Welt hinauf wollte, ward mit Mißtrauen betrachtet. Auf Grund dieses Eigenstrebens waren von Fichte, Schelling und Hegel die großen idealistischen Weltanschauungen geschaffen worden. Solches Schaffen wurde nun als Irrereden empfunden.

Aber dieser Idealismus war nur der philosophische Schatten jenes Lichtes, aus dem heraus Goethe mit der Kunst nicht eine Willkürschöpfung der menschlichen Seele, sondern eine andere Offenbarung dessen erreichen wollte, was auch die

Ideenerkenntnis darbietet. – Aus diesem Lichte heraus hatte er Gedanken wie diesen gesprochen: die Kunst ist eine Manifestation geheimer Naturgesetze, die ohne sie niemals offenbar würden.

Aus diesem Lichte heraus hat Goethe gegenüber der griechischen Kunst empfunden, als er von ihr sagte: da ist Notwendigkeit, da ist Gott. Er hatte erst, mit Herder zusammen, diese «Notwendigkeit» bei Spinoza in der Ideenentwicklung *gesucht;* er *fand* sie, die er als Wahrheit erstrebte, in der Kunst.

Dieses Licht hatte sich verfinstert für diejenigen, welche sich sicher als auf einem Wahrheitsboden nur mehr fühlten, wenn sie den Weg gingen, der von der Naturwissenschaft in der zweiten Hälfte des neunzehnten Jahrhunderts gewandelt wurde. – Da ward eine Meinung von der Wahrheit entwikkelt, nach der hinzustreben die Dichtung kein Verlangen tragen konnte. Man braucht wahrlich nicht eine geringere Meinung von der äußerlich realen Bedeutung der Naturwissenschaft zu haben als diejenigen, die aus ihr eine Gesamtweltanschauung machen, wenn man das Charakterisierte zugibt.

Solche Persönlichkeiten wie Gervinus wurden zu ihren Anschauungen gedrängt durch die mannigfaltigen Impulse, die von der Souveränerklärung der Naturwissenschaften in das Unterbewußtsein der Menschen hineindrangen. Gervinus sah die Begeisterungsströme versiegen, aus denen ein Dichter wie Goethe schöpfte, der *seine* Naturwissenschaft aus denselben Geistquellen strömen ließ, aus denen ihm die Dichtung kam.

Wie mächtig die Impulse der sich unabhängig erklärenden Naturerkenntnis wirkten, offenbart sich an solchen Erscheinungen. Gegenüber diesen Impulsen kam der Idealismus, der sich nicht zum wirklichen Geiste, sondern nur zu dessen Schattenbildern, den «Ideen» vorwagte, nicht auf. In Wilhelm Jordan, Herman Grimm, Moriz Carriere und andern suchte er sich durchzukämpfen. Es gelang ihm nicht. (Die vorigen Aufsätze zeigen das im Einzelnen.)

Gervinus sah eine Geistesströmung heraufkommen, welche die Dichtung von der begehrten Wahrheit abdrängte. Er fügte sich mit seinen Meinungen dieser Strömung. Die Einen sagten: es ist phantastischer Gedankenflug, wenn man von der Seele aus die Wahrheit erringen will. Der Idealismus jagt unwirklichen Schatten nach. Diese verloren wegen der Verkennung der Schattenbilder auch den rechten Eindruck des Lichtes. Und es war doch dasselbe Geisteslicht, das die Ideenschatten geworfen hatte, in dem auch die Dichtung erwachsen ist, die mit Goethe auf ihrer Höhe stand. Es sagten die Anbeter der «unabhängigen» Naturerkenntnis: mit diesem Lichte ist es nichts. Und es sagte Gervinus: das Recht, sich von diesem Lichte erleuchten zu lassen, hat aufgehört. Goethe durfte als der Letzte in ihm dichten; die Epigonen sollen sich zu einem andern Lichte wenden; die Dichtung, die in grauen Vorzeiten ihren Quell hatte und die in Goethe zum breiten Strome geworden ist, muß gegenüber andern Aufgaben eine bescheidene Rolle spielen.

Für diejenigen Menschen, die anzuerkennen vermögen, daß die Seelenverfassung den Geist wieder finden müsse, sind all die Tatsachen bedeutsam, die mit der Abwendung von der geistigen Wirklichkeit zusammenhängen. Die Art, wie Gervinus mit seiner Literaturgeschichte auftrat, ist eine solche Tatsache. – Und nicht minder der Empfang, der diesem Auftreten gegenüberstand. Der geistreiche Verfasser der Geschichte des Geisteslebens der neueren Zeit, Julian Schmidt, schrieb über die Leistung Gervinus': «Wenn ein groß angelegtes Unternehmen wirken soll, so muß ihm die Zeit Empfänglichkeit und eine gewisse Reife entgegen bringen. Das war der Fall in den Jahren 1838 bis 1840. Es war ein Wendepunkt in der deutschen Literatur. Mehr und mehr verbreitete sich das Gefühl, daß man sich zu lange und zu eifrig im Äther bewegt habe, daß es Zeit sei, sich auf der Erde umzusehn ... Man ahnte, daß in der bisherigen Poesie, dem größten Stolz der Nation, irgend ein Fehler stecke, – – –».

In allen, die so sprachen, steckte jener Furor, der die Meinung begleitete: man müsse vom phantastischen Schauen in

«Geistesfernen» zum sichern Schreiten in der «naturwissenschaftlichen Weltbetrachtung» kommen. Heute aber ist der Zeitpunkt da, wo man eingedenk sein sollte, daß die Beine des sicheren Schauens bedürfen, um in der Wirklichkeit die Richtung zu finden, nach der sie sich wenden sollen. –

DAS UNZULÄNGLICHE EINES GEIST-SUCHERS

Die Ausführungen, die ich durch eine Reihe von Aufsätzen in Anknüpfung an Herman Grimms und Anderer Werke gemacht habe, verfolgten das Ziel, zu zeigen, wie das von Vielen im letzten Drittel des neunzehnten Jahrhunderts aufgenommene und bis in die Gegenwart fortgesetzte Suchen nach einem geistigen Inhalt der Weltanschauung zu einem toten Punkt geführt hat.

Noch mehr als Andere ist für dieses Suchen kennzeichnend *Wilhelm Jordan*, der Dichter des «Demiurgos» und der «Nibelungen». – Die ganze Haltung seiner Dichtung ist davon bestimmt, daß seine seelische Entwickelung in die Zeit fiel, in der die Naturwissenschaft sich anschickte, maßgebende Autorität für die Bildung einer Weltauffassung zu werden.

Mit herzhafter Gemütskraft ergriff Wilhelm Jordan, was Astronomie über die Entstehung des Sonnensystems, was Geologie über den Werdegang der Erde, was Chemie über das Wesen der stofflichen Welt sagen wollten. In den fünfziger und sechziger Jahren gab er der Welt seine groß angelegten Dichtungen. In ihnen wirkte wie der die Seele tragende Strom das naturwissenschaftliche Denken seiner Zeit. Dichterkraft wollte Wilhelm Jordan als Blüte in der Seele entwickeln, die auf ihrem Grunde das Bekenntnis zur Naturwissenschaft hatte.

Aber er wollte noch mehr. Er wollte religiöse Frömmigkeit als Frucht aus dieser Blüte heraus entfalten. Er war so stark in den Geist der Naturwissenschaft eingedrungen, daß er wußte, diese kann nicht von sich aus zum Religiösen führen. Der Mensch muß das Religiöse *trotz* der voll anerkannten Naturwissenschaft finden. In der Menschenseele muß *mehr* leben als die Kraft, eine Naturwissenschaft zu entfalten. Diese bildet die *Blätter* der Pflanze. In den Blättern sind die Blüte und die Frucht noch nicht sichtbar. Aber die Kraft zu ihrer Entstehung steckt schon in den Blättern.

Mit einem solchen Bewußtsein schrieb Wilhelm Jordan seine «Andachten». Es sind die «Andachten» eines Gottsuchers, der auf dem Boden der Naturwissenschaft steht; aber eines solchen, der das geistige Weltenwesen nicht aus der Natur-Erkenntnis herausdestillieren wollte, sondern der es durch eine besondere Seelenkraft unabhängig von der Natur-Erkenntnis suchte. Aber der es so suchte, daß er im Erkenntnisbesitze doch noch Bekenner der Naturwissenschaft bleiben konnte.

Kein Wunder, daß es Wilhelm Jordan weder den Stürmern von der Art der Straußanhänger Recht machte, die aus der Naturwissenschaft selbst eine Religion machen wollten; noch auch den Bekennern der alten Traditionen, die nicht zugeben wollten, daß die Naturwissenschaft einen neuen Weg zum Geistigen fordere.

So erhoben sich gegen die «Andachten» die Bedenken von links und rechts.

Ihnen stellte nun Wilhelm Jordan sein Buch «Die Erfüllung des Christentums» entgegen. Es erschien 1879, in der Zeit, als die Wogen desjenigen Glaubens anfingen besonders hoch zu gehen, der annahm, eine gültige Weltanschauung dürfe nur aus der Naturwissenschaft gewonnen werden.

Im «Präludium» zu dieser Schrift spricht Wilhelm Jordan fast wie Einer, der trunken ist von den Enthüllungen der Natur-Erkenntnis:

Dein Isisschleier ist gefallen,
Natur! Wir sehn dich Sterne ballen
Aus milchig blassem Weltendunst.
Noch fragen wir: wie keimt das Leben?
Doch ist erlauscht dein Weiterweben,
Das Rätsel deiner Meisterkunst.

Nun grinst den stolzen Welterrater
Ein Baumtier an als Ältervater,
Als dessen Ahn ein armer Wurm,
Als Urahn endlich eine Zelle,
Geknospt, als unter warmer Welle
Sich barg der Chaosglutensturm.
– – – – – – – – –

Ist wahr der Priesterspruch geworden:
«Der wird sein Lebensglück ermorden
Wer dieser Göttin Bild entschürzt?»
Ist nach hinweggezognem Schleier
Der ungestüme Wahrheitsfreier
Gelähmt, verzweifelt hingestürzt?

Wilhelm Jordan antwortet mit einem kräftigen: *Nein.* Aber er will auch nicht einstimmen in das Denken derer, die mit den alten Philosophenmitteln in das Natur-Erkennen den Weltenschmerz hineininterpretieren. Er wendet sich gegen Schopenhauer, der in der Zeit, als Jordan wirkte, gerade das Ohr der Menschen gefunden hatte, und gegen dessen «Nachfolger» Eduard v. Hartmann. Ihnen war, wohl nach Jordans Empfindung, die «Natur», die so lange als vom Geiste abgefallen gedacht worden ist, zu einem Wesen geworden, in dem man, nachdem der «Isisschleier gefallen war», nur eine den Menschen quälende Isis schauen konnte.

Der afterweise Hohn und Jammer
Der sinnverbohrten Weltverdammer
Beherrscht den Markt als Lieblingskost.
Die Jugend saugt aus Schopenhauer
Ins welkgeschulte Hirn die Trauer,
Ins laue Herz den Freudenfrost.
Der Schüler greift zum Pulvertode,
Der heut beliebten Kurmethode
Zu schnell verbrauchten Rückenmarks.
In bitterm Ernste gar zu meinen

Scheint Herr von Hartmann das Verneinen
Des Lebens- und des Weltenquarks.

Wie will nun Wilhelm Jordan zu einem geistigen Weltanschauungs-Inhalt kommen? Er wendet sich an die selbstschöpferische Kraft der Menschenseele. Als Dichter lebte er in dieser selbstschöpferischen Kraft. Und er fühlte in *seiner* Dichterkraft etwas von derjenigen Seherfähigkeit, die in alten Zeiten die Mythen über Weltenwerden und geistige Menschheitsführung geschaffen hat. In die Erkenntnisse der Natur darf diese Kraft nicht hineinreden. Aber über das Reich der Natur hinaus darf sie in *Bildern* das in der Menschenentwickelung wirkende geistige Wesen zum Ausdruck bringen. Sie darf die Fortsetzerin dessen werden, was in der vornaturwissenschaftlichen Zeit an Bildern in dieser Richtung erzeugt worden ist. Jordan sagt darüber (in «Erfüllung des Christentums» Seite 213): «So bin ich in die Lage gekommen, mit der gegenwärtigen Summe der wissenschaftlichen Welterkenntnis die poetische, mythische, religiöse, theologische Weltanschauung in ihrem ganzen geschichtlichen Verlauf zu vergleichen. Das Ergebnis war, daß beide einander keineswegs so feindlich und unversöhnbar gegenüberstehen, als es von Zeloten auf beiden Seiten behauptet und desto unduldsamer verfochten wird, je größer ihre Unwissenheit in Betreff des Gegenreichs und je beschränkter selbst der Gesichtskreis ist, welchen sie in ihrem eignen Reich überblicken. Vielmehr verhalten sie sich zu einander wie Suchen zum Finden, wie Vermuten und Ahnen zum Erkennen und Wissen, wie Wünschen und Hoffen zum Erlangen, Besitzen und Können, und sind und bleiben einander deshalb immerdar unentbehrlich.»

Wilhelm Jordan sieht nicht, daß die einstmals Mythen schaffende Kraft der Menschenseele für die Zeit, in welcher der Mythen-Inhalt überzeugend wirkte, auch Bilder über das Natur-Geschehen formte, die den Mythen über das Geistige gleichgeartet waren. Indem aber die Natur-Anschauung ihre neuzeitliche Form angenommen hat, bedarf sie zur Ergänzung nicht nur einer Fortsetzung der alten Seelenkraft, sondern einer solchen, die den Geist in der Menschenseele ebenso an den Geist in der Welt heranbringt, wie das naturwissenschaftliche Denken in Messen, Wägen und Zählen an die Naturdinge und das Naturgeschehen herankommt.

Jordan findet (Erfüllung des Christentums Seite 168): «Unsere Kosmologie, sowohl die himmlische, das heißt astronomische, als die irdische, also geologische, so lange sie sich streng beschränkt auf ihr eignes Gebiet und auf ihre eigenen Wissensmittel, so lange sie mithin nicht Kunde vorwegnimmt aus einem *anderen Wissensreich*, welches erst mit der Geschichte des Menschen anhebt, und diese Kunde wie taschenspielernd in das ihrige erst hineinlegt, um dann zu tun, als ob sie da zu finden sei – diese unsere Kosmologie muß ehrlich bekennen, von *sich* aus von Gott nichts zu wissen, noch, aller Wahrscheinlichkeit nach, jemals wissen zu können.» –

Der Naturwissenschafter weiß, daß er im physischen Bereiche an die Wirklichkeit herantritt. Der Mensch, der in dieser Beziehung mit dem Naturwissenschafter mitgeht, kann gar nichts anderes als den Durchbruch nach der geistigen Welt von der Seele aus anzustreben. Wilhelm Jordan will die selbstschöpferischen Kräfte der Seele entfalten, aber nicht so weit, daß er mit ihnen bis zum wirklichen objektiven Geiste vordringt. So verfällt er demselben Schicksal wie die in diesen Aufsätzen charakterisierten Persönlichkeiten: Carriere, Herman Grimm. Er läßt in sich die geistige Kraft der Seele walten, so daß sie über die Sinnesanschauung hinaus Ideen produziert; aber er kann in diese Ideen nicht den objektiven Geist hereinbringen, wie man in der Sinnesanschauung das objektiv Physische zum Inhalte der Ideen macht.

Also auch ein so stürmisch vorgehender Geist wie Wilhelm Jordan kommt auf dem Gebiete der geistigen Welterkenntnis nicht bis zum Erschaffen des wirklichen Geistigen. So ist auch er bei dem toten Punkte angelangt, nach dem sich in der neueren Zeit so Viele bewegt haben, die über das Materielle hinaus nach dem Geiste strebten, die zuletzt aber nichts hatten als die in der Seele selbst produzierten Ideen, die ohnmächtig waren, objektiv Geistiges aufzunehmen.

Auch Wilhelm Jordans Streben nach dem Geistigen ist zu schwach gewesen, um nicht von der Naturwissenschaft überwältigt zu werden. Die Gegenwart und nächste Zukunft braucht eine Geisteswissenschaft, die den Schritt über das alte Erkennen hinaus ebenso macht, wie ihn die Naturwissenschaft gemacht hat.

WARUM MAN EINE HUNDERT JAHRE ALTE «ANTHROPOLOGIE» WIEDER VERÖFFENTLICHT

Der Kommende-Tag-Verlag hat *Henrik Steffens* «Anthropologie», die vor hundert Jahren zuerst erschienen ist, neu herausgegeben.

Damit ist ein Werk wieder vor die Öffentlichkeit gebracht, das in eindringlicher Art das Leben der naturwissenschaftlichen Erkenntnis in der Goethe-Zeit zur Offenbarung bringt. Man kann nicht sagen, daß in ihm das allgemeingeltende Naturanschauen dieser Zeit lebt. Um ein Buch in dieser Weise zu schreiben, dazu war Steffens eine viel zu individuell geartete, originelle Persönlichkeit. Aber das kommt zum Vorschein, was eine solche Persönlichkeit im Geiste ihrer Zeit aus den Naturerkenntnissen gewann, um an die Menschenrätsel heranzukommen.

Henrik Steffens ist Norweger. Er ist von dem Studium der Mineralogie ausgegangen. Als Vierundzwanzigjähriger begibt er sich nach Deutschland, in die geistige Luft, in der Goethe für die Schöpfungen seiner Seele die Atemmöglichkeit hatte. Goethes Geistesart wurde die weckende Kraft für Steffens.

In Jena, wo die Philosophie auf ihre Art zu dem Gipfel strebte, den Goethe auf anderen Wegen zu erklimmen suchte, setzte Steffens seine Studien fort. Schelling, der die Naturphilosophie wie ein schaffender Geist vortrug, dem Erkennen der Natur Nachschaffen ihrer Geheimnisse war, gewann tiefgehenden Einfluß auf ihn. Werner, der Geognost, dem auch Goethe bis zu einem gewissen Punkte folgte, wurde ihm Führer. Von Fichtes und Schillers philosophischen Ideen wurde Steffens Seele getragen, von Novalis' kühnem Eindringen in den Geist des Naturwirkens wurde sie beflügelt.

Und so strömten in dieser Seele alle die Impulse zusammen, die damals im deutschen Geistesleben wirkten. Von ihnen aus wollte er Licht bringen in die naturwissenschaftlichen Einsichten, die in dieser Zeit so mächtige Anregungen durch die aufsprossende Chemie, durch die Elektrizitätslehre und vieles Andere erfahren hatten.

Wer Schellings Naturphilosophie auf sich wirken läßt, der hat den Eindruck: da spricht eine Persönlichkeit, die in wagemutigem Ideenflug nach den letzten Daseinsrätseln sich aufschwingen will, und die bei ihrem Fluge deutend, kombinierend mitnimmt, was an naturwissenschaftlichen Ergebnissen von links und rechts zu erraffen ist. Sie will aus der Natur Rechtfertigungen erhalten für den Ideenflug. Die Natur muß da der Ideenarchitektonik dienen.

Fichte ist mit seiner ganzen Seele so mit dem Ideenfluge Eines, daß er für die Naturwissenschaft überhaupt nicht Auge und Interesse hat.

Goethe gestaltet mit lebensvoll anschaulicher Ideenkraft das Einzelne der Naturdinge und Vorgänge in Gedanken nach; zur endgültigen Zusammenfassung will er sich nicht bewegen lassen; dazu ist seine Achtung vor der Tiefe der Weltgeheimnisse zu groß.

Novalis schlägt wie aus einem Feuerstein aus der Natur die Funken genialischer Geistigkeit, die er zusammenbringen will zu seinem «magischen Idealismus». Er stirbt viel zu jung, um das Gewaltige, das ihm vorschwebt, zu einem Ganzen zu vollenden.

Alle diese Geister haben die Einseitigkeit, die oft bei Menschen auftritt, die innerlich starke *aktive* Seelen in sich tragen.

Bei Steffens überwiegt das Passive, die sich hingebende Empfänglichkeit der Seele. Er nimmt auf, was von Fichte, Schelling, Goethe, Novalis ausgeht; und er entwickelt vielseitige Fähigkeiten, in denen die Kräfte dieser Geister zusammenfließen. In dieser Harmonie von Fähigkeiten geht er mit unbegrenzter Liebe an die Naturprozesse heran. Er gibt erkennend der Natur, was er an seinen großen Vorbildern im Geistesstreben erlauscht hat, indem diese sich über die Natur hinweg zu den Quellen des Daseins erheben wollten.

Und so verfolgt er mineralogisch, geologisch, was die Erde an Schieferbildungen, was an Kalkbildungen in ihrer Gesteinsstruktur trägt. So sucht er den Zusammenklang der magnetischen und elektrischen Vorgänge zu ergründen. So ist er bestrebt, die Rätsel der Schwere und des Lichtes zu erraten. Und aus alldem will er ein Bild gewinnen, wie aus dem Kosmos heraus unter dem Einfluß von Schwere und Licht, von Magnetismus und Elektrizität die Erde geboren wird. Wie sie durch diese Kräfte ihren schiefrig-kalkig-porphyrischen Körper gestaltet. Und in dieser Kosmos-Geburt, die dann sich weiter entwickelt, sucht er die Entstehungselemente der Lebewesen bis herauf zum Menschen.

So wird in seiner Seele die «Anthropologie».

Diese wird zum umfassenden Ideengebäude. Die Formationen der Erde bilden die Grundlage. Die Enträtselung der Menschenwesenheit bildet das oberste Stockwerk. Mit ebenso viel Geist werden die Gestaltungen der menschlichen Sinneswerkzeuge behandelt wie der Gneis, der das Gebirgsgerüste mitformt. Diese Betrachtung macht für die «Anthropologie» nicht Halt vor jener Region, wo im Menschen die Naturgrundlage vom Seelisch-Geistigen ergriffen wird. Sie dringt bis zu den Temperamenten, bis zum Leben der Liebe vor.

Ja, bei dieser Betrachtung erscheint es wie eine Selbstverständlichkeit, daß sie die Erkenntnis-Offenbarung, die der Mensch aus der Natur empfängt, einmünden läßt in die religiöse Seelenverfassung. Und so liest man auf der vorletzten Seite dieser «Anthropologie»: «Diese Offenbarung der ewigen Persönlichkeit Gottes, der Sohn von Ewigkeit her, die wahre Urgestalt, die innere Fülle alles Gesetzes, vom Uranfange, war der Herr und Heiland, *Jesus Christus.* Seine verhüllte

Persönlichkeit war von Anfang an und blickt als Andeutung zukünftiger Seligkeit aus der Natur her.»

Und sie blickt für Steffens «aus der Natur her», weil er die Naturwissenschaft in dem Sinne gestaltet, daß ihm Erkenntnis die Enthüllung des in der Natur verborgenen Geistes ist. Er legt nicht den Geist anthropomorphisch in die Natur hinein; er läßt die Natur selbst ihren Geist aussprechen. Dieser Geist aber offenbart sich zuletzt so, wie das Steffens andeutet.

Es ist gewiß, daß man diese «Anthropologie» nicht so lesen darf wie ein Buch, das heute geschrieben ist. Auch Steffens würde nach den naturwissenschaftlichen Entdeckungen, die seither gemacht worden sind, anders schreiben.

Aber *lesen sollte man*, in welchem Verhältnisse die Menschenseele zur Natur und ihrem Schaffen vor einem Jahrhundert in einem ihrer glänzenden Repräsentanten gestanden hat. Man mag das Veraltete in Steffens Darstellung empfinden; aber man sollte auch ein Gefühl dafür haben, daß die Redensart doch *auch* veralten sollte: diese Naturphilosophen haben ohne Erfahrungsgrundlage aus Ideen nur so in die Luft hinein konstruiert. Und es sei ein Glück, daß sie «überwunden» und «vergessen» sind. – Man sollte vielmehr sehen, wie diese «Überwundenen» und «Vergessenen» doch noch manches an Lebenskraft in sich haben, das auch der Gegenwart und nächsten Zukunft noch zu Gute kommen könnte.

Über der Fülle des in der Sinneswelt Aufgefundenen ist von der Mitte des neunzehnten Jahrhunderts an den Denkern der Mut entschwunden, den Geist in der Natur zu suchen. Aber dafür hat man auch eine Verfassung der Wissenschaften heraufbeschworen, durch welche diese das Wesen des Menschen aus ihrer Betrachtung ganz verloren haben. Denn eine Wissenschaft, die vor dem Geiste Halt macht, muß den Menschen selbst verlieren, weil die Natur im Menschen so lebt, wie der Geist sie gestaltet.

Steffens hat eben darnach gestrebt, eine wirkliche «Anthropologie» zu gewinnen, in der das Wesen des Menschen lebt. Er konnte eine solche ausbilden, weil er in seiner Erkenntnis eine Naturgrundlage schuf, in die der Menschengeist eingreifen und ihre Gesetze fortsetzen kann. Die Neueren haben aber eine solche «Natur» aus ihrer Erkenntnis gewonnen, die den Menschen selbst formen müßte, wenn sie ihn haben wollte. Das kann sie nicht, weil der Mensch nicht «Natur» ist.

So darf es wohl als etwas, das sich rechtfertigt, angesehen werden, daß eines der glänzendsten Werke über den Menschen, welches vor einem Jahrhundert entstanden ist, heute wieder in Erinnerung gebracht wird. Es wird Vielen beim Lesen klar werden, daß man denen gegenüber, die sagen, solch eine Persönlichkeit wie Steffens ist «vergessen», weil die Wissenschaft über ihn hinweggeschritten ist, das Andere geltend machen muß: Nein, Steffens muß wieder in die Erinnerung gebracht werden, weil er manches hat, was die Wissenschaft beim Hinwegschreiten über ihn verloren hat.

WIE EINE DICHTERISCH-BEGEISTERTE PERSÖNLICHKEIT VOR FÜNFZIG JAHREN UNSERE ZEIT VORFÜHLTE

Es ist fast ein halbes Jahrhundert verflossen, seit der österreichische Literaturhistoriker Karl Julius Schröer sein Buch «Die deutsche Dichtung des neunzehnten Jahrhunderts» schrieb. Er faßte darinnen eine Zeiterscheinung, die sich in einer Reihe von Dichtern offenbarte, mit dem Namen «Gelehrte Lyrik» zusammen. Die Dichter, die ihm dazu Veranlassung gaben, waren: Hermann Lingg, Wilhelm Jordan, Robert Hamerling, Victor Scheffel. Es ist nicht eine ablehnende Beurteilung dieser Dichter, die Schröer damit zum Ausdrucke bringen wollte. Das wird auch der zugeben können, der mit dieser Beurteilung in vielem nicht einverstanden ist.

Was aber Schröer wollte, das drückt er in den folgenden Worten scharf aus: «Möchten uns die Dichter, deren Werken ich den Namen *gelehrter Lyrik* zu geben mir erlaubte, fast wie

Zeugnisse für eine an Überbildung leidende Zeit erscheinen, so ist doch nicht zu verkennen, daß unter den genannten gewiß Hamerling vom wahren Dichter noch am meisten an sich hat. – Wahrhaftig in Samen schießt die neue Bildung und Gelehrsamkeit mit dem letzten Lyriker, mit dem wir uns zu befassen haben, mit *Victor Scheffel.*»

Schröer empfand den Druck, den die «gelehrte Bildung» in der Zeit, in der er seine Betrachtungen niederschrieb, auf die freie Schwungkraft der dichterischen Phantasie ausübte.

Man kann nun gewiß nicht sagen, daß Victor Scheffel «Gelehrsamkeit» in seinen Dichtungen verkörpern wollte. Man wird das auch bei den andern genannten Dichtern nicht unbedingt finden können. Am wenigsten wohl bei Robert Hamerling.

Aber Schröer weist dennoch auf etwas hin, was für die abgelaufenen fünfzig Jahre bedeutsam ist.

Am meisten auffallen muß das Wort «für eine an Überbildung leidende Zeit». Es ist die Zeit, die im Keime schon die Niedergangskräfte enthält, unter deren Wirkung die Menschheit der Gegenwart leben muß. Und gerade diese Keime empfindet Schröer, wenn er von «Überbildung» redet. Er fühlt, wie in der Richtung, welche die geistige Bildung genommen hat, etwas liegt, das den Menschen von den inneren Quellen des Lebens und der Welt trennt. Er weist, indem er solches ausspricht, auf Goethe zurück, der Natur und Welt noch kräftig in seinem Herzen trägt.

Es ist der Druck, der von den Erkenntnisbestrebungen der damaligen Zeit ausging, der Schröer die Worte auf die Zunge trägt. Was in dieser Wochenschrift oft gesagt worden ist, darf von anderem Gesichtspunkte wiederholt werden. Man kann die großen Errungenschaften des Naturerkennens, das jene Zeit unbeschränkt beherrschte, voll anerkennen; aber es darf dies die Einsicht nicht verscheuchen, daß die Denkart, die mit diesen Errungenschaften in der Entwickelung der Menschheit heraufgekommen ist, Niedergangskräfte in sich schließt. Und das sieht Schröer, indem er von dem Leiden *seiner* Zeit an

«Überbildung» redet. Er sieht, wie nur mehr Vertrauen in diejenige Seelentätigkeit vorhanden ist, die den Verstand auf die Naturvorgänge richtet, insofern sich diese Naturvorgänge durch die Sinne offenbaren. Dadurch kommt ein Seeleninhalt zustande, der für Schröers Gefühl die Dichterkraft lähmt.

Gewiß, das *muß* nicht so sein. Und wer sagen will: «Ja, soll man denn, um die Dichter nicht zu stören, auf die ‹Objektivität› der wahrhaften Erkenntnis verzichten», der hat – von seinem Standpunkt aus – ganz recht. Aber die Denkart, die sich aus dieser «wahrhaften Erkenntnis» ergeben hat, drängte überall zur Anerkennung ihrer eigenen Grenzen. Man fand die «Objektivität» nur dann vorhanden, wenn man sich an die «Grenzen des Naturerkennens» hielt. Wer da sagt: so viel kann die Naturwissenschaft erkennen: wer anderes erstrebt, der suche die Wege über die «Grenzen des Naturerkennens» hinaus, der wird segensreich wirken. Wer aber dekretiert: Naturerkenntnis muß unbedingt gelten; sie hat ein Recht, die Grenzen des Erkennens überhaupt zu bestimmen, der bringt durch diese Denkart Ideen zustande, die auf die Seelengewohnheiten des Menschen wirken. Und diese Wirkung ist eine auslöschende auf alles, was in freier Kraft aus der Seele aufsteigt, um in den Menschenschöpfungen des Geistes sich zu offenbaren.

Diese freien Menschenschöpfungen aber sind es, die mit dem Wesen des Menschen selbst zusammenhängen. Sie sind die ins Geistige verwandelten Kräfte, die im Wachstum, in der Gestaltung, in der ganzen Bildung auch des physischen Menschen wirken. Der Mensch läßt in der freien Geistesschöpfung das aus seiner Seele in anderer Gestalt hervorgehen, was die Weltkräfte ausleben, indem sie ihn selbst aus dem Mutterboden des Daseins in die Erscheinung treten lassen. Der Mensch kann nimmermehr sein eigenes Wesen verstehen, wenn er in sich eine Zusammenfügung dessen sieht, was die Natur an sich ihn erkennen läßt.

Die Erwiderung, die da oft gemacht wird, ist nicht berechtigt. Wer die gebräuchliche Orientierung nach dem bloßen

Naturgeschehen in sich aufgenommen hat, *glaubt*, er gehe an den Menschen heran, um diesen so unbefangen zu betrachten wie die Natur. Das tut er eben nicht, sondern er hat in seine Seele die Natur-Ideen mit ihren Grenzen als Denkgewohnheiten aufgenommen, und *die* überträgt er auf den Menschen. Er *glaubt*, diesen anzuschauen; in Wahrheit steht die Halluzination eines Gespenstes vor seiner Seele, das er aus den Naturstoffen und Naturkräften zusammengestellt hat; und die wahre menschliche Wesenheit fällt aus der Anschauung heraus.

Mit dieser Halluzination vor der Seele sieht sich der Mensch überall gehemmt, wo er seine freie Geisteskraft walten lassen will. Er möchte auch in der Seele geistig entfalten, was in den Tiefen wirkt, indem sein eigenes Wesen ersteht; da kommt die «wahrhaftige Erkenntnis» und raunt ihm zu, das magst du tun; aber du bist in dem luftigen Reiche des Unwirklichen. Man kann nun theoretisieren darüber, daß eine «wahre Erkenntnis» doch nur auf sich selbst gebaut sein müsse; daß die Phantasie eben ihre eigenen Wege gehen müsse, unbekümmert darum, was die «Wissenschaft» feststellt: diese Wissenschaft fließt aber doch in die Seelen. Und sie bewirkt das, was Schröer das Leiden an «Überbildung» nennt. Diese Überbildung liegt in dem Glauben, daß die im neunzehnten Jahrhundert erwachsene Naturerkenntnis mit ihrer Ideenorientierung an das menschliche Wesen herankommen könne.

Diese Überbildung wird zur Unterbildung auf dem geistigen Gebiete. Beirrend im höchsten Grade wäre es, wenn man in Wahrheit sagen müßte: wer den Menschengeist freischaffend walten lassen will, der ist eben genötigt, dies unbekümmert um die «Feststellungen» der Erkenntnis zu tun. Sieht man dann, daß das freie Schaffen doch dadurch in Fesseln gelegt wird, so müßte man einen tragischen Zwiespalt in dem Wesen des Menschen voraussetzen. Man müßte glauben, daß er Erkenntnis nur gewinnen könne, wenn er sein eigenes Wesen verkümmert. Wäre dies wirklich das Ergebnis der gewissenhaften, «exakten» Forschung: der Mensch müßte sich resignierend darein fügen. Daß es nicht so ist, das versucht die anthroposophische Geistes-Erkenntnis zu zeigen. Sie steht aber nicht auf dem Standpunkte: um des Menschen willen muß sie – gleichsam wie eine Hypothese – angenommen werden; sondern sie geht an das geistige Sein heran wie die Naturwissenschaft an das natürliche. Daß der Mensch eine Harmonie in sich finden kann, ist nicht ihre Voraussetzung, um derentwillen sie ihre Ergebnisse erschleicht; sondern sie gewinnt diese Ergebnisse geistig, wie die Naturwissenschaft die ihrigen natürlich. Und sie *darf* dann aus diesen Ergebnissen heraus auf die Harmonie im Menschen schauen und sich der Hoffnung hingeben, daß sie durch ihre Impulse auf diese Harmonie auch wirken könne.

DER GEGENWÄRTIGE MENSCH UND DIE GESCHICHTE

Es ist ungefähr ein halbes Jahrhundert her, seit Friedrich Nietzsche seine «Unzeitgemäße Betrachtung» veröffentlicht hat, die sich mit dem Werte der Geschichte für das Leben beschäftigt. Ihm war es zu einer Lebensfrage geworden, ob die Kräfte, die im Innern der Menschenseele wirken und den Menschen durch das Dasein tragen, nicht gelähmt werden, wenn er den Blick zu stark in die Vergangenheit richtet. – Man versteht, wie Nietzsche diese Frage zu einer «unzeitgemäßen» Betrachtung anregte, wenn man die Entwicklung ansieht, die im mitteleuropäischen Denken manche Anschauungen über die Stellung des Menschen im geschichtlichen Werden in der neuesten Zeit durchgemacht haben.

Im Beginne des neunzehnten Jahrhunderts sprach man von einem «Naturrecht». Man war der Meinung, der Mensch könne auf seine eigene Wesenheit, seine «Natur» die Aufmerksamkeit lenken, und er müsse dann finden, welche «Rechte» ihm im Leben zukommen. Man nannte dieses «Naturrecht» auch das «Vernunftrecht». Da glaubte der Mensch, er könne seine Stellung im Leben nach der rechtlichen Seite finden, wenn er die Ideen dazu sich aus dem hole, was durch sein eigenes Wesen in ihn gelegt ist.

Man verlor allmählich den Glauben an dieses «Vernunftrecht». Man wurde gewahr, wie sich gewohnheitsmäßig, halb instinktiv im menschlichen Zusammenleben die «Rechte» gebildet haben. Man richtete den Blick auf das «Historische» des Rechtslebens. Dem Walten dieses Historischen gegenüber fand man ein aus dem Menschen geschöpftes «Vernunftrecht» bedeutungslos. Man fand, daß der Mensch in das hineingeboren wird, was instinktartige Entwickelungskräfte in das Leben gebracht haben. Nur an diese könne man sich halten, so meinte man, wenn man die menschlichen Rechte betrachtet. Will man zu Ideen über das Recht kommen, müsse man an die Geschichte herantreten.

Nietzsche empfand diese Anschauung, die er vorfand, als er seine Jugendentwickelung durchmachte, wie eine Vergewaltigung des menschlichen Seelenlebens. Der Mensch nehme sich, so meinte er, seine lebenskräftige Gegenwart, wenn er sich nicht aufraffe und sein Wollen aus seinem unmittelbaren Dasein hole; und pflanze sich eine totgewordene Vergangenheit ein, die sein Wollen lähme. Auf diese Art verliere der Mensch der Gegenwart sich selbst.

Es ist begreiflich, daß Nietzsche zu einer solchen Ansicht kam. Er sah sich in ein Zeitalter versetzt, in dem der Mensch wenig Vertrauen zu einer Erkenntnis der geistigen Welt hatte. Das Schöpferische des eigenen Geisteslebens war deshalb etwas Fragwürdiges geworden. Man zweifelte daran, selber etwas schaffen zu können, und so hielt man sich an die Betrachtung des Geschaffenen. Die «historische Rechtsschule» trat an die Stelle der «Vernunftrechtsschule».

Man könnte auch heute noch, wenn auch in etwas veränderter Form, Empfindungen haben, wie sie Nietzsche ausgesprochen hat. Denn noch immer wendet der Mensch seinen Blick rückwärts, wenn er sagen soll, was er in der Gegenwart in sein Leben einführen soll. Man frägt, wie es in primitiven Zuständen mit dem und jenem beschaffen war, wenn man das

Wesen des «Rechtes», der «Sitte» und dergleichen verstehen will. Und es kann bemerkt werden, wie dieser Blick das unmittelbar Schöpferische der Gegenwart zurückdrängt.

Und doch: ein gesundes Gefühl wird nicht zugeben können, daß ein solcher rückwärts gewendeter Blick den Menschen schwach machen müsse. Dieses Gefühl erzeugt die Anschauung, daß nicht die wahre Geschichte in der «historischen Schule» den Nachteil hervorgebracht haben könne, von dem Nietzsche spricht, sondern eine irrtümlich betrachtete.

Es ging nämlich parallel der Einführung des Geschichtlichen in die Betrachtung des Rechtlichen, des Sittlichen, die Streitfrage: was denn eigentlich die treibenden Kräfte in der Geschichte der Menschheit seien. Die einen sagten, der Mensch in seinem Wirken bringe die Tatsachen des Lebens hervor. Die großen Persönlichkeiten seien die treibenden Mächte in der Geschichte. Andere meinten, die Wirksamkeiten der Menschen seien die Ergebnisse der äußeren Verhältnisse. Man müsse diese Verhältnisse in einem Zeitalter ins Auge fassen, wenn man dieses geschichtlich verstehen wolle. – Das führte dann zu einer immer mehr dem Materiellen zugeneigten geschichtlichen Anschauung. Und es entstand der historische Materialismus, der meint, das eigentlich Wirksame seien die in der menschlichen Wirtschaft tätigen Kräfte, und, was der Mensch wirke, müsse aus diesen Kräften heraus verstanden werden.

Wie aber Anschauungen in das Leben hineinwirken, davon spricht nun gerade einer der neuesten Geschichtschreiber in bezug auf die unmittelbare Gegenwartsgeschichte. *Heinrich Friedjung* hat in seinem Buche «Das Zeitalter des Imperialismus 1884–1914» (Verlag von Neufeld und Henius, Berlin, 2. Band, 1922, Seite 356) geschrieben: «Stellt irgendeine Denkrichtung die Bedeutung der großen Persönlichkeit für das Geschehen in Abrede, so wird ihr eine solche dann fehlen, wenn sie am notwendigsten wäre. ... die marxistische Lehre scheidet die Einzelpersönlichkeit aus den Faktoren der geschichtlichen Rechnung aus; kein Wunder, daß hier wie dort die ungewöhnlichen Gestalten verschwanden, um dem Mittel- und Untermaße Platz zu machen.» – Da wäre also zugegeben, daß Denkrichtungen hemmend oder fördernd in das geschichtliche Leben eingreifen können. Das aber können sie doch wieder nur durch die Persönlichkeiten.

Und in den Persönlichkeiten wirken die Ideen durch den dem Menschen innewohnenden *lebendigen* Geist. Diesen aber verliert der Mensch auch für die Geschichte, wenn er ihn nicht in seinem eigenen Wesen finden kann. Das «Vernunftrecht» im Beginne des neunzehnten (und im achtzehnten) Jahrhundert war nicht aus dem lebendigen Menschengeist geschöpft, sondern aus dem «Gedanken», der, wenn er bloß intellektuelles, nicht geschautes Seelisches ist, nur das Tote vom Geiste vorstellt. Das «historische Recht» hinwiederum gab dem Menschen nichts für sein geistiges Erleben, weil es in der Geschichte nicht bis zum Geiste vordrang, sondern sich an die äußeren geschichtlichen Offenbarungen des Geistes hielt.

Findet der Mensch in sich den lebendigen, den schöpferischen Geist, so findet er ihn auch in der Geschichte. Weiß er, daß sein Seelenleben hinaufragt in geistige Regionen, so wird er auch in diesen geistigen Regionen die treibenden Kräfte des geschichtlichen Werdens suchen. Er wird bis zu den geschichtlichen Persönlichkeiten gehen; aber noch über diese hinaus zu den waltenden Geistes-Mächten, die aus der Geisteswelt so in die Seelen der Menschen in der Vergangenheit wirkten wie gegenwärtig in seine eigene. Als die Vollzieher der Absichten jener Geistes-Mächte wird er die Persönlichkeiten ansehen. Er macht die Menschen dadurch nicht zu Marionetten der Geisteswelt; er schaut ihr freies Wesen im Verkehr mit dieser Welt, wie er sich selbst frei weiß in seinem Zusammenhange mit dem geistigen Dasein. Vor einer geistgemäßen Geschichtsbetrachtung wird das «Vernunftrecht» und die gegenwärtig «aus der Menschenseele quellende Sitte» zwar ein aus dem Vergangenen Entwickeltes, aber doch auch heute geistig Schöpferisches. Und das «historische Recht», sowie die «geschichtlich gewordene Sitte» untergraben das gegenwärtig Lebendig-Schöpferische nicht, denn sie erweisen sich als aus derselben Quelle stammend; sie geben dem Gegenwärtigen das Recht zum eigenen Wollen, denn sie offenbaren sich selbst als solches eigenes Wollen. Ein «Vernunftrecht», das sich um die Vergangenheit nicht kümmert, schrumpft zu abstrakten Gedankenformen zusammen; eine «historische Rechtsschule», die kein «Vernunftrecht» gelten lassen will, schöpft nicht aus dem Geiste, sondern beschreibt nur die äußere Offenbarung des Geistes. –

SPENGLERS «WELTHISTORISCHE PERSPEKTIVEN»

Oswald Spengler hat dem ersten Bande seines «Untergang des Abendlandes» nun den zweiten folgen lassen. Er nennt ihn «Welthistorische Perspektiven». Man fühlt sich zunächst gedrängt, Anfang und Ende dieser Perspektiven in der Empfindung neben einander zu stellen.

Der Anfang richtet den Blick auf die Natur. «Betrachte die Blumen am Abend, wenn in der sinkenden Sonne eine nach der andern sich schließt: etwas Unheimliches dringt dann auf dich ein, ein Gefühl von rätselhafter Angst vor diesem blinden, traumhaften, der Erde verbundenen Dasein. Der stumme Wald, die schweigenden Wiesen, jener Busch und diese Ranke regen sich nicht. Der Wind ist es, der mit ihnen spielt. Nur die kleine Mücke ist frei; sie tanzt noch im Abendlichte; sie bewegt sich, wohin sie will. – Eine Pflanze ist nichts für sich. Sie bildet einen Teil der Landschaft, in der ein Zufall sie Wurzel zu fassen zwang. Die Dämmerung, die Kühle und das Schließen aller Blüten – das ist nicht Ursache und Wirkung, nicht Gefahr und Entschluß, sondern ein einheitlicher Naturvorgang, der sich neben, mit und in der Pflanze vollzieht. Es steht der einzelnen nicht frei, für sich zu warten, zu wollen oder zu wählen.»

Man empfindet nun durch das ganze Buch hindurch die «weltgeschichtlichen Perspektiven» durch diesen Blick auf das schlafende Pflanzenleben, zu dem man im Anfange aufgefordert wird, bestimmt. – Warum soll es gerade dieser Blick sein? Ist es derjenige, zu dem der Mensch der Gegenwart naturgemäß gedrängt wird, wenn die Rätsel und Beunruhigungen seines Zeitalters in seiner Seele stürmen? Ist, was durch diesen Blick als Seelenstimmung erregt wird, geeignet, die Kulturgestaltung der Gegenwart in ihrem Wesen so zu durchschauen, daß sie gewertet werden kann?

Man endete mit dem Lesen, und war am Schlusse vor die ganze Tragik des Gegenwartsmenschen gestellt. «Eine Leidenschaft im Erfinden zeigt schon die gotische Architektur – die man mit der gewollten Formenarmut der dorischen vergleiche – und unsre gesamte Musik. Es erscheinen der Buchdruck und die Fernwaffe. Auf Kolumbus und Kopernikus folgen das Fernrohr, das Mikroskop, die chemischen Elemente und endlich die ungeheure Summe der technischen Verfahren des frühen Barock (Seite 628). – Dann aber folgt zugleich mit dem Rationalismus die Erfindung der *Dampfmaschine*, die alles umstürzt und das Wirtschaftsbild von Grund aus verwandelt. Bis dahin hatte die Natur Dienste geleistet, jetzt wird sie als *Sklavin* ins Joch gespannt und ihre Arbeit wie zum Hohn nach Pferdekräften bemessen. ... Mit den Millionen und Milliarden Pferdekräften steigt die Bevölkerungszahl in einem Grade, wie keine andre Kultur es je für möglich gehalten hätte. Dieses Wachstum ist ein *Produkt der Maschine*, die bedient und gelenkt sein will und dafür die Kräfte jedes Einzelnen verhundertfacht. Um der Maschine willen wird das Menschenleben kostbar. ... Die ganze Kultur ist in einen Grad von Tätigkeit geraten, unter dem die Erde bebt. – Was sich nun im Laufe kaum eines Jahrhunderts entfaltet, ist ein Schauspiel von solcher Größe, daß den Menschen einer künftigen Kultur mit andrer Seele und andern Leidenschaften das Gefühl überkommen muß, als sei damals die Natur ins Wanken geraten (Seite 629). ... Und diese Maschinen werden in ihrer Gestalt immer mehr entmenschlicht, immer asketischer, mystischer, esoterischer. ... Niemals hat sich ein Mikrokosmos dem Makrokosmos überlegener gefühlt. Hier gibt es kleine Lebewesen, die durch ihre geistige Kraft das Unlebendige von sich abhängig gemacht haben (Seite 630). ... Aber gerade damit ist der faustische Mensch *zum Sklaven seiner Schöpfung* geworden. ... Der Bauer, der Handwerker, selbst der Kaufmann erscheinen plötzlich unwesentlich gegenüber den drei Gestalten, *welche sich die Maschine auf dem Weg ihrer Entwicklung herangezüchtet hat: dem Unternehmer, dem Ingenieur, dem Fabrikarbeiter* (Seite 631).

Warum soll der Mensch, der in ein solches Verhältnis zur Maschine gestellt erscheint, die Wertung dieser Stellung mit dem Blick vornehmen, der auf das schlafende Leben der Pflanze sich zuerst gerichtet hat?

Es hat doch *diese* Blickrichtung ganz gewiß den Menschen nicht zwischen die Räder, Kurbeln, Motoren hineingestellt. Es war vielmehr die Blickstellung auf die leblose Natur. Seit der Mensch an diese herantrat mit einer Betrachtung, die ihre Gegenstände geistig so durchsichtig haben wollte wie die mathematischen sind, ist er zur modernen Technik geschritten. An dem Blicke in das geistig Durchsichtige hat sich das neuere Denken herangeschult. Dieses Denken erfährt über sich eine Auskunft, wenn es sein Begreifen beim Stoß zweier elastischer Kugeln, oder bei der Wurflinie eines Körpers erfaßt. Wie es da begreift, will es auch bei allem begreifen, was ihm an den Vorgängen im physikalischen oder chemischen Laboratorium entgegentritt. Geistig durchsichtige Vorgänge will es vor dem Blicke haben. Wenn jemand sagt: aber es ist doch der Stoß zweier elastischer Kugeln kein geistig durchsichtiger Vorgang, die Kraft der Elastizität selbst bleibt doch ein dunkler, undurchschaubarer Vorgang; so ist es berechtigt zu erwidern: darauf kommt es nicht an; ich brauche die Natur der Tinte nicht zu kennen, mit der ein Brief geschrieben ist, wenn ich alles restlos verstehen will, was mich in dem Briefe für meinen Lebenszusammenhang angeht. Der Mensch schaut in der leblosen Natur in voller Durchsichtigkeit, was ihn angeht, um aus dem Naturzusammenhang heraus eine Maschine zu konstruieren. Er braucht dazu Ideen, die verzichten können, mehr zu umspannen, als die unlebendige Natur in voller Durchsichtigkeit schauen läßt. –

Aber in der Seele des Menschen sind diese Ideen doch bloß *Bilder*. Das Bewußtsein erkennt sie als solche. Sie leben selbst kraftlos im Bewußtsein; sie verhalten sich zu dem, was sie abbilden wie die Spiegelbilder zu den Gegenständen, die vor dem Spiegel stehen. Kein Spiegelbild stößt das andere; dennoch geben die beiden ein zusammenhängendes Bild des Stoßes. In diesem Bildwissen hat das moderne Denken seine Größe und seine Unzulänglichkeit. Versteht es sich selbst in dieser Größe und dieser Unzulänglichkeit, so ist es schon hineingestürmt in seine Rätsel und seine Beunruhigungen.

Dieses Bildwissen hat die Durchsichtigkeit an sich. Fühlt diese der Mensch, so sagt er sich: alles Wissen, das dieses Namens wert ist, muß so durchsichtig sein. Aber schon beim Pflanzenwesen ist diese Durchsichtigkeit nicht vorhanden, wenn man zu keiner andern Erkenntnis greifen will als derjenigen, die man für die Bilder der leblosen Natur anstrebt. Das hat Goethe empfunden. Deshalb hat er für das Pflanzenwesen nach einer andersgearteten Erkenntnis gestrebt. Er wollte das Bild der Urpflanze, aus der sich die einzelne Pflanzenform begreifen läßt, wie der einzelne physikalische Vorgang aus dem «Naturgesetz».

Wie er im Leblosen erkennt, so kann der Mensch im Lebendigen nur erkennen, wenn er seine Auffassungsfähigkeiten erweitert. – An der Erkenntnis des Leblosen hat die Menschheit erst ersehen, welche Ansprüche sie an das Wissen stellen muß. Aber diese Erkenntnis offenbart nur, was der eigenen menschlichen Wesenheit fremd ist. Nichts kann vom Begreifen des Leblosen zum Erleben der eigenen Menschenwesenheit führen, wenn bei diesem Begreifen stehen geblieben wird.

In der Maschine hat sich der Mensch mit einem zwar Durchsichtigen, aber ihm Fremden umgeben. Er hat sein Leben mit diesem Fremden verbunden. Kalt und menschenfern steht die

Maschine da, ein Triumph der «sicheren» Erkenntnis; neben ihr steht der Mensch selbst, Finsternis vor sich, wenn er mit dieser Erkenntnis in sich selbst hineinsieht.

Und dennoch: *diesen* Blick in das durchsichtige Tote mußte die Menschheit in sich erziehen, wenn sie völlig *wach* werden sollte. Sie braucht das *Bildwissen* von dem, was ihrem eigenen Wesen fremd ist, zum Wachsein. Denn alles vorangehende Wissen ist aus dem Dunkel der eigenen Menschennatur mitbestimmt; klar wird es erst vor der Seele, wenn die Menschenseele zum bloßen Spiegel wird, der nur noch *Bilder* des Menschenfremden entwirft. Vorher hatte der Mensch in seinem Seeleninhalt, wenn er von Wissen sprach, die Triebe, die Inhalte seiner eigenen Natur, die als solche nicht klar sein können. Seine Ideen waren von einem Sein durchsetzt; aber sie waren nicht klar. – Die *Bilder* des leblosen Seins sind klar. Nun aber hat der Mensch an diesen Bildern *nicht nur* die Offenbarung des Leblosen, sondern auch innere Erlebnisse. *Bilder* können durch ihre eigene Natur nichts veranlassen. Sie sind kraftlos. Erlebt der Mensch seine sittlichen Impulse in dem Reich des Bildlichen so, wie er es an der leblosen Natur sich anerzogen hat, dann erhebt er sich zur Freiheit. Denn Bilder können nicht wie Triebe, Leidenschaften oder Instinkte den Willen bestimmen. Erst das Zeitalter, das am Toten das Mathematik-ähnliche Bilddenken entwickelte, kann den Menschen zur Freiheit geleiten.

Die kalte Technik gibt dem Menschendenken ein Gepräge, das in die Freiheit führt. Zwischen Hebel, Rädern und Motoren lebt nur ein toter Geist; aber in diesem Totenreiche *erwacht* die freie Menschenseele. Sie muß den Geist in sich erwecken, der vorher nur mehr oder weniger träumte, als er noch die Natur beseelte. Aus dem träumenden wird waches Denken an der Kälte der Maschine.

Der wache Blick, der auf die Maschine gerichtet sein kann, wird wieder träumend, wenn er so wie in der Spenglerschen Betrachtung zur Pflanze zurückgetrieben wird. Denn diese Betrachtung geht nicht wie die Goethesche auch zur Durchsichtigkeit des Pflanzen-Beschauens fort, sondern sie zieht sich zurück in das Halbdunkel, in dem das Leben erscheint, wenn man es so ansieht, wie man in dem vor-technischen Zeitalter auch das Leblose angeschaut hat.

Der Blick, zu dem man am Anfang der Spenglerschen Betrachtung aufgefordert wird, läßt allerdings die Technik wie ein Dämonisches erscheinen. Aber nur, weil er die an ihr errungene Klarheit verleugnet. Durch dieses Verleugnen prallt der Mensch vor seinem eigenen Wachsein zurück. Statt der Klarheit die Kraft abzuringen, an der Maschine den freien Menschengeist zu entzünden, wird im Anschauen der Pflanze die Furcht herbeigerufen, die da sagt: «Diese Räder, Walzen und Hebel reden nicht mehr. Alles was entscheidend ist, zieht sich ins Innere zurück. Man hat die Maschine als teuflisch empfunden, und mit Recht» (Seite 630). – Es scheint aber notwendig, der Maschine den Teufel auszutreiben. Darf man, wenn man das will, so Anfang und Ende des Denkens gestalten, und dazwischen «Weltperspektiven» legen, wie es Spengler tut? (Auf diese Frage wird in der Fortsetzung dieses Artikels eine Antwort versucht werden.)

DIE FLUCHT AUS DEM DENKEN

Eine Fortsetzung

des Artikels über Spenglers «Welthistorische Perspektiven»

Spengler redet von dem schlafenden Pflanzenleben in Ausdrucksformen wie diese: «Eine Pflanze führt ein Dasein ohne Wachsein. Im Schlaf werden alle Wesen zu Pflanzen: die Spannung zur Umwelt ist erloschen, der Takt des Lebens geht weiter. Eine Pflanze kennt nur die Beziehung zum Wann und Warum. Das Drängen der ersten grünen Spitzen aus der Wintererde, das Schwellen der Knospen, die ganze Gewalt des Blühens, Duftens, Leuchtens, Reifens: das alles ist Wunsch nach der Erfüllung eines Schicksals und eine beständige sehnsüchtige Frage nach dem Wann» (Seite 9).

Im Gegensatze damit erscheint das Wachsein der Tiere und des Menschen. Das Wachsein entwickelt ein Innenleben. Aber dieses ist abgerissen vom kosmischen Dasein. Es scheint, als ob nichts von dem Drängenden, Treibenden der Kosmoskräfte, die in dem Pflanzenhaften Schicksal werden, weiter waltete in den Erlebnissen des Wachseins. – Die Empfindung dieser Abgerissenheit lebt sich in der Spenglerschen Ansicht aus. – Im menschlichen Wesen waltet das Pflanzenartige weiter. Es treibt in den unterbewußten Betätigungen, die wie Ergebnisse der geheimnisvollen Kräfte des «Blutes» erscheinen. Aus dem «Blute» steigt auf, was als Schicksalsmäßiges in der Menschheit lebt. Demgegenüber ist wie eine zu dem wahren Dasein hinzukommende Beigabe, was das wache Bewußtsein ausbildet. Spengler findet scharf konturierte Worte, um die Bedeutungslosigkeit des wachen Bewußtseins im Verhältnis zu den eigentlich schaffenden pflanzenhaften Kräften in der Menschennatur zu kennzeichnen: ... «das Denken ... wird seinen Rang innerhalb des Lebens stets falsch und viel zu hoch ansetzen, weil es andere Arten der Feststellung neben sich nicht bemerkt oder anerkennt und damit auf einen vorurteilslosen Überblick verzichtet. In der Tat haben sämtliche Denker von Beruf – und sie führen hier in allen Kulturen fast allein das Wort – kaltes, abstraktes Nachdenken für die selbstverständliche Tätigkeit gehalten, durch die man zu den ‹letzten Dingen› gelangt» (Seite 14). Es ist nicht gerade eine tiefe, sondern mehr eine leicht errungene Einsicht, die Spengler mit den Worten ausdrückt: «Aber wenn der Mensch ein denkendes Wesen ist, so ist er doch weit davon entfernt, ein Wesen zu sein, dessen Dasein im Denken *besteht*» (Seite 14). – Das ist so wahr, wie «daß zweimal zwei vier ist». Aber für eine Wahrheit ist wichtig, wie man sie in den Zusammenhang des Lebens hineinzustellen vermag. Und Spengler stellt das Denken *nicht einmal in* das Leben hinein; er stellt es *neben* das Leben. Er tut dieses, weil er es nur in der abstrakten Form erfassen will, in der es seine Rolle in der modernen naturwissenschaftlichen Forschungsart spielt. Da ist es abstraktes Denken. In dieser Form ist es *Nachdenken* über das Leben, nicht eine Kraft des Lebens selbst. *Diesem* Denken gegenüber kann man sagen: was im Menschen Dasein-bildend wirkt, das treibt aus seinem Schlafenden, Pflanzenhaften hervor; das ist nicht Ergebnis der wachenden Abstraktion. Da gilt: «Das wirkliche Leben, die Geschichte kennt *nur* Tatsachen. Lebenserfahrung und Menschenkenntnis richten sich nur auf Tatsachen. Der tätige Mensch, der Handelnde, Wollende, Kämpfende, der sich täglich gegen die Macht der Tatsachen behaupten und sie sich dienstbar machen oder unterliegen muß, sieht auf bloße Wahrheiten als etwas Unbedeutendes herab» (Seite 15).

Aber *dieses* abstrakte Denken ist nur eine Entwickelungsphase im Leben der Menschheit. Ihm geht ein bildhaftes, mit den Dingen verbundenes und in den Menschentaten pulsierendes Denken voraus. Im bewußten Menschenleben wirkt *dieses* Denken allerdings traumhaft, aber es ist der Schöpfer aller Frühstadien der Kulturen. Und wenn man sagt: was in solchen Kulturen als Taten der Menschen auftritt, das ist nicht Ergebnis des Denkens, sondern des «Blutes», so verzichtet man auf alles Durchschauen der treibenden Impulse der Geschichte, um in das trübe Gebiet einer materialistischen Mystik unterzutauchen. Denn jede Mystik, die aus diesen oder jenen seelischen oder geistigen Qualitäten das Werden der geschichtlichen Tatsachen entstehen läßt, ist hell gegenüber der Mystik des «Blutes».

Wenn man zu einer solchen Mystik greift, schneidet man sich die Möglichkeit ab, den Zeitabschnitt richtig zu bewerten, in dem die Menschenentwickelung von früheren bildhaften Formen des Denkens zu dessen abstrakter Art fortgeschritten ist. Diese ist, an und für sich, nicht eine zum Handeln treibende Kraft. Aber während sie für die Ausgestaltung des naturwissenschaftlichen Forschens gewirkt hat, war das Handeln der Kulturmenschheit den Nachwirkungen alter, aus dem bildhaften Denken entsprossenen Impulsen unterworfen. Das ist das Bedeutsame der Kultur des Abendlandes in den letzten Jahrhunderten, daß das abstrakte Denken fortschreitet, und das Handeln unter dem Einflusse der vorangehenden Impulse stehen bleibt. Diese nehmen zwar kompliziertere Formen an, bringen aber nichts wesenhaft Neues hervor. Die neuere Menschheit fährt mit Eisenbahnen, in denen abstrakte Gedanken verwirklicht sind; aber sie tut dieses aus dem Willensinhalte heraus, der auch schon im eisenbahnlosen Verkehr wirkte.

Doch dieses abstrakte Denken ist nur eine Durchgangsstufe der denkerischen Fähigkeit. Wer es in seiner völligen Reinheit erlebt hat, wer seine Kälte und Kraftlosigkeit, aber auch seine Durchsichtigkeit mit vollem menschlichen Anteil in sich aufgenommen hat, der kann bei ihm nicht stehen bleiben. Es ist ein totes Denken; aber es kann zum Leben erweckt werden. Es hat die Bildhaftigkeit verloren, die es als Traumerlebnis gehabt hat; aber es kann diese wieder erringen im Lichte eines intensiveren Bewußtseins. Von traumhafter Bildlichkeit durch vollbewußte Abstraktion zur ebenso vollbewußten Imagination: das ist der Entwickelungsgang des menschlichen Denkens. Der Aufstieg zu dieser bewußten Imagination steht als Zukunftsaufgabe vor der abendländischen Menschheit. Goethe hat einen Anfang damit gemacht, indem er für das Verständnis der Pflanzengestaltung das Ideenbild der Urpflanze forderte. Und dieses imaginative Denken kann wieder Impulse des Handelns aus sich heraustreiben.

Wer das nicht zugibt und beim abstrakten Denken stehen bleiben will, der kommt allerdings zu der Ansicht, daß das Denken eine unfruchtbare Zugabe zum *Leben* sei. Das abstrakte Denken macht den erkennenden Menschen zum bloßen Zuschauer des Lebens. Dieser Zuschauerstandpunkt gibt der Spenglerschen Betrachtung ihr Gepräge. – Spengler hat sich in das abstrahierende Denken als moderner Mensch eingelebt. Er ist eine bedeutende Persönlichkeit. Er kann fühlen, wie er mit diesem Denken außerhalb des Lebens steht. Er hat aber vor allem an dem Leben Interesse. Und in ihm entsteht die Frage: was kann der Mensch mit *diesem* Denken im Leben anfangen? Damit ist aber auf die ganze Tragik im Dasein des modernen Menschen gewiesen. Dieser hat es bis zur Stufe der abstrakten Denktätigkeit gebracht; *er weiß aber mit dieser für das Leben nichts anzufangen.* Spenglers Buch spricht aus, was für Viele Tatsache ist, aber von ihnen nicht bemerkt wird. Die Kulturmenschheit ist denkend vollerwacht; allein sie steht mit ihrem Wachsein ratlos da.

Ein Buch der Ratlosigkeit ist Spenglers «Untergang des Abendlandes». Sein Verfasser hat ein Recht dazu, von diesem «Untergang» zu sprechen. Denn die Niedergangskräfte, denen andre passiv unterliegen, wirken in ihm aktiv. Er versteht sie, und er lehnt es ab, zu *den* Aufgangskräften zu kommen, die im Wachen errungen werden können. Deshalb schaut er nur den Niedergang und erwartet die Fortsetzung von der Wirkung im mystischen Dunkel des «Blutes».

Es geht ein beängstigender Zug durch Spenglers Darstellung. Vollendete intellektuelle Seelenverfassung, die an sich selbst irre geworden ist, tritt an die Ereignisse des geschichtlichen Lebens der Menschheit heran, um sich stets von diesen Tatsachen überwältigen zu lassen. Der Agnostizismus der modernen Zeit wird so völlig ernst genommen, daß er nicht nur theoretisch formuliert, sondern zur Methode der Untersuchung erhoben wird. Die einzelnen Kulturen werden so geschildert, daß jede einzelne ein Bild vor den Menschen hinstellt, das ihn vor seinem eigenen Wachsein in die Flucht treibt. Aber diese Flucht ist nicht die in fruchtbare Dichterträume, die in das Dasein untertaucht, indem sie das kalte Denken in Geist wandelt; es ist vielmehr die Flucht in ein künstliches Alpdrücken; glänzendes abstraktes Denken, das Angst vor sich selber hat und sich im Traume ertränken möchte.

(Was aus der «Weltgeschichte» durch eine solche Betrachtung wird, soll eine weitere Fortsetzung dieses Artikels zeigen.)

SPENGLERS PHYSIOGNOMISCHE GESCHICHTSBETRACHTUNG

Was hier über Spenglers Buch gesagt worden ist, muß sich gerade demjenigen aufdrängen, der in ihm einen hervorragenden repräsentativen Ausdruck der gegenwärtigen Seelenverfassung innerhalb der Menschheit des Abendlandes sieht. Spengler denkt zu Ende, was in Anderen zur Hälfte oder zu einem Viertel seelisch durchlebt wird. *Dieses* Denken *kann* die geistigen Entwicklungskräfte *nicht* finden, die in der Menschheit von deren Anbeginn im Erdendasein bis in zu erahnende Zukünfte hinein wirken. Diese Kräfte leben sich in den einzelnen Kulturen aus, so daß eine jede Kultur Kindheit, Reife, Verfall durchmacht und schließlich dem Tode verfällt. Aber *innerhalb* jeder Kultur bildet sich ein Keim, der in einer nächsten aufgeht, um in diesem Aufgehen die Menschheit durch ein ihr notwendiges Entfaltungsstadium hindurchzuführen. Gewiß haben die Abstraktlinge unrecht, die in dieser Entwickelung *nur* ein Fortschreiten zu immer höhern Stufen sehen. Manches Spätere erscheint gegenüber berechtigten Bewertungen als ein Rückschritt. Aber die Rückschritte sind *notwendig*, denn sie führen die Menschheit durch Erlebnisse hindurch, die gemacht werden müssen.

Hegels Idee, daß die Geschichte den Fortschritt der Menschheit im Bewußtsein der Freiheit zur Offenbarung bringe, ist gewiß abstrakt. Aber sie stellt wenigstens einen bedeutungsvollen Versuch dar, einen Faden durch das geschichtliche Werden hindurch zu finden. Will man für die abstrakte Idee einen Inhalt, der in die Mannigfaltigkeit des menschlichen Geschehens eindringt, so braucht man die *geistige Anschauung*. Das intellektualistische Denken reicht dazu nicht aus.

Bleibt dieses Denken ehrlich, so *muß* es sich darauf beschränken, die Physiognomien der Kulturen zu kennzeichnen. Es kann nicht durch die Physiognomien hindurch auf die Seelen der Kulturen schauen. Aber gerade in dem, was sich erst hinter der Physiognomie offenbart, liegt der Keim, der von einer Kultur in die andere hinüberwirkt.

Spenglers Betrachtung ist in dieser Beziehung grausam ehrlich. Sie beschränkt sich auf die Kulturphysiognomien. «Wahrheiten gibt es für den Geist; Tatsachen gibt es nur in Bezug auf das Leben. Historische Betrachtung, in meiner Ausdrucksweise *physiognomischer Takt:* das ist die Entscheidung des *Blutes*, die auf Vergangenheit und Zukunft erweiterte Menschenkenntnis, der angeborne Blick für Personen und Lagen, für das, was Ereignis, was notwendig war, was dagewesen sein *muß*, und *nicht* die bloße wissenschaftliche Kritik und Kenntnis von Daten. Die wissenschaftliche Erfahrung kommt bei jedem echten Historiker nebenher oder nachher» (Seite 56). So *muß* sprechen, wer völlig im intellektualischen Denken aufgeht, und sich ehrlich dem geschichtlichen Werden gegenüberstellt. Ein solcher kann nicht weiter hinein in die geschichtlichen Kräfte; aber er wird, wenn scharfe Intellektualität den physiognomischen Takt führt, glänzende Charakteristen der einzelnen Kulturen liefern können.

Von solch glänzender Art ist das Kapitel, das Spengler in den Mittelpunkt seiner «Welthistorischen Perspektiven» gestellt hat: «Probleme der arabischen Kultur.» Die Essenz der Weltanschauungen, die Jahrhunderte vor der Entstehung des Christentums dem Schoße des orientalischen Lebens entspringen, wird hier in eindringlich scharfsinniger, kenntnisreicher Weise dargestellt. Der Begriff der «magischen» Weltanschauung wird in scharfen Konturen herausgearbeitet. Man sieht, wie eine alte Welt, die den Menschen als örtlich beschränktes Wesen unter Stammesgenossen hineinstellt, so daß er sich als Glied dieses Stammes fühlt, abgelöst wird von einer späteren, die Menschen in Gemeinschaften hineinführt, in denen sie zusammengehalten werden von dem Bewußtsein eines dem Irdischen übergeordneten Geistes. Aus dem Gotte, der nur an dem einzelnen Orte, in dem der Stamm lebt, gedacht werden kann, wird der Gott, der, vom Orte unabhängig, in den Seelen der Menschen lebt, die sich zu ihm bekennen können. Für den Lokalgott des Stammes kann man keine Bekehrungsversuche machen. Ein anderer Stamm verehrt den Gott, der an einem andern Orte sich offenbart, in anderen Kulten. Es wäre sinnlos, das, was den Charakter des einen Ortes trägt, auf einen andern übertragen zu wollen. Für die Lokalgottheiten entwickeln sich keine Missionen. Diese treten erst auf, wenn die Seele sich zu dem «höheren» Gotte erhebt, dessen Geisteskraft in die Seelen einströmt. Für dieses Einströmen will man möglichst viele Seelen gewinnen.

Die Menschheit tritt so in das Stadium der magischen Religionen ein. Der Mensch auf Erden fühlt sich wie die Umhüllung des einheitlichen Weltengeistes, der in allen Seelen leben soll. Das menschliche Ich ist da noch nicht auf sich selbst gestellt. Es ist die Hülle des Weltenwesens. Dieses denkt im Menschen, handelt durch den Menschen. Das ist das Charakteristische der magischen Religionsempfindung.

In Vorderasien, getragen von verschiedenen Völkern, erscheint diese Empfindung. Jesus steht – nach Spenglers Meinung – ganz in ihr. Das abendländische Christentum entsteht dadurch, daß diese magische Empfindung einströmt in die griechische und römische Welt und deren Formen annimmt. So lebt, was eigentlich seinem Wesen nach orientalischer Magismus ist, in den äußeren Formen fort, die sich im Griechentum, im Römertum aus Kultarten ergeben haben, die selbst nicht magisch orientiert waren. Seite 227 seines Buches spricht Spengler den abstrakten Gedanken aus, durch den er das zu begreifen versucht: «In einer Gesteinsschicht sind Kristalle eines Minerals eingeschlossen. Es entstehen Spalten und Risse; Wasser sickert herab und wäscht allmählich die Kristalle aus, so daß nur ihre Hohlform übrig bleibt. Später treten vulkanische Ereignisse ein, welche das Gebirge sprengen; glühende Massen quillen herein, erstarren und kristallisieren ebenfalls aus. Aber es steht ihnen nicht frei, es in ihrer eigenen Form zu tun; sie müssen die vorhandenen ausfüllen und so entstehen gefälschte Formen, Kristalle, deren innere Struktur dem äußeren Bau widerspricht, eine Gesteinsart in der Erscheinungsweise einer fremden. Dies wird von den Mineralogen Pseudomorphose genannt. – Historische Pseudomorphosen nenne ich Fälle, in welchen eine fremde alte Kultur so mächtig über dem

Lande liegt, daß eine junge, die hier zu Hause ist, nicht zu Atem kommt und nicht nur zu keiner Bildung reiner, eigener Ausdrucksformen, sondern nicht einmal zur vollen Entfaltung ihres Selbstbewußtseins gelangt ...»

So lebt in dem westlichen Christentum der ersten Jahrhunderte der magische Arabismus als Pseudomorphose sich aus. Er nimmt die Formen der griechischen und römischen Welt an. «In Wirklichkeit ist Augustin der letzte große Denker der früharabischen Scholastik und nichts weniger als ein abendländischer Geist. Er war nicht nur zeitweise Manichäer, sondern ist es in sehr wesentlichen Zügen auch als Christ geblieben; seine Nächstverwandten findet man unter den persischen Theologen des jüngeren Awesta mit ihren Lehren vom Gnadenschatz der Heiligen und der absoluten Schuld» (Seite 293f.).

So sieht die Sache derjenige, der auf die Physiognomie des Arabismus schaut, und der diese scharfsinnig fortverfolgt bis zu den Persönlichkeiten, in denen sie sich noch beobachten läßt. Aber die *Seele* ist dabei nicht geschaut, die nicht nur als Pseudomorphose in eine fremde Umgebung hineinströmt, sondern die diese Umgebung auch *erlebt*, sich als *Keim* erweist, der in neuen Formen zum Dasein gelangt. Das abstrakte mineralische Bild genügt nicht. Die Seele einer Kultur ist lebendig und nimmt ihre Umgebung wahr. Aus dieser Wahrnehmung heraus entfaltet sie nicht eine Pseudomorphose, sondern einen verwandelten Trieb. An Augustin ist *nicht* charakteristisch sein Manichäertum, nicht seine Verwandtschaft mit persischen Theologen, sondern seine elementarische Selbstschau, die sich eingliedert in das christliche Römertum und *dadurch* einen Gnaden- und Schuldbegriff gestaltet, der verzerrt wird, wenn man nur auf die physiognomische Ähnlichkeit mit orientalischen Anschauungen hinweist. In der Augustin-Physiognomie lebt nicht der verwandelte Orient in älter gewordener Form fort, sondern diese Physiognomie ist wie die des Sohnes, der die Züge des Vaters trägt, aber eine eigene Seele hat. (Die Schlußbetrachtung über Spenglers Buch soll in der nächsten Nummer dieser Wochenschrift stehen.)

SPENGLERS GEISTVERLASSENE GESCHICHTE

Schluß des Artikels über Spenglers «Welthistorische Perspektiven»

Besonders glänzend ist die «welthistorische Perspektive», in der Spengler den «Staat» sieht. Er möchte ihn in seiner Wirklichkeit erfassen. Aber er kommt nicht dazu, die unbewußten, instinktiven Menschheitszusammenhänge, aus denen sich das staatliche Leben erst herausentwickelt, richtig zu werten. Denn es liegt ganz außerhalb seiner Anschauungsart, in dem Unbewußten, das in primitiven Zuständen den Menschen an den Menschen gliedert, reale geistige Kräfte zu suchen. Er findet die Zusammenhänge im Blute verursacht. Aber er sieht nicht, wie im Blute der Geist wirkt, wie dieser in den Instinkten seinen Ausdruck findet.

Indem der Geist dem Menschen allmählich bewußter wird, erscheint er für das Bewußtsein auch immer mehr in abstrakter Form. Er wird das, als das ihn Spengler kennzeichnet: bloße Wahrheit, unwirksamer Seeleninhalt des *betrachtenden* Menschen; nichts für den Handelnden, der in *Tatsachen* lebt.

Und so findet Spenglers Blick im Entstehen der menschlichen Gemeinwesen das tätige Adelstum, das ganz in der Tatsachenwelt aufgeht und in dem Strom der Geschichte lebt, Geschichte macht, und das beschauliche Priestertum, das nur in Wahrheiten lebt und eigentlich außerhalb der Geschichte das Dasein verbringt.

Dasjenige Priestertum, das in Urkulturen der Inspirator der Tatmenschen ist, das auch noch ratend und Richtung gebend in den Tatmenschen weiter wirkt, wertet Spengler nicht richtig. Er müßte bei einer solchen Wertung sehen, wie die Tatmenschen nur die Fortsetzer durch den Arm dessen sind, was die Tat-bestimmenden Geistmenschen in die Richtung bringen.

Spenglers Blick kommt erst zu einer richtigen geschichtlichen Wertung für diejenigen Tatsachen, in denen das eigentlich impulsive Wirken der Geistmenschen aufhört, und die Außenseite des geschichtlichen Lebens mehr sichtbar wird, in denen es allerdings *scheint*, als ob die Träger des Tatsachenstromes sich nicht kümmerten um die Inspiration der Geistesmenschen. Denn Schein ist dies auch da noch. Durch tausend Kanäle fließen die Impulse der «Ratenden» in die Taten. Es ist, als ob Spengler ganz blind wäre für diese Kanäle. Denn nur so kann er überall bei dem «Blute» stehen bleiben. Nur so kann er zu einer Ansicht kommen, die er (Seite 414) ausspricht: «Und zwar ist der Adel *der eigentliche Stand*, der Inbegriff von Blut und Rasse, ein Daseinsstrom in denkbar vollendeter Form.»

Stellt man sich aber an den Ausgangspunkt der Spenglerschen Perspektive, um zu sehen, was gerade von da aus zu sehen ist, so muß man seine Darstellung glänzend finden. Sie kennzeichnet Teilwahrheiten, die in dieser Perspektive mit besonders scharfen Konturen erscheinen. Wie das Priestertum aus der Sphäre der geistigen Impulse hinübergleitet in eine Wirksamkeit, die aus den Kräften des Blutes kommt, dafür findet Spengler die denkbar schärfste Zeichnung. «Die Geschichte des Papsttums ist bis ins achtzehnte Jahrhundert hinein die Geschichte einiger Adelsgeschlechter, welche die Tiara erstrebten, um einen fürstlichen Familienbesitz zu gründen. Aber das gilt auch von byzantinischen Würdenträgern und von englischen Premierministern, wie die Familiengeschichte der Cecils zeigt, und sogar noch von sehr vielen Führern großer Revolutionen» (Seite 415).

Für Spengler wird «Geschichte», was aus dem Blute der herrschenden Stände quillt. Im «Staate» wird dieser Strom nur gewissermaßen festgehalten. Die Wirklichkeit der fortschreitenden Tatsachen, die von den Ständen ausgeht, wird zu einem Schein krystallisiert im Staate, der im Raume mit abgeschwächter Realität festhalten will, was in der Zeit von den Ständen im steten Werden gemacht wird. Für Spengler wird zur Geschichte, was sich aus dem Zusammenwirken und Sich-Bekämpfen der Blutkräfte zwischen den Ständen abspielt. «Und daraus folgt, daß echte Geschichte *nicht* ‹Kulturgeschichte› in dem antipolitischen Sinne ist, wie er unter Philosophen und

Doktrinären jeder beginnenden Zivilisation und also gerade heute wieder beliebt wird, sondern ganz im Gegenteil Rassegeschichte, Kriegsgeschichte, diplomatische Geschichte, das Schicksal von Daseinsströmen in Gestalt von Mann und Weib, Geschlecht, Volk, Stand, Staat, die sich im Wellenschlag der großen Tatsachen verteidigen und gegenseitig überwältigen wollen» (Seite 419). – Spengler hat gewiß zehnmal Recht, wenn er so die kulturgeschichtlichen Standpunkte charakterisiert, die aus dem, was die Menschen denken, Tatsachen herleiten, die doch nur der wirtschaftliche, künstlerische, wissenschaftliche Ausdruck dessen sind, was die «Stände» untereinander ausmachen. Aber er hat eben keinen Blick dafür, wie teils unbewußt, teils bewußt – durch Menschen – der wirksame Geist in dem Blute sich zur Offenbarung bringt. Und *dieser* Geist ist *nicht* dasselbe, was Spengler meint, wenn er – in seiner Art ganz richtig – sagt: «Eine Kultur ist Seelentum, das in sinnbildlichen Formen zum Ausdruck gelangt, aber diese Formen sind lebendig und in Entwicklung begriffen ...» (Seite 408 f.). Denn der *wirksame* Geist ist derselbe, der als Wahrheit allerdings nicht von dem abstrakten, aber von dem lebendigen, in eben diesem Geiste webenden Denken ergriffen wird, als das Fundament *jeder* Menschentat.

Und so kommt bei Spengler als «Geschichte» nur zu seinem Rechte, was im Bereiche jener Kulturen liegt, die der Ausdruck des aus dem Blute fließenden Tat-Gestaltens der Stände und Klassen sind.

Deshalb kann Spengler die tiefsten Impulse der Gegenwart nicht finden. Und gerade darauf kommt es ihm doch an. Er möchte die Vergangenheiten der einzelnen Kulturen betrachten, um zu einer Perspektive in die Zukunft zu gelangen. Aber die gegenwärtige Menschheit innerhalb aller in Betracht kommenden Kulturen und Zivilisationen steht an dem Punkte, wo der Mensch als «Mensch» sich herauslöst aus den geschichtlichen Verbänden, in deren Geborensein, Reifwerden, Altern, Spengler die «Geschichte» sieht. Dieser Mensch ist daran, aus seinem individuellen Innern heraus das zu entwickeln, was

Stände und Klassen vorher *in ihn hinein* entwickelt haben. Diesen welthistorischen Augenblick, der da ist trotz alles Niederganges der Kulturen, um dessentwillen gerade jene Kulturen bergab gehen, die Spengler allein als solche gelten lassen will, gilt es in lebendig-tätigen, vom Geist getragenen Willen aufzunehmen. (Ich habe in meiner «Philosophie der Freiheit» den Menschen als von moralischen Denk-Intuitionen getragenes Willenswesen innerhalb dieses welthistorischen Augenblicks festzuhalten versucht.) Aber für Spengler ist für den Menschen kein Tat-Impuls mehr da, wenn er sich aus den alten Verbänden löst. Scharf, schneidend in der Begriffsbildung wird Spengler, indem er von seiner Perspektive aus diese Lösung kennzeichnet. «Der Adel aller Frühzeiten war *der* Stand im ursprünglichen Sinne gewesen, die fleischgewordene Geschichte, die Rasse in höchster Potenz» (Seite 444). «Das Bürgertum hat Grenzen; es gehört zur Kultur; es umfaßt im besten Sinne alle ihr Zugehörigen und zwar unter der Bezeichnung Volk, *populus*, *demos*, wobei Adel und Priestertum, Geld und Geist, Handwerk und Lohnarbeit als Einzelbestandteile ihm eingeordnet sind. – Diesen Begriff findet die Zivilisation vor und vernichtet ihn durch den Begriff des vierten Standes, der *Masse*, der die Kultur mit ihren gewachsenen Formen grundsätzlich ablehnt. ... Damit wird der vierte Stand zum Ausdruck der Geschichte, die ins Geschichtlose übergeht. Die Masse ist das Ende, das radikale Nichts» (Seite 444f.).

Aber in *diesem* Nichts wird der welthistorische Augenblick der Gegenwart ein geschichtliches «All» zu suchen haben, nicht im vierten Stand, auch nicht in einem andern, sondern in dem «Menschen» (aller Stände), der jetzt erst aus dem tiefsten Quell seines Innern die wahre Kraft der Freiheit finden muß. Aber zu *dieser* Freiheit bahnt man sich nicht den Weg, wenn man rein aus den Blutsverhältnissen heraus in der Spenglerschen Geschichtsperspektive die Freiheit so charakterisiert: «Es ist die zeugende Begeisterung des Menschen der Stadt, die seit dem 10. Jahrhundert in der Antike und ‹gleichzeitig› in den andern Kulturen immer neue Geschlechterfolgen in den Bann eines neuen Lebens zwingt, mit dem zum ersten Male inmitten der Menschengeschichte die *Idee der Freiheit* erscheint. ... Die Stadt ist der Ausdruck *dieser* Freiheit; städtischer Geist ist freigewordnes Verstehen, und alles was in Spätzeiten unter dem Namen Freiheit an geistigen, sozialen und nationalen Bewegungen hervorbricht, leitet seinen Ursprung zu dieser einen *Urtatsache des Freiseins vom Lande* zurück» (Seite 439).

So wahr das in Spenglerscher Perspektive erscheint, so unwahr ist es von einem weiter zurückliegenden Standpunkte aus. Denn das innere Gewahrwerden der tiefsten Seelenkräfte der Menschheit, das sich in dem Impuls der Freiheit auslebt, ist ein *geschichtlicher* Motor, der Städte gegründet hat, um die Freiheit in einer äußeren Tatsache zu erleben.

Nur wer *diesen* Motor sehen kann, wird in der Gegenwart den Anfang sehen können eines Geschichtsabschnittes, der *Geschichte aus dem Menschen-Innersten* holt, der sich als Fortschritt anschließt an die Epochen, die Geschichte in den Menschen hineingetrieben haben. Wer das nicht sehen kann, der wird, wie Spengler, ein Ende sehen, das zu einem Ausdruck dessen wird, was dieser ausgezeichnete Repräsentant der gegenwärtigen Denkungsart in den vorangehenden Kulturen gefunden hat. «Mit dem geformten Staat hat auch die hohe Geschichte sich schlafen gelegt. Der Mensch wird wieder Pflanze, an der Scholle haftend, dumpf und dauernd» (Seite 546). «Mögen die Machthaber der Zukunft, da die große politische Form der Kultur unwiderruflich zerfallen ist, die Welt als Privatbesitz beherrschen, so enthält diese formlose und grenzenlose Macht doch eine *Aufgabe*, die der unermüdlichen Sorge um diese Welt, die das Gegenteil aller Interessen im Zeitalter der Geldherrschaft ist und die ein hohes Ehrgefühl und Pflichtbewußtsein fordert. Aber eben deshalb erhebt sich nun der Endkampf zwischen Demokratie und Cäsarismus, zwischen den führenden Mächten einer diktatorischen Geldwirtschaft und dem *rein politischen* Ordnungswillen der Cäsaren» (Seite 583). «Die Heraufkunft des Cäsarismus bricht die

Diktatur des Geldes und ihrer politischen Waffe, der Demokratie» (Seite 634). «Für uns aber, die ein Schicksal in diese Kultur und diesen Augenblick ihres Werdens gestellt hat, in welchem das Geld seine letzten Siege feiert und sein Erbe, der Cäsarismus, leise und unaufhaltsam naht, ist damit in einem eng umschriebenen Kreise die Richtung des Wollens und Müssens gegeben ...» (Seite 635).

Man kann dazu nur sagen: möchte doch die Menschheit der Gegenwart und der nächsten Zukunft die Kraft des Geistes finden, damit aus dem freien Wollen *diese* Richtung des Wollens und Müssens nicht Geschichte werde. Möge eine Zeit kommen, in der eine geistgemäße Weltanschauung nicht sagt wie Spengler: «Und eine Aufgabe, welche die Notwendigkeit der Geschichte gestellt hat, *wird* gelöst, mit dem einzelnen oder gegen ihn» (Seite 635); sondern: Es wird die Zeit kommen, in der geschichtliche Notwendigkeit werden wird, was der Einzelne aus seinem Welterleben in Freiheit zu gestalten vermag. Spengler ist eine Persönlichkeit, die viel Geist hat, in der aber der Geist seine Mission darinnen sieht, das geistige Dasein aus der Natur- und Geschichtswirklichkeit hinwegzudekretieren.

In der Schrift «Die drei Krisen. Eine Untersuchung über den gegenwärtigen politischen Weltzustand», Stuttgart 1920, gibt J. J. Ruedorffer eine Darstellung des Weltgeschehens, wie sie nur eine Persönlichkeit zustande bringen kann, die sich einen Gesichtspunkt erobert hat, von dem aus eine sachgemäße Beurteilung möglich ist. Der Verfasser steht mit seinen Ideen so innerhalb der Dinge, die sich abspielen, daß man seiner Schilderung das jahrelange Verbundensein mit denselben auf jeder Seite ansieht. Er sagt in der Vorrede: «Die folgende Untersuchung ist im Mai des Jahres (1920) als Nachwort zu einer weiteren Neuauflage meiner ‹Grundzüge der Weltpolitik› geschrieben. Sie erscheint auf Wunsch des Verlags als Sonderdruck.»

Man liest die Schrift wie das Bekenntnis eines Mannes, der die Weltgeschichte frägt, was sie zu dem gegenwärtigen Weltzustande zu sagen hat. Der ohne Parteivoreingenommenheit sich die so entstandene Frage beantworten möchte. Seine einführenden Worte sind aber ein Glaube an die Hoffnungslosigkeit. «Ohne Verständnis steht der Zeitgenosse vor dem Weltgeschehen. Was geht vor, aus welchen Ursachen und zu welchem Ende? War diese beste aller Welten doch bisher vernünftig und ist nun dem Irrsinn verfallen; Revolutionen folgen einander und Völker wüten gegen sich selbst. Aber die Welt war weder bis vor kurzem vernünftig noch ist sie jetzt unvermittelt dem Wahnsinn verfallen. Ein Riß klafft seit Anbeginn. Es gibt Zeiten, die ihn mit allerlei Sträucherwerk verdecken, Menschengeschlechter, die ihn sorglos entlang gehen oder wegsehend leugnen wollen, und andere, die hineinzusehen gezwungen zurückschaudernd sich abwenden wollen und doch nicht können. Wir sind aus einem Zeitalter der ersten in ein Zeitalter der zweiten Art getreten.»

Drei Krisen des gegenwärtigen Zeitalters verzeichnet der Verfasser. Eine erste sieht er darin, daß die Staaten, besonders die europäischen, in eine Lage geraten sind, in der es ihnen unmöglich ist, ihre gegenseitigen Verhältnisse ohne Erschütterungen zu ordnen. Eine zweite liegt für ihn darin, daß die Führung des einzelnen Staates allmählich ihre Macht an die einander widerstrebenden Parteien verloren hat, so daß das Geschehen nicht von ihr, sondern von dem Mechanismus dessen abhängt, was aus dem Spiel der Parteikräfte zum Vorschein kommt. Als eine dritte Krise erscheint ihm die Summe der sozialen Strebungen, die, aus den Tiefen der Völker an die Oberfläche dringend, ohne Einsicht in das, was durch sie geschieht, die Möglichkeit des menschlichen Zusammenlebens zerstören, indem sie eine Besserung der bisherigen Lebensverhältnisse herbeiführen wollen.

Am Schlusse jedes der drei Kapitel, welche diese drei Krisen besprechen, steht, den Inhalt der Untersuchung zusammenfassend, ein Bekenntnis der Hoffnungslosigkeit. Das erste schließt so: «Der europäische Zustand, vor dem Krieg unhaltbar, ist durch Krieg und Frieden noch hundertmal unhaltbarer geworden. Damals drohte ein großartiges aber gedankenloses Gedeihen, eines Tages an der Labilität des europäischen Gleichgewichts scheiternd, von einem Weltkriege verschlungen zu werden. Es war gemeinsames Interesse der europäischen Völker, diesen Weltkrieg zu vermeiden. Mangel an Einsicht in diese Gemeinsamkeit, Mangel an einer kalten, die gemeinsame Gefahr überschauenden und von Demagogen unabhängigen politischen Führung haben ihn ausbrechen lassen. Der Krieg ist vorbei: er hat jedes einzelne der Völker des europäischen Kontinents zerrüttet, die Gesamtheit bis aufs äußerste desorganisiert. Die Völker Europas, einzeln oder zusammen, in dem gegenwärtigen Zustand unfähig, auch nur zu leben, geschweige denn die Wunden des Krieges zu heilen, sind vor die Wahl gestellt, neue Wege zu finden und mit Entschiedenheit zu beschreiten oder völlig unterzugehen.»

Zur zweiten Krise wird gesagt: «Diese Erkrankung des staatlichen Organismus entreißt der Vernunft die Führung, überantwortet die Entschließungen des Staats mannigfachen unsachlichen Nebeneinflüssen und Nebenrücksichten. Sie beschränkt die Bewegungsfreiheit, zersplittert den staatlichen Willen und hat überdies zumeist noch eine gefährliche Labilität der Regierungen im Gefolge. Die Zeit des ungebärdigen Nationalismus vor dem Krieg, der Krieg selbst, der europäische Zustand nach dem Kriege haben ungeheure Anforderungen an die Vernunft der Staaten, ihre Ruhe und Bewegungsfreiheit gestellt. Daß mit den Aufgaben das Vermögen nicht wuchs, sondern abnahm, hat die Katastrophe vollendet. ... Wenn die Demokratie bestehen soll, muß sie ehrlich und mutig genug sein, zu sagen, was ist, auch wenn sie gegen sich selbst zu zeugen scheint. Europa steht vor dem Untergang.»

Im dritten Kapitel findet man das folgende: «Es ist ein Schauspiel von tiefer Tragik, wie jeder Versuch einer bessernden Handlung, jedes Wort der Umkehr sich in den Netzen dieses Verhängnisses fängt und, hundertfach umstrickt, schließlich wirkungslos zu Boden fällt; wie das europäische Bürgertum, gedankenlos an dem Zeitirrtum des steten Fortschritts der Menschheit hangend oder die gewohnte Bahn jammernd weitertrottend, nicht sieht und sehen will, daß es von der aufgespeicherten Arbeit früherer Jahre zehrt und kaum fähig ist, die Schäden der jetzigen Weltordnung zu erkennen, geschweige denn, aus sich heraus eine neue zu gebären; wie auf der anderen Seite die Arbeiterschaft, sich in nahezu allen Ländern radikalisierend, von der Unhaltbarkeit des gegenwärtigen Zustands überzeugt, sich Heilbringer einer neuen Ordnung glaubt, in Wirklichkeit aber in diesem Glauben nur unbewußtes Werkzeug der Zerstörung und des Untergangs, auch des eigenen, ist. Die neuen Parasiten der wirtschaftlichen Desorganisation, der klagende Reichtum von gestern, der zum Proletarier herabsinkende Kleinbürger, der gläubige Arbeiter, der eine neue Welt zu begründen wähnt, sie alle scheint dasselbe Verhängnis zu umschlingen, sie alle scheinen Erblindete, die ihre eigenen Gräber schaufeln.»

Man ginge nicht so schmerzvoll von diesem Bekenntnis hinweg, wenn Stil und Haltung der Schrift einen literarischen Betrachter verrieten, und nicht den «Praktiker», der nüchtern schreiben will, weil er sich in den Vorgängen drinnen stehend fühlt. Man hat, nach dem Lesen der drei Kapitel, die von dem Untergange sprechen, die bange Frage in der Seele: wie denkt der Verfasser einer solchen Darstellung über die Frage: was soll werden?

Man liest: «Nur eine Sinnesänderung der Welt, eine Willensänderung der beteiligten Hauptmächte kann einen obersten Rat der europäischen Vernunft entstehen lassen.»

Kein Ausblick, wie diese Sinnesänderung, diese Willensänderung entstehen soll. Auch nach einer solchen aufrüttelnden Einsicht in die Unmöglichkeit des Fortfahrens in den alten Ideen nicht der Mut, die Bedingungen zu suchen, von denen eine Gesundung der Verhältnisse abhängt. Sucht man sie, so kommt man zu dem, was in dieser Wochenschrift nun schon öfter ausgesprochen worden ist. Die soziale Organisation der Menschheit empfing stets ihre Nahrung von dem geistigen Inhalte, der durch die Entwicklung dieser Menschheit geströmt ist. Ideen, welche die Gesellschafts-Organisation tragen sollen, auch die wirtschaftliche, müssen aus dem Verbundensein der Seelen mit einer wirklichen geistigen Welt kommen. Sonst sind sie bloße Gedanken. Aber der Sinn für ein solches Verbundensein fehlt gerade solchen Persönlichkeiten, wie der Verfasser der «drei Krisen» eine ist. Er kann zu Gedanken kommen über das, was seine Sinne wahrnehmen, was sein Verstand aus diesen Wahrnehmungen kombinieren kann. Der Rest ist – Schweigen. Denn nach dem Bekenntnis zur Negation käme das andere: die alten Ideen waren aus lebendiger Geistigkeit geschöpft; sie haben ihre Aufgaben erfüllt; man kann nicht weiter von den «aufgespeicherten» Ideen «früherer Jahre» zehren; es müssen neue geboren werden. Dazu aber ist Verbundensein mit der Geistwelt notwendig. – Aber zu solcher Fortsetzung des Bekenntnisses gehört der Mut, nicht nur von «Sinnesänderung» und «Willensänderung» zu sprechen, sondern davon, daß die Abkehr von einem lebendigen Geist-Erleben zu der Unmöglichkeit geführt hat, wachend die Gründe für den drohenden Untergang zu *erkennen*, auch wenn man sie *sieht*.

Ruedorffer *sieht* klar; aber er *erkennt* nicht. Nur die Tragkraft geistgemäßer Ideen, die Wärme in die Seelen strömen lassen, die den Menschen aufblicken lassen von der erdgebundenen Tagesarbeit zu seiner Weltbestimmung und zu seinem Weltzusammenhange, wird ihm die Hand zu fruchtbarer Arbeit führen, wird ihm den Willen zur Menschenbruderschaft geben. Man verachtet heute solches Reden über den Geist. Die Gesundung der Zivilisation wird nur kommen, wenn diese Verachtung aufhört. Man kann von der Dreigliederung des physischen Menschenorganismus in den Nerven-Sinnesorganismus, in den rhythmischen und den Stoffwechselgliedmaßen-Organismus sprechen. Man muß anerkennen, daß die beiden andern Organisationen verfallen, wenn der Stoffwechsel-Organismus nicht reale Stoffe dem Gesamt-Organismus zuführt. Beim sozialen Organismus ist ein umgekehrtes Verhältnis vorhanden. Dieser gliedert sich in die wirtschaftliche, die rechtlich-staatliche und die geistige Organisation. Die beiden andern verfallen, wenn die geistige Organisation nicht wirkliche aus dem Geist-Erleben geborene Ideen empfängt und sie ihnen zuführt. Wie der Menschenkörper die wirkliche Materie braucht, so der soziale Organismus den *wirklichen Geist*.

Heute aber besteht noch etwas wie eine Furcht vor dem Geiste. Man wittert Aberglauben, Schwärmerei, Unwissenschaftlichkeit, wenn jemand von der geistigen Welt nicht nur in allgemeinen Redensarten, sondern so spricht, daß er von ihr einen wirklichen Inhalt angibt, wie man dies gegenüber der Natur und Geschichte selbstverständlich tut. Aber nur, wenn man diese geheime Furcht überwindet, kann man *erkennen*, was im gegenwärtigen Weltgeschehen ist. Kommt es zu dieser Überwindung nicht, so bleibt es beim *Sehen*. Und nur von diesem Sehen spricht die hier besprochene Schrift.

DIE WISSENSCHAFTLICHKEIT DER ANTHROPOSOPHIE

Daß der wissenschaftliche Materialismus überwunden werden müsse, ist seit Jahrzehnten schon die Überzeugung vieler Menschen geworden. Wenn in dieser Richtung Meinungen ausgesprochen werden, dann hat man die Denkungsart im Sinne, welche im neunzehnten Jahrhunderte in weiten Kreisen von wahrer Wissenschaftlichkeit für untrennbar gehalten worden ist. Diese Denkungsart hielt es für unwissenschaftlich, von Geist und Seele als von Wesenheiten zu sprechen, die selbständig, unabhängig von ihren materiellen Bedingungen betrachtet werden dürfen. Man fühlte sich auf wissenschaftlichem Boden nur sicher, wenn man auf materielle Vorgänge blicken konnte. Geist und Seele sah man im Gefolge der materiellen Vorgänge sich entwickeln; und man glaubte, für die Wissenschaft das einzig Mögliche getan zu haben, wenn man auf Materielles deutete, das sich abspielt, während Geistiges oder Seelisches erscheint.

Besonnene Menschen hat es immer gegeben, welche mit einer solchen Denkungsart nicht auch eine Erkenntnis des Geistes und der Seele zu erreichen glaubten. Aber viele meinten eben, der Wissenschaft als solcher könnte nicht zugestanden werden, von etwas anderem zu reden als von den materiellen Bedingungen des Geistigen und Seelischen. Durch diese Ideenrichtung glitt die Seelenwissenschaft in eine bloße Auseinandersetzung der Vorgänge im Nervensystem hinein. Man kam dazu, das auf sinnliche Art zu Beobachtende überall da zugrunde zu legen, wo man Erkenntnisse über das Seelische erreichen wollte.

Heute finden viele, daß mit dieser Art der Betrachtung das Seelische für die menschliche Anschauung verloren geht. Man fühlt, daß man in der Betrachtung des Nervenlebens *nur* Materielles vor sich hat, und daß dieses Materielle keine Auskunft geben kann in den Fragen, welche Geist und Seele über sich selbst stellen müssen.

Es gibt heute ernst zu nehmende wissenschaftliche Denker, welche aus solchen Gefühlen heraus die materialistische Betrachtung verlassen und zu der Überzeugung kommen, im Materiellen müsse ein Geistiges als wirksam gedacht werden.

In der Mitte des neunzehnten Jahrhunderts betrachtete man es als einen großen wissenschaftlichen Fortschritt, daß die alte Anschauung von der «Lebenskraft» überwunden sei. Diese Anschauung sah in den Lebensvorgängen eine besondere Kraft wirksam, welche das physisch und chemisch Tätige in einer solchen Art in ihr Bereich zieht, daß Lebendiges erscheinen kann. Man verwarf diese Anschauung. Das Physische und Chemische sollte in seinem eigenen Wesen so beschaffen sein, daß es in seinen komplizierten Gestaltungen als Leben sich offenbaren könne. Man hoffte, sich allmählich von diesen komplizierten Gestaltungen deutliche Vorstellungen machen zu können.

In diesen Hoffnungen finden sich heute diejenigen Denker getäuscht, die wieder davon sprechen, daß etwas Besonderes dem Leben zugrunde liegen müsse, das Physisches und Chemisches zu einer höheren Wirksamkeit in seinen Dienst nimmt.

Neue Hoffnungen knüpfen sich an dasjenige, was in dieser Richtung unternommen wird. Der Unbefangene muß aber dagegen die Gründe stellen, welche im neunzehnten Jahrhundert zur Überwindung der damaligen Anschauung von der «Lebenskraft» geführt haben. Man sagte sich da: Die Denkweise, welche in Klarheit die Zusammenhänge im physischen und chemischen Gebiet überschauen läßt, verliert sich in das Unklare, Nebelhafte, wenn sie von «Lebenskraft» spricht. Man erkannte, daß man auf dieselbe Art, wie man zu diesen Zusammenhängen geführt wird, nicht zu der «mystischen» Lebenskraft geführt werden könne.

Was man so erkannte, war durchaus berechtigt. Und wenn erst auf derjenigen Seite, auf der man heute in dem angedeuteten Sinne sich neuen Hoffnungen hingibt, die volle Klarheit wieder herrschen wird, muß sich derselbe Gedankengang einstellen, der im neunzehnten Jahrhundert zum Verwerfen der «Lebenskraft» geführt hat.

Eine Gesundung in dieser Richtung ist allein möglich, wenn man durchschaut, wie die Denkungsart, die für das Physische und Chemische ihre volle Berechtigung hat, *umgewandelt* werden müsse, wenn man in die Betrachtung der Lebens-, Seelen- und Geistesgebiete heraufrückt. Der Mensch muß erst sein Denken umgestalten, wenn er sich die Berechtigung erwerben will, über diese Gebiete wissenschaftlich zu sprechen.

Auf diesen Boden stellt sich die Anthroposophie. Sie fühlt sich daher nicht genötigt, das Wissenschaftsgebäude der Physik und Chemie zu zerschlagen, um mit denselben Denkmitteln anderes aufzubauen. Sie findet, daß man mit diesem Wissenschaftsgebäude etwas Sicheres erreicht habe, daß man aber innerhalb desselben Leben, Seele und Geist nicht suchen solle.

Dann aber, so sagen diejenigen, welche Anthroposophie nur von außen beurteilen wollen, stellt sich diese außerhalb der Wissenschaft und dürfe für sich höchstens eine Glaubensgewißheit in Anspruch nehmen.

Wer so spricht, der wendet nicht in kraftvoller Art den Blick von der Naturbetrachtung auf den Menschen zurück. Die Art, wie man in der Gegenwart das Physische und Chemische betrachtet, beruht auf einer gewissen Verfassung der Seele des Menschen. Und die wissenschaftliche Gewißheit hat man da nicht als etwas von der Natur Geoffenbartes, sondern als ein *inneres Erlebnis* des Betrachtens. Was man seelisch erlebt, indem man die Natur betrachtet, gibt die Gewißheit. Anthroposophische Erkenntnis schreitet von *diesem* Seelenerlebnis zu anderen vor, die man haben kann, wenn das in der physischen und chemischen Wissenschaft geübte Denken zum Anschauen in Imagination, Inspiration und Intuition sich gewandelt hat. Und diese anderen Seelenerlebnisse lassen die gleiche Gewißheit aufleuchten.

Wer die Gewißheit in diesen anderen Erkenntnisarten in Abrede stellt, der versäumt es, sich Klarheit zu verschaffen, warum er diejenige der Physik und Chemie gelten läßt. Er gibt sich der letzteren aus Gewohnheit hin und lehnt ab, wofür er keine Gewohnheit erworben hat. Anthroposophie frägt: Warum nimmt man die Erkenntnisse der Physik und Chemie als gewiß hin? Sie findet den Grund in einer bestimmten Art des seelischen Erlebens. Diese Art eignet sie sich an als Richtlinie für die Erkenntnis. Und von dieser Richtlinie weicht sie auch dann nicht ab, wenn sie durch ein verwandeltes Denken über Leben, Seele und Geist Wahrheiten zu erringen sucht.

Deshalb kann Anthroposophie diejenige Denkungsart voll anerkennen, welche in Physik und Chemie zu den bedeutsamsten Ergebnissen der neuesten Zeit geführt hat. Sie muß dem Materialismus sogar das Verdienst zuerkennen, in dem Menschen diejenige Anschauungsart herausgebildet zu haben, die in dem Unlebendigen zu gesunden Urteilen führt. Aber sie muß es auch für unmöglich halten, mit dieser Anschauungsart etwas anderes als Physik und Chemie begründen zu wollen. Aber gerade, wer sich Mühe gibt, zu durchschauen, wie eine solche Anschauungsart zustande kommt, der kann finden, daß mit derselben inneren Sicherheit auch andere möglich sind; solche für das Lebens-, das Seelen- und das Geistesgebiet. Wem Wissenschaft nicht ein Äußerliches bleibt, in das er sich nur hineingewöhnt, sondern dem sie zum klaren inneren Erlebnis wird, der kann eben nicht nur stehen bleiben bei dem Physischen und Chemischen; denn für ihn ist ein Fortentwickeln der Sinnes- und Verstandeserkenntnis zu den Formen der Imagination, Inspiration und Intuition nichts anderes als ein Fortschreiten der Kindesform zu der des erwachsenen Menschen. Im erwachsenen Menschen wirken dieselben Kräfte wie im Kinde; im Leben-, Seelen- und Geist-Erkennen wirkt dieselbe Wissenschaftlichkeit wie in Physik und Chemie.

DER WERDENDE GOETHE IM LICHTE BENEDETTO CROCES

Wem *Benedetto Croces* «Ästhetik als Wissenschaft des Ausdrucks» bekannt ist, der muß auf das äußerste gespannt sein, auch das Goethe-Buch dieser hervorragenden Persönlichkeit zu lesen, das 1918 erschienen und seit 1920 in der außerordentlich sympathischen deutschen Ausgabe von Julius Schlosser vorhanden ist.

Vielleicht dürfte man sagen, daß die Lektüre dieses Buches ein dramatisches Erleben ist. Man geht durch eine «Vorrede des Verfassers», durch die Kapitel «Sittliches und geistiges Leben», durch weiteres «Das Leben des Dichters und Künstlers» und dann durch die Darstellung des «Werther» hindurch.

Man ist bei diesem Teile des Buches voller Erwartung. Alles deutet darauf hin, man werde ein individuell gefärbtes, äußerst anziehendes, weitherzig gestaltetes, kunstvoll durchgeführtes Goethe-Bild vor das Seelenauge gestellt haben.

Es beginnt verheißungsvoll: «Als ich mich nun in trüben Tagen des Weltkriegs wieder in Goethes Werke vertiefte, gewann ich aus ihnen so viel Erleichterung und Erquickung, wie sie mir wohl kein zweiter Dichter in solchem Maße hätte gewähren können; und das regte mich an, einige kritische Bemerkungen niederzuschreiben, die sich mir von selbst aufgedrängt hatten und immer als Wegweiser des Verständnisses erschienen waren.»

Croce will in Goethe dringen ohne die schwere Last, die die unkünstlerische Gelehrsamkeit diesem Geiste nun leider seit lange angehängt hat. Bei Goethe achten so wenige darauf, daß auch dieser Geist ein Recht hat, in dem Bilde erfaßt zu werden, das sich aus dem ergiebt, was er als «Werk» der Welt gegeben hat. Hinter dem «Leben», für das biographische Daten so reichlich fließen, verschwindet dies Werk in den gebräuchlichen Goethe-Darstellungen. Croce wahrt sich dem gegenüber seinen freien Blick. «Man hat gesagt, daß, wenn Goethe auch nicht ein großer Dichter gewesen wäre, er trotzdem ein großer Künstler des Lebens bliebe; das hält zwar strenger Auffassung nicht stand, da es nicht angeht, das Leben, das er gelebt hat, zu begreifen, ohne das dichterische Werk, das er hervorbrachte.» Aber es wird auch klar erkannt, wie gerade bei Goethe das Auge Werk und Leben in Eins schauen muß, da er selbst unausgesetzt seiner umfassenden Weltbetrachtung durch eine eindringliche Selbstbeobachtung Frische und Leben zuführt. «Gleichwohl ist hier, in sinnreicher Art, die Beziehung seines Lebens zur Dichtung angedeutet, als die eines Ganzen zu einem, wenn auch sehr beträchtlichen Teile – oder ist es nicht vielleicht richtig, daß die größere Zahl der Bände von Goethes Werken – auch ohne den Briefwechsel und die Gespräche in Betracht zu ziehen – ausgefüllt wird von Denkwürdigkeiten, Jahresheften, Tagebüchern, Reiseberichten, und daß nicht wenige der übrigen eingestreute oder verlarvte Selbstschilderungen enthalten, zu denen die Erklärer den Schlüssel zu finden bemüht sind?»

Durch die glänzende Unbefangenheit Croces gegenüber den beiden Seiten des Goethe-Bildes vermag er dieses in ein Licht zu stellen, so daß man zunächst den Eindruck hat: hier wird Goethe in die Geschichte des Geisteslebens in prägnanter Weise eingegliedert: «Die Schau seines Lebens, verbunden mit seinem Werk, bietet einen vollständigen vorbildlichen Lehrgang, per exempla et praecepta, hoher Menschlichkeit: einen Schatz, der in unseren Tagen wohl nicht so genützt wird, wie er es verdiente von seiten der Erzieher und denen, die sich selbst zu bilden bestrebt sind.»

Croce will aus seinem Goethe-Bilde das Wild-Genialische fortlassen, das diejenigen in ihn hineinphantasieren, die, um nach ihrem Sinne zu «leben» das wirkliche Leben, das nun einmal der Schwere und des Ernstes nicht entbehren kann, als philisterhaft anschwärzen. «Die Erscheinung Wolfgang Goethes ... setzt sich zusammen aus ruhiger Tüchtigkeit, ernsthafter Güte und Gerechtigkeitsliebe, aus Weisheit, Gleichgewicht, gutem Menschenverstand und Gesundheit, mithin aus alledem, was man als ‹bürgerlich› zu verspotten pflegt. ... Er war tief, aber nicht ‹abgründig›, wie man ihn jetzt hinstellen möchte, genial, aber nicht diabolisch.»

Die Ganzheit des Menschenwesens, nach der Goethe in allem Schaffen und Leben hinneigte, wird von Croce scharf betont. «Und was lehrte er denn im Grunde? Vor allem, was immer man auch treibe, ein *ganzer* Mensch zu sein, stets mit aller gesammelten Eigenkraft zu wirken, Fühlen und Denken nicht zu trennen, nicht von außen her und als Schulfuchs zu arbeiten, eine Forderung, die er in gährenden Jugendjahren, unter dem Bann abenteuerlicher Geister, wie Hamanns, noch etwas allzu stofflich oder allzu schwärmerisch auffaßte, die er aber bald zu vertiefen wußte und deshalb selbst klärte und zurechtrückte, dadurch, daß er die geheimnisvolle, unaussprechliche Allheit durch scharfen Umriß sinnenfällig machte.»

Goethe erscheint bei Croce als der Mensch, der «sich nicht zum Sehnen und Träumen, sondern zum Wollen und Handeln» erziehen will.

Indem sich Goethe so vor Croce hinstellt, gelingt es diesem, den «Werther» in einer glänzenden Art in die Kunst und in das Leben einzuorientieren. Das Leben, das Werther lebt, ist ja weit entfernt von dem Leben Goethes, der den Werther dichtet. Werther ist krank; Goethe empfindet, wie diese Wertherkrankheit im Leben Wurzel fassen kann. Für ihn entsteht die Frage, wie man sie in ihrer Wahrheit empfindet und schildert. Indem er dieses unternimmt, tut er es als Gesunder. Croce nennt mit Bezug auf Goethes eigenen Seelenzustand Werther «eher ein Impfungsfieber denn wirkliche Krankheit». Scharf wird Goethes eigene Seelenlage aus all dem herausgezogen, was Werther in die Katastrophe hineinhetzt. «Dies erklärt das Kindliche, das uns lächeln macht, ja gleichsam in Verlegenheit bringt, wenn wir den Bericht und die Zeugnisse lesen, die das Verhältnis des jungen Goethe zu Lotte Buff und ihrem Bräutigam und Gemahl, dem wackern, geduldigen Kestner, zum Gegenstand haben. Lauter Dinge, über welche die Biographen und Anekdotenjäger wahrhaftig allzu geschwätzig sich haben vernehmen lassen, wie gewöhnlich die seelische Bedeutung mißverstehend und der üblen Neigung nachgebend, das Werk der Kunst im biographischen Stoff zu ertränken, mit Übertreibung und Verkehrung des berechtigten sittlichen Anteils, den Goethes Person erweckt ...»

Die Schöpfung des Werther erscheint bei Croce in Goethes Leben eingegliedert als eine künstlerisch-sittliche Reinigung. Goethe wollte das Wertherfieber künstlerisch in sich erleben, um sich vor Anfällen durch dasselbe gründlich zu *heilen*. «Werther – der ‹unglückliche Werther› – war ... für den Dichter keineswegs ein Ideal wie für seine Zeitgenossen. Goethe verherrlicht im Werther weder das Recht auf Leidenschaft, weder die Natur auf Kosten der Gesellschaft, noch den Selbstmord, oder was sonst noch genannt wurde, das heißt, er stellt dies nicht als Seelenzustände dar, die in jenem Augenblick bei ihm vorherrschten. Er stellt dagegen, wie der Titel besagt, die ‹Leiden› und zuletzt den Tod des jungen Werther dar; und gerade weil er dessen Schicksale als Schmerzen, unfruchtbare Schmerzen ansieht, ihre Entwicklung als so geartet, daß sie nicht zu dem freudigen Hochgefühl des Überlegenseins und der Erhebung über die andern führt, sondern zur Selbstvernichtung, deshalb ist das Buch eine befreiende und reinigende Tat geworden ...»

Croce läßt nicht gelten, daß der Werther, wie so viele meinen, eine «erhabene Legende der Liebe» sei; dagegen ist er ihm «ein Krankheitsbuch»; die Werthersche Art von Liebe «ist ein Anzeichen oder eine unmittelbare Äußerung der Krankheit selbst». Der Werther antwortet dem Drängen der Mutter und der Freunde, er möge sich doch zu fruchtbarer Tätigkeit aufraffen: «Bin ich jetzt nicht auch aktiv? und ist's im Grunde nicht einerlei, ob ich Erbsen zähle oder Linsen?» So antwortet der «in Müßiggang, Träume, ja Raserei Verstrickte». Goethe steht diesem «Helden» seines Buches, wie Croce treffend meint, nicht als einer gegenüber, der mit ihm etwas gemein hat, sondern wie ein objektiv Betrachtender, der nach dem Heilmittel für ein Übel sinnt. Der Werther ist «das Buch eines Wissenden, eines Verstehenden, der, ohne Werther selbst zu sein, vollkommen in Werther eindringt, mit ihm fühlt, ohne mit ihm zu rasen».

Hat man in Croces Buch bis hieher gelesen, so hat man sich wie in einem gedanklichen Erleben befunden, das einer dramatischen Exposition gleicht. Die Spannung darnach, was der Autor über Goethe zu sagen haben wird, ist von Seite zu Seite gestiegen.

Nun kommt das Kapitel «Der Schulfuchs Wagner». Eine rechte Überraschung, wie sie im Drama oft eintreten. Denn Croce liefert nun eine Art Ehrenrettung Wagners im Faust. Es ist, als ob Croce gar zu oft sich geärgert hätte über die Philister, die sich «genial», ja fast «faustisch» fühlen, wenn sie über Wagner sich mit Fausts Sätzen lustig machen. Solchen Philistern in der Maske des «freien Menschen» setzt Croce eine Art Bekenntnis zu Wagner entgegen. «Ich muß bekennen, daß ich für Wagner, den ‹Famulus› Doktor Fausts, eine gewisse Zärtlichkeit empfinde. Mir gefällt an ihm sein argloser, unbedingter Glaube an die Wissenschaft, das ehrliche Hochziel eines ernsthaft Forschenden, die einfache Rechtschaffenheit, die ungespielte Bescheidenheit, die Ehrfurcht, die er vor seinem hohen Magister hegt ...»

Es kommt sogar etwas Eigentümliches durch Croces Darstellung durch. Faust erscheint mit seinen Grillen, seinen Träumen, seinem unbestimmten Geist-Ersehnen wie ein halbhaltloser Schwärmer und Nörgler gegenüber dem in sich gefestigten, auf sein gediegenes Gelehrtenziel lossteuernden Wagner. Und ein merkwürdiger Gedankenanklang stellt sich Croce ein: «Sieh dich wohl vor, wenn du ein Weib nimmst; denn glückt es dir nicht, eines jener schüchternen, schweigsamen Geschöpfe heimzuführen, die Jean Paul oft seinen verrückten Gelehrten zugesellt, wird dir statt dessen ein Faust im Unterrock zuteil, eine Titanin, eine Walküre, so wirst du nicht bloß philosophische Geißelhiebe erhalten, und sie werden empfindlich genug sein, sondern du wirst dich – und das verdienst du wahrlich nicht – in eine Wolke von Abneigung, Haß, Ekel gehüllt finden ...» Croce wünscht dem «zärtlich» geliebten Wagner das nicht. «Denn Wagners Ideal ist nicht mehr und nicht weniger als das humanistische ... das ehrfürchtige Studium alter Geschichte, zu dem Zwecke, um aus ihr Grundsätze ... zu gewinnen, dann die Erforschung der Naturgesetze zum Nutzen der Gesellschaft.»

Ist diese «Ehrenrettung» Wagners nur ein dramatisches Intermezzo, um Goethes Faust in rechte Höhe zu stellen? So fragt man sich als Leser des Buches. Die dramatische Spannung ist groß.

Die Verwickelung (Schürzung des Knotens) und die Katastrophe möchte ich nächstens schildern.

DIE SCHAFFENSHÖHE GOETHES IM LICHTE BENEDETTO CROCES

Wenn man aus Croces Goethebuch die treffsicheren Gedanken über den Werther empfangen hat, und dann weiterliest über den Faust, so verwandelt sich tiefe Befriedigung zunächst in verwirrendes Erstaunen. Die ersten Faustszenen muten in der Spiegelung aus Croces Ideen noch wie eine lebendige Dichtung Goethes an; was Goethe weiter am Faust geschaffen hat, tritt in Croces Schilderung als ein abstraktes Gedankengebilde auf. Das künstlerische Empfinden verliert den Atem, indem es dieser Schilderung folgt.

Die Betrachtungsart, die Croce für den Werther gewonnen hat, leitet ihn noch für die Faustszenen, die Goethe in seiner Jugend geschrieben hat. Über sie findet man diese Ansicht: «Als Goethe seinen Faust in der Art anlegte, wie er in den ersten Auftritten dasteht, war er noch nicht der bewußte Kritiker des ‹Faustgedankens› geworden, er fühlte sich im Gegenteil eins mit ihm, und auch nach dieser Seite hin ist seine wirkliche und wahrhafte Kritik (wenn man sie so nennen darf) vollkommen dichterischer Art, ähnlich jener, die bereits an den Gestalten Werthers und Wagners merkbar wird und in der Unbefangenheit und der Vollkommenheit der Darstellung selbst liegt.»

Was aus Goethes Geist in den Faust eingeströmt ist, indem er seine Menschenwesenheit von Stufe zu Stufe zu einer umfassenden Weltbetrachtung hinaufführte, das verliert für Croces Anschauungsart die Lebendigkeit; es entgleitet diesem geistvollen Goethebetrachter in ein Reich dünngesponnener, lebensarmer Begriffe.

Goethe aber verfiel nicht, wenn er das Gebiet äußerlich erlebbaren Daseins verließ, in das Reich frostiger Allegorien, oder wirklichkeitsfremder Symbole. Sein sicherer Instinkt trug ihn in die wirkliche geistige Welt hinein, in der man erst den wahren, allseitig sich offenbarenden Menschen findet. Und ihm gelang nicht nur die dichterisch lebendige Gestaltung der Außenseite des Daseins, sondern auch die des inneren Menschen. Und es entstand in dieser Gestaltung nicht ein schattenhaftes Ideensein, sondern das schöpferische Geistsein, das alles, was es in sich trägt, auch in dem äußeren Bilde zu offenbaren vermag. Weil er dies vermochte, und weil ihm die Dichterkraft nicht verloren ging beim Aufstieg in das Geistige, deshalb blieb der Faust lebensvoll, auch als ihn Goethe jedesmal, da er wieder arbeitend an ihn heranging, um eine Stufe hinaufrückte in die Welt, die nur einer Geistesschau offenbar wird.

In diese Gebiete will Croce Goethe nicht folgen. Deshalb entschwindet ihm das volle Leben in Goethes Faustschöpfung; er sieht da frostige Allegorien, wo Goethe lebendige Geist-Wirklichkeit hinstellt. So ist ihm nur der in Goethes Jugend entstandene Faust-Teil eine lebendige Schöpfung, nicht die im späteren Alter gedichteten. Nur aus diesem Grunde kann Croce sagen: «Der in seinem Titanentum erhabene Faust ist in der neuen Person ganz verwischt. Kaum daß der gleichgebliebene Name hinreicht, ihn uns in Erinnerung zu bringen. Wir könnten ihn ‹Heinrich› nennen, wie das unselige Gretchen, irgendeinen Heinrich oder Franz. Das ist er und mußte es sein, um der größeren einheitlichen Kraft der Tragödie willen, die er herbeiführt, deren Held er aber mit nichten ist.»

Man will nach dem Grunde forschen, warum Croce gegenüber Goethe in eine solch dramatische Gedankenverwirrung hineinführt. Man findet diesen Grund darin, daß ihm die Möglichkeit fehlt, sich bis zu einer Erfassung des ganzen Wesens Goethes hindurchzuringen. Goethe konnte sich zu dem, was *ihm* Dichtung, Kunst war nur erheben, indem er seinem Erkenntnistrieb auf dem Gebiete des Naturwissens zu einer Anschauung verhalf, für welche Kunst eine Offenbarung geheimer Naturgesetze ist, die ohne das künstlerische Schaffen niemals offenbar würden. Dadurch wurde Goethe zum Urheber einer geistgemäßen Naturwissenschaft, die ihn in Gegensatz brachte zu derjenigen, die sich im Laufe von drei bis vier Jahrhunderten die allgemeine Geltung verschafft hat. *Diese seine* Naturanschauung trug Goethe hinauf in eine Region des dichterischen Schaffens, die in der Geisteswelt frei waltet.

Croce folgt auf diesem Gebiete Goethe nicht. Er findet ihn überall unzulänglich, wo er ihn als Naturforscher antrifft. Croce ist ganz in der allgemein geltenden Naturauffassung befangen. Er sagt in dieser Beziehung von Goethe: «Es mag sein – und es ist sogar sicher –, daß er mit seinem Begriff eines Naturwissens, das in den verschiedenen Erscheinungsreihen das ‹Urphänomenon› aufsuchen sollte, als einer Idee, die gleichzeitig gedacht und erschaut wird, im Unrecht war, Wissenschaft und Dichtung vermengt hat, wie es im übrigen auch den zeitgenössischen ‹Naturphilosophen› zustieß. Es mag (und wird) sein, daß er mit seiner herben Kritik Newtons und mit der Ablehnung der Mathematik in den Naturwissenschaften ein großes Unrecht beging – – –.» Wer so spricht, der kann doch nicht die volle Tiefe der Weltanschauung finden, in die Goethe seinen Faust führen wollte. Und man fängt von diesen Sätzen an, zu begreifen, warum Croce eine «gewisse Zärtlichkeit» für den Famulus Wagner und eine Neigung zu einer herben Kritik über den Faust empfindet.

Die sichere Empfindung, die Croce gegenüber dem Werther hat, verläßt ihn schon, indem er den «Götz von Berlichingen» betrachtet. Da sagt er: «Auch was den Götz anlangt, muß man sich von den Vorurteilen freimachen, die von den Neigungen der Zeitgenossen bis zu uns herab wirken ... Götz ist Schillers Räubern nicht gleichzusetzen; Goethe konnte ihm nicht jenen Atem der politischen Leidenschaft und Empörung einhauchen, der ihm stets mangelte, auch damals, als er noch jung und feurig war. Er las die Selbstschilderung des kleinen Standesherrn und Kriegers, der zur Reformationszeit gelebt hatte, begeisterte sich an den Schicksalen und Sitten, die hier vorgeführt waren, und machte sich daran, sie darzustellen, bühnenmäßig zusammengedrängt, nach dem Vorbild der englischen Geschichtsdramen Shakespeares.» – Daß Goethe, indem er die Lebensbeschreibung Gottfrieds von Berlichingen dramatisierte, nach einem *seiner* Weltbetrachtung gemäßen dramatischen Stil strebte, das sieht Croce gar nicht. Das Ringen Goethes nach der Gestaltung in Stilformen bleibt ihm ganz verborgen. Deshalb verkennt er Goethe da, wo dieser in seinem kraftvollen Ringen den Stoff seiner Dichtungen nicht zur gestaltenden Vollendung bringen kann, wie zum Beispiel im Wilhelm Meister. Wer in Goethes Wesensart eindringt, für den wird dessen Ansatz zur Gestaltung gerade da, wo die Ziele wegen ihrer Größe nicht erreicht werden, besonders bedeutsam. Aber um ein solch «faustisches» Streben bei Goethe zu würdigen, hat Croce doch zu viel zärtliche Neigung zu dem Famulus Wagner.

Wird man so in eine dramatische Gedankenwirrnis getrieben, indem man die mittleren Teile von Croces Goethebuch liest, so befindet man sich geradezu in der Katastrophe der Tragödie, wenn man zur Ausführung über den zweiten Teil des Faust vordringt. – Restlos zugestanden werden muß, daß Croce durch das ganze Buch hindurch sich das Graziöse seines Stiles bewahrt, der die Lektüre auch da, wo sie ärgerlich wird, immer wieder doch von einer gewissen Seite sympathisch macht. Aber dieser Ärger, der auf so graziöse Art bewirkt wird, kann doch stark sein, wenn die Teile, in denen Goethe in der Vollendung seines Alters den Faust auf die Höhen der Menschheit führt, so geschildert werden: «Was ist dies nun?

Das Bilderspiel eines alten Künstlers, längst erprobt als Meister unzähliger Gestalten und Zustände, aus Wirklichkeit und Schrifttum genommen, der seine Freude daran hat, sie derart im Spiele an seinem Geiste vorüberziehen zu lassen; dann die Weisheit des in Welt- und Menschenwesen erfahrenen Mannes, der schon so vielen geistigen und sittlichen Schicksalen zugeschaut hat, und ohne dadurch Zweifler und stumpf geworden zu sein, vielmehr seinen eigenen lebendigen Glauben rettend, sich doch nicht mehr durch sie zu überschäumender Begeisterung oder zu wütendem Haß fortreißen läßt; dieser Weisheit drängt sich aber gern ein Lächeln auf die Lippen, und der Glaube selbst drückt sich in zurückhaltender Weise aus, mitunter nicht ohne scherzhaftes Behagen. ... Man darf nicht einmal glauben, daß ... im zweiten Teile des Faust philosophische Tiefe liege ...» Und von dieser «Höhe der Betrachtung» empfiehlt dann Croce folgende Art, den zweiten Teil des Faust zu lesen: «Hat man durch erstes, aufmerksames Lesen eine gewisse Vertrautheit mit dem Buche gewonnen, so empfiehlt es sich, beim Wiedervornehmen nicht das Ganze vom Anfang bis zum Ende durchzunehmen, wie man es beim Werther oder der Gretchentragödie tun wird, sondern es bald hier, bald dort aufzuschlagen und eine Phantasmagorie zu verfolgen, ein Bildchen zu genießen, über ein satirisches Gemälde zu lächeln.»

Ich aber möchte sagen: Nachdem man Croces Buch durchgelesen hat, greife man zu Eckermanns «Gesprächen mit Goethe», um die Katastrophe zu ertragen.

Aus dem Buche Croces kann man deutlich erkennen, wie die Denkweise der Gegenwart auch hervorragende Geister noch verhindert, den rechten Zugang zu Goethes Wirken zu gewinnen. Unter den verschiedenen Hindernissen, die sich für solche Geister ergeben, ist die Verkennung von Goethes Verhältnis zur Mathematik eines der wirksamsten. Man sieht daraus, daß Goethe in der Behandlung mathematischer Aufgaben keine Fertigkeit hatte. Er hat sein Unvermögen nach dieser Richtung ja selbst genügend stark bekannt. In seinen naturwissenschaftlichen Arbeiten findet man daher nirgends die Probleme nach denjenigen Gebieten hin ausgeführt, auf denen eine mathematische Behandlung durch die Natur der Sache gefordert wird.

Nun hat die auf Goethe folgende Zeit für die Teile der Naturerkenntnis, die man als die eigentlich exakten betrachtet, die mathematische Behandlung als ein wesentliches angesehen. Sie stand ganz unter demselben Eindrucke, unter dem auch Kant gestanden hat, als er die Ansicht aussprach, daß in jeder Erkenntnis nur so viele wirkliche Wissenschaft sei, als in ihr Mathematik enthalten ist. Für diese Denkungsart ist die Ablehnung von Goethes naturwissenschaftlicher Anschauungsart von vornherein besiegelt.

Aber für die Beurteilung von Goethes Verhältnis zur Mathematik kommt noch etwas ganz anderes in Betracht.

Die Beschäftigung mit Mathematik gibt dem Menschen eine besondere Stellung zu der Durchdringung der Erkenntnisaufgaben selbst. Im mathematischen Denken beschäftigt man sich mit etwas, das innerhalb der menschlichen Seelenarbeit entsteht. Man sieht nicht, wie bei der Sinneserfahrung, nach außen, sondern baut sich den Gedankeninhalt rein im Innern auf. Und indem man von einem mathematischen Gebilde zu dem anderen denkend fortschreitet, braucht man sich nicht an die Aussagen der Sinne oder des äußeren Experimentes zu halten, sondern man bleibt ganz im inneren Seelenleben; man hat es mit einer innern ideellen Anschauung zu tun. Man lebt im Gebiet des frei schaffenden Geistes.

Novalis, der im Gebiete der Mathematik wie in dem der frei schaffenden dichterischen Phantasie gleich zu Hause war, sah in der ersteren eine vollkommene Phantasieschöpfung.

Man hat zwar in der neueren Zeit der Mathematik diesen Charakterzug abgesprochen. Man hat gemeint, auch dieses Erkenntnisgebiet entlehne ihre Wahrheiten wie eine äußere Experimentalwissenschaft der Sinnesbeobachtung, und es entziehe sich diese Tatsache nur der menschlichen Aufmerksamkeit. Man glaubte nur, man bilde die mathematischen Formen selber aus, weil man sich der Entlehnung aus der äußeren Beobachtung nicht bewußt werde. – Doch diese Ansicht ist nur aus dem Vorurteile heraus entstanden, das eine freischaffende Tätigkeit des menschlichen Geistes überhaupt nicht zugeben will. Man möchte wissenschaftliche Gewißheit nur da gelten lassen, wo man sich auf die Aussagen der Sinnesbeobachtung stützen kann. Und so soll auch Mathematik, weil man die Gewißheit ihrer Wahrheiten nicht bestreiten kann, eine Sinneswissenschaft sein.

Dadurch, daß man mit der Mathematik in dem Gebiete des frei schaffenden Geistes lebt, ist dessen Wesenheit an ihr am deutlichsten in innerer Selbsterkenntnis unmittelbar einzusehen. Lenkt man die Anschauung von den Gebilden, die man in mathematischer Betätigung ausarbeitet, zurück auf diese Betätigung selbst, wird man sich dessen voll bewußt, was man tut, dann lebt man in einer Art frei schaffender Geistigkeit.

Man muß nur dann weiter die Beweglichkeit der Seele aufbringen, um dieselbe schöpferische Innentätigkeit, die man in der Mathematik entfaltet, auf andere Gebiete des inneren Erlebens auszudehnen. In dieser Beweglichkeit der Seele liegt die Kraft, zur imaginativen, inspirierten und intuitiven Erkenntnis aufzusteigen, von denen in dieser Wochenschrift ja öfters gesprochen worden ist.

In der Mathematik ist jeder Schritt, den man macht, innerlich durchsichtig. Man wendet sich mit der Seele nicht nach außen, um durch das Sein des Einen das des Andern festzustellen. Man bleibt dabei allerdings in einem Gebiete, das zwar innerlich geschaffen ist, aber sich durch sein eigenes Wesen auf die Außenwelt bezieht. Die Mathematik entsteht in der Seele, bezieht sich aber nur auf Außer-Seelisches. Beim Aufsteigen der frei schaffenden Geistestätigkeit zu den genannten Erkenntnisarten kommt man aber zum Erfassen des Seelischen selbst und des Weltgebietes, in dem die Seele lebt.

Goethes Geisteswesen war nun ein solches, daß er die Mathematik selbst zu pflegen keine Veranlassung empfand. Aber sein Erkennen war von ganz mathematischer Art. Er nahm, was die äußere Natur betrifft, durch eine reine, geläuterte Beobachtung auf, verwandelte es aber dann im inneren Erleben so, daß es mit seinem Seelenwesen Eins wurde, wie das bei den freigeschaffenen mathematischen Formen der Fall ist. So wurde sein Denken über die Natur im schönsten Sinne ein dem mathematischen nachgebildetes. Goethe war als Naturdenker ein mathematischer Geist, ohne Mathematiker zu sein.

Wie er sich über seine Nichtkenntnis der Mathematik offen ausgesprochen hat, so hat er dies auch über die mathematische Richtung seiner Anschauungsart getan. Man kann darüber seine Ausführungen in den Aufsätzen lesen, die seine naturwissenschaftlichen Arbeiten unter dem Titel «Zur Naturwissenschaft im Allgemeinen. Verhältnis zur Mathematik» beschließen. Er hat da auch den Satz ausgesprochen, daß man bei aller Erkenntnis so verfahren müsse, *als ob man dem strengsten Mathematiker für seine Ergebnisse Rechenschaft schuldig wäre*.

Durch diese Richtung seines Erkenntnisstrebens war Goethe besonders dazu veranlagt, eine wahre naturwissenschaftliche Forschungsart in diejenigen wissenschaftlichen Gebiete hineinzutragen, die sich nicht nach Maß, Zahl und Gewicht bestimmen lassen, weil sie nicht das Quantitative, sondern das Qualitative zu ihrem Wesen haben. Die ihm entgegengesetzte Anschauungsart will sich auf das Meß-, Zähl- und Wägbare beschränken und läßt das Qualitative als wissenschaftlich unerreichbar liegen. Sie spricht Goethe die Wissenschaftlichkeit ab, weil sie nicht durchschaut, wie er gerade die Strenge des Forschens, die sie da fordert, wo die eigentliche Mathematik anwendbar ist, ausdehnt auf Erkenntnisfelder, wo dies nicht mehr der Fall ist.

Erst, wenn Goethes Denkmethoden nach dieser Richtung wirklich durchschaut werden können, wird man auch ein unbefangenes Urteil über die Beziehung gewinnen können, in der bei ihm Erkennen und Kunst gestanden haben. Man wird erst dadurch sehen, was die Fortentwicklung seiner Geistesart Fruchtbares sowohl für Kunst wie für Wissenschaft zu bringen vermag.

GOETHE UND GOETHEANUM

Wer die Formen betrachtet hat, aus denen sich die Gesamtgestaltung des Goetheanums in lebendiger Gliederung zusammenfügte, konnte ersehen, wie Goethes Metamorphosenideen in den Baugedanken eingegangen sind. Diese Metamorphosenideen sind Goethe einleuchtend geworden, als er die Mannigfaltigkeit der Pflanzenwelt in geistiger Einheit umspannen wollte. Er suchte, um dieses Ziel zu erreichen, nach der Urpflanze. Diese sollte eine ideelle Pflanzengestalt sein. In ihr konnte ein Organ zu besonderer Größe und Vollkommenheit entwickelt, andere klein und unansehnlich sein. Auf diese Art konnte man auch der ideellen Urpflanze spezielle Gestalten in unermeßlicher Zahl ersinnen; und dann konnte man den Blick über die äußeren Formen der Pflanzenwelt schweifen lassen. Man fand in der einen Form dies, in der andern jenes aus der Urpflanze abgeleitete Gedankenbild verwirklicht. Die ganze Pflanzenwelt war gewissermaßen *eine* Pflanze in den allerverschiedensten Formen.

Damit aber war von Goethe angenommen, daß in der Mannigfaltigkeit der Organisationen ein Gestaltungsprinzip waltet, das vom Menschen in der innerlichen Beweglichkeit der

Gedankenkräfte nachgebildet wird. Er hatte damit der menschlichen Erkenntnis etwas zugeschrieben, wodurch diese nicht bloß eine äußere Betrachtung der Weltwesen und Weltvorgänge ist, sondern mit diesen zu einer Einheit zusammenwächst.

Goethe hatte dasselbe für das Verständnis auch der einzelnen Pflanze geltend gemacht. In dem Blatte sah er auf die einfachste Art schon ideell eine ganze Pflanze. Und in der vielgestalteten Pflanze sah er ein Blatt auf komplizierte Weise ausgebildet; gewissermaßen viele Blatt-Pflanzen wieder nach dem Blattprinzip zur Einheit verbunden. – Ebenso waren ihm die verschiedenen Organe der tierischen Bildung Umformungen eines Grundorgans; und das ganze Tierreich die mannigfaltigsten Ausgestaltungen eines ideellen «Urtiers».

Goethe hat den Gedanken nicht allseitig ausgebildet. Die Gewissenhaftigkeit ließ ihn – insbesondere gegenüber der Tierwelt – auf unvollendeten Wegen Halt machen. Er gestattete sich nicht, in der bloßen Gedankenbildung allzu weit fortzuschreiten, ohne das ideell Gebildete sich immer wieder von den sinnenfälligen Tatsachen bestätigen zu lassen.

Man kann nun zu diesen Goetheschen Metamorphosen-Ideen ein zweifaches Verhältnis haben. Man kann sie als interessante Eigenart des Goetheschen Geistes betrachten und dabei stehen bleiben.

Man kann aber auch den Versuch machen, die eigene Ideentätigkeit in die Goethesche Richtung zu bringen. Da wird man finden, daß sich dadurch in der Tat Naturgeheimnisse offenbaren, zu denen man auf eine andere Art keinen Zugang gewinnt.

Ich habe, als ich dies vor nun mehr als vierzig Jahren zu bemerken glaubte (in meinen Einleitungen zu Goethes naturwissenschaftlichen Schriften in Kürschners Deutscher National-Literatur), Goethe den Kopernikus und Keppler der Wissenschaft vom Organischen genannt. Ich ging dabei von der Anschauung aus, daß für das Leblose die Kopernikus-Tat in dem Bemerken eines vom Menschen unabhängigen Sachzusammenhanges besteht; daß aber die entsprechende Tat für das

Lebendige in dem Entdecken der rechten Geistesbetätigung liegt, durch die das Organische von dem Menschengeiste in seiner lebendigen Beweglichkeit erfaßt werden kann.

Goethe hat *diese* Kopernikus-Tat dadurch verrichtet, daß er die Geistesbetätigung, durch die er künstlerisch wirkte, in das Erkennen einführte. Er suchte den Weg vom Künstler zum Erkenner und fand ihn. Der Anthropologe Heinroth hat Goethes Denken deshalb ein gegenständliches genannt. Goethe hat sich darüber tief befriedigt ausgesprochen. Er nahm das Wort auf und nannte auch sein Dichten ein gegenständliches. Er sprach damit aus, wie nah in seiner Seele die künstlerische und die erkennende Betätigung wohnten.

Das Einleben in die Goethesche Geisteswelt konnte Mut dazu geben, gerade die Metamorphosenanschauung wieder in das Künstlerische zurückzuführen. Das half zu dem Baugedanken des Goetheanums. Die Natur schafft da, wo sie sich in der Lebendigkeit entfaltet, in Formen, die auseinander herauswachsen. Man kann in der künstlerisch-plastischen Gestaltungskraft dem Schaffen der Natur nahe kommen, wenn man liebevoll nachfühlend ergreift, wie sie in Metamorphosen lebt.

Man wird nun einen Bau «Goetheanum» nennen dürfen, der in seiner Architektonik und Plastik so entstanden ist, daß in seinen Formen das Einleben in die Goethesche Metamorphosenanschauung den Versuch gewagt hat, zur Verwirklichung zu kommen.

Und in der gleichen Art ist ja auch die Anthroposophie selbst in gerader Fortentwickelung der Goetheschen Anschauungen gelegen. Wer den Gedanken der Umbildung nicht nur der sinnlich-anschaulichen Formen – bei der Goethe in Gemäßheit seines besonderen Seelencharakters stehen geblieben ist –, sondern auch des seelisch und geistig Erfaßbaren sich zugänglich macht, der ist bei der Anthroposophie angelangt. Hier soll nur auf etwas ganz Elementares gedeutet werden. – Man beobachtet in der menschlichen Seelenbetätigung Denken, Fühlen und Wollen. Wer diese drei Formen des Seelenlebens nur nebeneinander, oder in ihrem Zusammenwirken zu sehen vermag, der kann nicht tiefer in das Wesen des Seelischen dringen. Wer aber Klarheit darüber gewinnt, *wie* das Denken eine Metamorphose des Fühlens und Wollens, das Fühlen eine solche des Denkens und Wollens, das Wollen eine Umformung des Denkens und Fühlens ist, der verbindet *sich* im Seelischen mit dem Wesen des Seelischen. Wenn Goethe, der auf das Sinnlich-Anschauliche vorzüglich orientiert sein wollte, es höchst befriedigend vernahm, daß sein Denken ein gegenständliches genannt wurde, so kann ein Geistesforscher eine ähnliche Befriedigung finden, wenn er gewahr wird, wie durch die Metamorphosenanschauung sein Denken ein «geistbelebtes» wird. «Gegenständlich» ist das Denken, wenn es so mit dem Wesen der Sinneserscheinungen verwachsen kann, daß dieses Wesen in ihm nachklingend erlebt wird. «Geistbelebt» wird das Denken, wenn es in sein eigenes Strömen und Wehen den Geist aufzunehmen vermag. Dann wird das Denken geisttragend, wie die auf die Sinneswelt gerichtete Vorstellung Farben- oder Tontragend wird. Das Denken metamorphosiert sich dann zur Anschauung.

Mit dieser Metamorphose ist aber das Denken leibbefreit geworden. Denn der Leib kann das Denken nur mit sinnlichem Inhalt durchtränken.

Man erobert sich durch die Metamorphosenanschauung das Lebendige. Man belebt damit das eigene Denken. Es wird aus einem toten zu einem lebendigen. Dadurch aber wird es fähig, das Leben des Geistes anschauend in sich aufzunehmen. Wer auf der Grundlage dessen, was Goethes Schriften enthalten, sich das Urteil bilden will: Goethe selbst würde die Anthroposophie abgelehnt haben, der mag äußerliche Gründe dafür ins Feld führen können. Und man mag ihm zugeben, daß Goethe im entsprechenden Falle sich *sehr* zurückhaltend würde verhalten haben, weil er selbst es unbehaglich würde empfunden haben, die Metamorphose in Gebiete zu verfolgen, in denen sie der Kontrolle der sinnlichen Erscheinungen entbehrt. Allein die Goethesche Weltanschauung läuft ohne Künstelei in die Anthroposophie ein.

Deshalb durfte das, was auf Goethes Weltanschauung sich sicher ruhend fühlt, in einem Bau gepflegt werden, der im Gedenken Goethes den Namen Goetheanum trug.

DAS GOETHEANUM IN SEINEN ZEHN JAHREN

I

Den Dornacher Hügel bedecken jetzt die Aschenreste des Goetheanums. Sein Aufbau ist aus der Initiative von Mitgliedern der Anthroposophischen Gesellschaft hervorgegangen. – Anthroposophie ist der Name, den ich gebraucht habe, als ich vor zwanzig Jahren in Berlin einen Vortragszyklus über die Weltanschauung hielt, von der ich glaube, daß sie in gerader Fortsetzung der Goetheschen Vorstellungsart liegt. Den Namen erwählte ich in Erinnerung an ein vor Jahrzehnten erschienenes Buch des Herbartianers Robert Zimmermann «Umriß einer Anthroposophie». Der Inhalt dieses Buches hat allerdings mit dem nichts zu tun, was ich als «Anthroposophie» vortrug. Er war modifizierte Herbartsche Philosophie in allerabstraktester Form. Ich wollte durch das Wort eine Weltanschauung ausdrücken, welche durch die Anwendung der geistigen Wahrnehmungsorgane des Menschen ebenso den geistigen Weltinhalt zur Erkenntnis bringt wie die Naturwissenschaft durch die sinnlichen Wahrnehmungsorgane den physischen.

Ich hatte über ein anderes Gebiet dieser anthroposophischen Weltanschauung bereits etwa anderthalb Jahre vor Abhaltung des eben erwähnten Vortragszyklus auf die Einladung der Gräfin und des Grafen Brockdorff hin in der damals in Berlin bestehenden «Theosophischen Bibliothek» Vorträge gegeben, deren Inhalt in meinem Buche «Die Mystik im Aufgange des neuzeitlichen Geisteslebens» veröffentlicht ist. Infolge *dieser* Vorträge wurde ich aufgefordert, in die «Theosophische Gesellschaft» einzutreten. Ich kam dieser Aufforderung nach in der Absicht, niemals etwas anderes zu vertreten als den Inhalt dessen, was sich mir als anthroposophische Weltanschauung ergeben hatte. Meine Ansicht war stets, daß ich vor allen Menschen vortragen solle, die mich hören wollen, gleichgültig wie der Parteiname lautet, unter dem sie sich zu irgendeiner Gruppe zusammengeschlossen haben, oder ob sie ohne alle solche Voraussetzung zu meinen Vorträgen kamen.

Mit der Einladung an mich in die Theosophische Gesellschaft fiel zeitlich zusammen, daß eine Anzahl von Mitgliedern dieser Gesellschaft eine deutsche Sektion derselben begründeten. Ich wurde aufgefordert, deren Generalsekretär zu werden. Trotz schwerer Bedenken wurde ich es. Ich änderte nichts an meiner Absicht, die anthroposophische Weltanschauung vor der Welt zu vertreten. Was ich selbst «Theosophie» nenne, geht klar aus meinem Buche «Theosophie» hervor, das ich kurze Zeit darnach geschrieben habe. *Diese* Theosophie ergibt sich als ein besonderes Gebiet der Anthroposophie.

In *denselben* Tagen, in denen die Mitglieder der Theosophischen Gesellschaft die deutsche Sektion durch Reden von Annie Besant in Berlin einleiten ließen, hielt ich den Vortragszyklus über Anthroposophie, von dem ich eben gesprochen habe.

Ich wurde nun viel eingeladen, Vorträge vor Mitgliedern der Theosophischen Gesellschaft zu halten. Aber es begann im Grunde schon vom Anfange dieser Tätigkeit an die Opposition gegen mich bei dem Kreise jener Mitglieder der Theosophischen Gesellschaft, die in dogmatischer Art an den Lehren einiger älterer Führer dieser Gesellschaft befangen waren. Der Kreis derjenigen Persönlichkeiten, die an der anthroposophischen Weltanschauung etwas fanden, bildete sich immer mehr als ein selbständiger aus. Er wurde von jenen Führern 1913 aus der Theosophischen Gesellschaft ausgeschlossen, als ich Konsequenzen, die aus den Lehren dieser Führer gezogen und von ihnen vor die Welt hingestellt worden waren, als absurd bezeichnet und erklärt hatte, daß ich mit dergleichen Absurditäten nichts zu tun haben wolle.

Unter dem Einflusse dieser Ereignisse wurde 1912 die Anthroposophische Gesellschaft begründet. Mit Hilfe derjenigen Persönlichkeiten, welche dann die Führung in dieser Gesellschaft innehatten, konnte ich schon vorher zu der Vortragstätigkeit die Aufführung von «Mysterien» hinzufügen. Bereits 1907 führten die anthroposophisch orientierten Mitglieder in München bei dem Theosophischen Kongreß *Schurés* Nachdichtung des eleusinischen Mysteriums auf. Ihm folgte 1909 ebenfalls in München die Darstellung der «Kinder des Lucifer» von demselben Autor. Das führte dazu, daß in den folgenden Jahren, 1910–1913, meine vier eigenen, ganz modernen Mysteriendramen – gleichfalls in München – für die Mitglieder des anthroposophischen Kreises aufgeführt wurden.

Diese Erweiterung der anthroposophischen Tätigkeit in das Kunstgebiet hinein ergab sich aus dem Wesen der Anthroposophie. Die Gründe dafür sind in dieser Wochenschrift öfters dargestellt worden.

Mittlerweile hatte sich der zur Anthroposophischen Gesellschaft gewordene Kreis so weit vergrößert, daß die in ihm führenden Persönlichkeiten dazu schreiten konnten, der Anthroposophie eine eigene Heimstätte zu bauen. Als Ort dazu wurde München ausersehen, wo sich die meisten Träger der Bauabsicht befanden und wo damals eine besonders hingebungsvolle Tätigkeit von diesen entwickelt worden ist.

Ich selbst betrachtete mich nur als den Beauftragten dieser Träger der Bauabsicht. Ich glaubte, meine Kraft auf den Ausbau der inneren geistigen Arbeit der Anthroposophie konzentrieren zu müssen und nahm dankbar die Initiative hin, derselben eine eigene Wirkensstätte zu schaffen. In dem Augenblicke aber, in dem die Initiative ihrer Verwirklichung entgegenging, war die künstlerische Ausgestaltung für mich eine Sache der inneren geistigen Arbeit. Ich hatte mich dieser Ausgestaltung zu widmen. Ich machte geltend, daß aus denselben Grundlagen, aus denen die *Gedanken* der Anthroposophie kommen, auch die *künstlerischen Formen* des Baues kommen müssen, wenn er eine wirkliche Umrahmung der anthroposophischen Weltanschauung sein solle. – Daß dieses nicht in der Art einer strohernen Allegorik der Bauformen oder eines vom Gedanken angekränkelten Symbolismus zu geschehen hat, liegt im Wesen der Anthroposophie, die nach meiner Überzeugung eben zur wirklichen Kunst führt.

Der Gedanke, den Bau in München aufzuführen, konnte nicht ausgeführt werden, da maßgebende künstlerische Kreise dort Einwendungen gegen die Bauformen machten. Ob diese Einwendungen später überwunden worden wären, braucht nicht besprochen zu werden. Die Träger der Bauabsicht wollten die Verzögerung nicht und nahmen deshalb das Geschenk von Dr. Emil Großheintz, das in einem von ihm schon vorher erworbenen Baugrund auf dem Dornacher Hügel bestand, dankbar an.

So konnte 1913 der Grundstein zu dem Bau gelegt und sogleich mit der Arbeit begonnen werden.

Die Träger der Bauabsicht haben mit Rücksicht auf eine Gestalt meiner Mysteriendramen, die *Johannes* Thomasius heißt, den Bau «Johannesbau» genannt. Ich habe im Laufe der Jahre, in denen gebaut wurde, öfters ausgesprochen, daß ich im Aufbau der anthroposophischen Weltanschauung vor vielen Jahren von der Betrachtung Goethescher Vorstellungsart ausgegangen bin, und daß für mich deren Heim ein «Goetheanum» ist. Daraufhin haben vorzugsweise nicht-deutsche Mitglieder der Anthroposophischen Gesellschaft den Entschluß gefaßt, fernerhin dem Bau den Namen «Goetheanum» zu geben.

Da die Anthroposophie in der Zeit, in welcher mit dem Bau begonnen wurde, bereits wissenschaftlich vorgebildete und arbeitende Mitglieder auf den mannigfaltigsten Gebieten gefunden hatte und deshalb in Aussicht stand, die geisteswissenschaftlichen Methoden in den einzelnen Wissenschaften anzuwenden, durfte ich vorschlagen, der Bezeichnung des Baues den Zusatz zu geben: «Freie Hochschule für Geisteswissenschaft».

An diesem Bau wurde nun seit fast zehn Jahren von Freunden der Anthroposophie gearbeitet. Schwer zu bringende Opfer materieller Art kamen von vielen Seiten: Künstler,

Techniker, Wissenschafter arbeiteten in hingebungsvollster Art mit. Wer im anthroposophischen Kreise die Möglichkeit hatte, an dem Werke zu arbeiten, der tat es. Die schwierigsten Arbeiten wurden bereitwilligst übernommen. Der Geist anthroposophischer Weltanschauung arbeitete aus begeisterten Herzen heraus an dem «Goetheanum». Die der Anthroposophie zuerst zum mindesten gleichgültig gegenüberstehenden Bauarbeiter sind zu meiner innigen Freude seit 1922 wohl in ihrer Mehrzahl der Meinung, daß die Mißurteile, die über Anthroposophie in so weiten Kreisen gefällt werden, unbegründet sind.

Meine und meiner Mitarbeiter Gedanken waren auf die Fortsetzung unserer Arbeit gelenkt. Wir hatten für Ende Dezember und Anfang Januar einen naturwissenschaftlichen Kursus angesetzt. Freunde der anthroposophischen Sache aus vielen Ländern waren wieder anwesend.

Zu der übrigen künstlerischen Betätigung war seit Jahren die für Eurythmie und Deklamationskunst getreten, unter der Leitung von Frau Marie Steiner, die diese Leitung zu einem ihrer mannigfaltigen Arbeitsgebiete gemacht hat. Am Sylvesterabend hatten wir von 5 bis 7 Uhr eine Eurythmie-Vorstellung. Um 8 Uhr begann mein Vortrag, der eine halbe Stunde nach 9 Uhr beendet war. Ich hatte über den Zusammenhang des Menschen mit den Erscheinungen des Jahreslaufes in anthroposophischer Art gesprochen. Kurze Zeit darnach stand das Goetheanum in Flammen; am Neujahrsmorgen 1923 war es bis zum Betonunterbau niedergebrannt.

II

Als ich den ersten Kursus, der im September und Oktober 1920 im Goetheanum abgehalten worden ist, eröffnen durfte, schien es mir vor allem geboten, darauf aufmerksam zu machen, wie in der Anthroposophie geisteswissenschaftliche Erkenntnis, künstlerische Gestaltung und religiöse Innerlichkeit aus einer

Quelle gesucht werden. In der Eröffnungsrede wies ich kurz darauf hin, und in Vorträgen «über den Baugedanken in Dornach» wollte ich zeigen, wie im Goetheanum die Kunst aus derselben Geistigkeit geschöpft worden ist, die in Ideen sich offenbaren will, wenn Anthroposophie in der Erkenntnisform auftritt.

Nach dieser Richtung ist der Versuch, der mit dem Goetheanum gemacht worden ist, von Vielen verkannt worden. Man hat davon gesprochen, daß hier in Symbolik gearbeitet worden ist. Diejenigen, die so gesprochen haben, kamen mir immer wie Menschen vor, die zwar das Goetheanum besucht, es aber nicht wirklich *angeschaut* haben. Sie dachten: hier wird eine bestimmte Weltanschauung dargestellt. Die Leute, welche diese hervorbringen, wollen in den Bauformen und in dem übrigen Künstlerischen, das sie innen und außen hinzufügen, Sinnbilder dessen gestalten, was sie lehren. – Mit diesem Dogma besuchte man oft das Goetheanum und fand es – bestätigt, weil man es nicht anschaute und weil man die Sache so beurteilte, als ob Anthroposophie auch nichts anderes wäre als eine Verstandeswissenschaft. Eine solche wird allerdings zumeist, wenn sie sich künstlerisch ausdrücken will, es zu nichts bringen als zur Symbolik, oder Allegorik.

Aber am Goetheanum wurden keine abstrakten Ideen verkörperlicht. Die Ideengestaltung wurde völlig vergessen, wenn aus der künstlerischen Empfindung die Form, aus der künstlerischen Anschauung Linie aus Linie, Fläche aus Fläche hervorgeholt wurde. Wenn in Farben auf der Wand dargestellt wurde, was auch unmittelbar im Farbenbilde geschaut wurde.

Wenn ich zuweilen Besuchern das Goetheanum persönlich zeigen durfte, dann sprach ich aus, daß mir alles «Erklären» der Formen und Bilder eigentlich unsympathisch ist, weil das Künstlerische nicht durch Gedanken nahe gelegt werden, sondern in unmittelbarer Anschauung und Empfindung hingenommen werden soll.

Kunst, die auf demselben Boden ersteht, wie der Ideengehalt der wahren Anthroposophie, kann wirkliche Kunst werden.

Denn die Seelenkräfte, welche diesen Ideengehalt gestalten, dringen in die Geistigkeit vor, aus denen auch die künstlerische Schöpferkraft kommen kann. Was man aus anthroposophischer Erkenntnis heraus in Gedanken formt, das steht für sich da. Man hat gar nicht das Bedürfnis, es in einer Halbkunst symbolisch auszudrücken. Dagegen hat man durch das Erleben derjenigen Wirklichkeit, welche Anthroposophie enthüllt, das Bedürfnis, in Formen, in Farben künstlerisch zu leben. Und diese Farben, diese Formen leben wieder für sich. Sie drücken keine Ideen aus. Ebenso wenig, oder ebenso viel, wie eine Lilie, oder ein Löwe eine Idee ausdrücken.

Weil das mit dem Wesen des anthroposophischen Lebens zusammenhängt, wird derjenige, der sich des Auges und nicht des dogmatisierenden Verstandes beim Besuche in Dornach bedient hat, keine Symbole und Allegorien, sondern wirkliche künstlerische Versuche gewahr geworden sein.

Aber eines mußte ich immer wieder sagen, wenn ich von dem Baugedanken des Goetheanums sprach. – Als daran gegangen wurde, diesen Bau auszuführen, konnte es nicht sein, daß man sich an einen Künstler wandte, der im antiken, oder Renaissance- oder gotischen Stile der Anthroposophie hätte eine Heimstätte schaffen sollen. Wäre eben Anthroposophie bloße Wissenschaft, bloßer Ideeninhalt, dann hätte es so sein können. – Aber Anthroposophie ist Leben, ist Ergreifen des Allmenschlichen und der Welt im und durch den Menschen.

Die Initiative der Freunde dieser Weltanschauung für den Bau des Goetheanums konnte in Wahrheit nur ausgeführt werden, wenn dieser Bau bis in die Einzelheiten seiner Gestaltung aus demselben lebendigen Geiste heraus entstand, aus dem die Anthroposophie selbst quillt. Ich habe öfter ein Bild gebraucht: Man betrachte eine Nuß und die Nußschale. Die Schale ist gewiß kein Symbol der Nuß. Aber sie ist aus denselben Gesetzmäßigkeiten heraus geformt wie die Nuß. So kann der Bau nur sein die Hülle, die in ihren Formen und Bildern künstlerisch den Geist verkündigt, der im Worte lebt, wenn Anthroposophie durch Ideen spricht.

Es ist in dieser Art jeder Kunststil aus einem Geiste herausgeboren, der auch in einer Weltanschauung ideenhaft sich geoffenbart hat.

Und rein künstlerisch ist für das Goetheanum entstanden, was man einen Baustil nennen kann, der von der Symmetrie, Wiederholung und so weiter zu dem übergehen mußte, was in den Formen des organischen Lebens atmet. Der Zuschauerraum zum Beispiel hatte zu beiden Seiten sieben Säulen. Nur immer eine links und rechts hatten gleichgebildete Kapitäle. Dagegen war jedes folgende Kapitäl die metamorphosische Entwickelung des vorigen. Das alles ergab sich aus der künstlerischen Empfindung; nicht aus einem gedankenhaften Elemente. Es konnten nicht typenhafte Motive an den verschiedenen Orten wiederholt werden; sondern jedes Gebilde ward an seinem Platze ganz individuell gestaltet, so wie das kleinste Glied an einem Organismus individuell und doch so gestaltet ist, daß es mit Notwendigkeit an dem Orte, an dem es ist, in seiner Bildung erscheint. – Die Siebenzahl der Säulen hat mancher für den Ausdruck eines Mystischen genommen. Auch dies ist ein Irrtum. Gerade sie ist ein Ergebnis der künstlerischen Empfindung. Indem man eine Kapitälform aus der andern künstlerisch entstehen ließ, war man mit der siebenten bei einer Bildung angekommen, über die man nicht hinausgehen konnte, ohne in das Motiv der ersten zurückzufallen.

Man darf nun, ohne sich einer Illusion hinzugeben, sagen, daß nicht nur die angedeuteten Vorurteile dem Goetheanum-Bau entgegengebracht worden sind. Es fanden sich allmählich recht viele Menschen, die mit unbefangenem Auge ästhetisch anschauen wollten, was unbefangener Empfindung entsprungen ist.

Goethe spricht aus seiner Kunstempfindung die Worte: «Wem die Natur ihr offenbares Geheimnis zu enthüllen anfängt, der empfindet eine unwiderstehliche Sehnsucht nach ihrer würdigsten Auslegerin, der Kunst», und «Das Schöne ist eine Manifestation geheimer Naturgesetze, die ohne dessen Erscheinung ewig wären verborgen geblieben.» Nach den

Formen, die der menschliche Erkenntnisbegriff in der neuern Zeit angenommen hat, glaubt man, das Wesen der Naturdinge und Naturvorgänge nur auszudrücken, wenn man in gedankenmäßiger Art Gesetze (Naturgesetze) prägt. Allein wie wäre es, wenn dem Schaffen der Natur ein Künstlerisches zu Grunde läge? Dann käme eben derjenige, welcher von dem Vorurteile ausgeht, nur mit dem Verstandesmäßigen dürfe man sie ausdrücken, an das volle Wesen der Natur gar nicht heran. Und so ist es. Wenn man in lebensvoller Art durch das Ideenhafte in die Naturgeheimnisse eingedrungen ist, dann erfährt man: da ist noch etwas, das sich dem Gedanken nicht ergibt, das man nur erreichen kann, wenn man die ideenmäßige Seelenverfassung in die künstlerische Anschauung umstimmt. So hat Goethe empfunden, als er die angeführten Sätze niederschrieb. Und aus einer solchen Empfindung ist das Goetheanum gestaltet worden. Wer in den Menschen, die Anthroposophie treiben, eine Sekte sieht, der wird leicht auch in die Bauformen des Goetheanums die Symbolik einer Sektenauffassung hineinerklären. Aber die Anthroposophie ist eben das Gegenteil alles Sektiererischen. Sie strebt überall in voller Unbefangenheit das Rein-Menschliche an.

Der kleine Kuppelraum des Goetheanums wurde so ausgemalt, daß dort nicht von ideenhaftem Figuralen ausgegangen worden ist, dem Farben aufgeklebt worden wären, sondern es war zuerst ein Farbenerlebnis da; und aus diesem heraus wurde das Figurale geboren. In der Hingabe an das Farbenwesen erkraftet sich das seelische Schaffen zu Figuralem, das die erlebten Farben fordern. Man fühlt sich da im Malen für die Augenblicke des Schaffens so, als ob es in der Welt überhaupt nichts gebe als webend-lebende Farben, die aber schöpferisch sind und aus sich Wesenhaftes erzeugen.

Wenn man aus den Absichten, aus denen heraus das Goetheanum entstanden ist, so über dasselbe sprechen muß, fühlt man den Schmerz über seinen Verlust, für den die Worte nicht da sind. Denn das ganze Wesen dieses Baues war auf die *Anschauung* hingeordnet. Die *Erinnerung* schmerzt unsäglich. Denn man erinnert sich in Seelenerlebnissen, die nach *Anschauung* drängen. Aber die Möglichkeit der Anschauung ist seit der Sylvesternacht hinweggenommen.

III

Am Goetheanum konnte man durch ein *künstlerisches* Empfinden zu der Einsicht kommen, daß Anthroposophie keine Sektenbildung oder Religionsbegründung ist. In diesem Stil kann man nicht eine Kirche oder einen Tempel bauen. Zwei Zylindermantel, mit verschieden großen Grundflächen, griffen an den Seiten, an denen sie ausgeschnitten waren, ineinander. Sie waren oben durch eine größere und eine kleinere Kuppel abgeschlossen. Die Kuppeln hatten Halbkugelform und griffen ebenfalls ineinander, indem da, wo sie sich berührten, Sektoren ausgeschnitten waren.

Der kleine Kuppelraum sollte, nach der völligen Fertigstellung, als Bühnenraum für Mysterienaufführungen dienen. Doch war er dazu noch nicht eingerichtet. Bis jetzt hatten nur Eurhythmievorstellungen in diesem Raum stattgefunden. – Der größere Kuppelraum umschloß die Zuschauer- und Zuhörerreihen. Irgend etwas, das diesem zweigliedrigen Raum den Charakter eines Tempel- oder Kultgebäudes verliehen hätte, gab es nicht.

Die Sockel der zwölf Säulen, die im Umkreise des kleinen Kuppelraumes waren, hatte man zu zwölf Stühlen umgebildet. Man konnte einen Versammlungsraum für eine beschränkte Zahl von Teilnehmern erkennen; aber nicht etwas Kirchenartiges. Zwischen den Säulen sollte dereinst eine plastische Gruppe stehen, in deren Mittelpunkt eine Gestalt sich befindet, in der man Christus erkennen kann. Es sollte das Wahrzeichen dafür sein, daß echte Geistes-Erkenntnis zu Christus führt, also mit dem Religionsgehalt sich zusammenfindet.

Wer durch das Hauptportal eintrat, zu dem sollte das Ganze auf künstlerische Art sprechen: «Erkenne die wahre Menschenwesenheit.» So wollte man den Bau zu einer Heimstätte der Erkenntnis gestalten, nicht zu einem Tempel.

Die beiden Räume waren durch einen Vorhang getrennt. Vor dem Vorhang war ein Rednerpult, das versenkt werden konnte, wenn der Bühnenraum benützt wurde.

Man brauchte nur auf die Formen dieses Rednerpultes zu schauen, um zu erkennen, wie wenig dabei an etwas Kirchenartiges gedacht war. Alle diese Formen waren künstlerisch herausgeholt aus der Gesamtgestalt des Baues und aus dem Zusammentreffen der Gestaltungen, die nach dem Platze hinliefen, an dem der Redner stand.

Diese Formen waren kein architektonischer und plastischer Tempelinhalt, sondern die Umrahmung einer Pflegestätte der geistigen Erkenntnis. Wer etwas anderes darin sehen wollte, der mußte erst künstlerische Unwahrheit in sie hineininterpretieren. Es war mir aber immer befriedigend, wenn ich von Befugten hören durfte: diese Formen sprechen in *wahrer* Art von dem, was sie sein wollen. Und daß ich solche Rede hören konnte, das kam mehrere Male vor.

Es soll aber nicht in Abrede gestellt werden, daß an dem Bau manches befremdlich sein mußte für denjenigen, der zunächst mit gewohnten Vorstellungen von Architektonik an ihn herantrat. Das aber lag in seinem Wesen; und es konnte nicht anders sein.

Wenn der Mensch mit Anthroposophie bekannt wird, so ist für manchen an dieser auch etwas in dieser Art Befremdendes. Sie tritt zunächst als Menschen-Erkenntnis auf. Doch, indem sie ihre Menschen-Erkenntnis entwickelt, erweitert sie sich zur Welt-Erkenntnis. Der Mensch ergreift erkennend sein eigenes Wesen; doch dieses Ergreifen ist ein Zusammengehen mit dem Welt-Inhalte.

Wer das Goetheanum betrat, war von Wänden umschlossen. Doch die Behandlung der Wand in ihrer plastischen Ausgestaltung hatte etwas, das dem Charakter der Wand widersprach. Man ist gewohnt, die Wand so behandelt zu sehen, daß sie einen Raum nach außen hin abschließt. Solch eine Wand ist künstlerisch undurchsichtig. Die Wände des Goetheanums mit ihren vorgebauten Säulenformen und den Gestaltungen, die von diesen Säulen getragen wurden, waren künstlerisch durchsichtig gedacht. Sie sollten nicht von der Welt abschließen, sondern den Blick mit ihren künstlerischen Bildungen so treffen, daß sich der Beschauer mit den Weiten des Weltalls verbunden fühlte. Konnte man auf diese Eigentümlichkeit nicht sogleich die Aufmerksamkeit richten, so kamen einem diese Formen so vor, wie wenn man plötzlich unverständlich da ein Fenster gewahr wird, wo man eine undurchsichtige Wandtafel erwartet hatte.

Diesem Charakter der Wand waren auch die in die Außenwand eingelassenen Glasfenster angepaßt. Diese waren zwischen je zwei Säulen sichtbar. Sie waren aus einfarbigem Glas, in das die künstlerischen Motive eingraviert waren. Man hatte es mit einer Art Glasradierung zu tun. Das Bild entstand durch die verschiedene Dicke, die das einfarbige Glas durch die Radierung erhielt. Es war nur bei durchdringendem Sonnenlichte als Bild zu sehen. So war an diesen Fenstern auch physisch das erreicht, was bei der übrigen Wandbildung künstlerisch in Formen gedacht war. Das Bild war nur da, wenn die Wand mit der äußeren Welt zusammenwirkte. Je zwei Fenster links und rechts waren gleichfarbig. Die vom Eingang bis zum Bühnenanfang gelegenen Fenster waren verschiedenfarbig, und zwar so, daß die Farben in ihrer Aufeinanderfolge eine Farbenharmonie ergaben.

Man konnte, was man als Bilder in den Fenstern sah, zunächst unverständlich finden. Doch für denjenigen, der sich in die anthroposophische Weltanschauung eingelebt hat, wird sich das erst Sonderbare alsbald rein im Anschauen, nicht in verstandesmäßig-symbolischer Ausdeutung, als vertraut ergeben haben. Und das Ganze war ja eine Heimstätte für diejenigen, die Anthroposophie suchten. Wer beanspruchte, diese Bilder zu verstehen, ohne anthroposophisch orientierte Anschauung, der gliche dem, der ein Gedicht in einer Sprache künstlerisch genießen wollte, ohne die Sprache erst zu verstehen.

Das gleiche galt von den malerischen Motiven, welche die inneren beiden Kuppelflächen bedeckten. Man hat aber nicht recht, wenn man sagt: ja, das geht doch nicht an, daß man, um Bilder und Formen zu verstehen, erst eine Weltanschauung innehaben soll. Man brauchte eben, um für diese Bilder anthroposophisch orientiert zu sein, nicht erst Bücher zu lesen, oder Vorträge zu hören, sondern man konnte diese Orientierung auch ohne das vorangehende Wort durch das bloße *Hineinsehen* in die Bilder erlangen. Aber zu ihr kommen mußte man. Wollte man das nicht, so stand man davor, wie – ohne selbstverständlich einen künstlerischen Wertvergleich auch nur im entferntesten damit anzudeuten – vor Raphaels Disputa, wenn man sich nicht auf das Geheimnis der Dreifaltigkeit dabei hinorientieren wollte.

Der Zuschauerraum war für neunhundert bis tausend Personen berechnet. Am Westende desselben war erhöht der Raum für die eingebaute Orgel und andere Musikinstrumente.

Dieser ganze aus Holz errichtete Bau stand auf einem Betonunterbau, der im Grundrisse größer war, so daß um den Zuschauerteil außen eine erhöhte Terrasse herumlief. In diesem Unterbau befanden sich unter dem Zuschauerraum die Stätten für das Ablegen der Kleider, unter dem Bühnenraum Maschinen. Auf diejenigen, welche den Inhalt dieses Betonunterbaues gesehen hatten, mußte es einen erheiternden Eindruck machen, wenn sie hörten, daß Gegner der anthroposophischen Weltanschauung von allerlei Geheimnisvollem, sogar von unterirdischen Versammlungsstätten in diesem Betonbau fabelten. Das Goetheanum hatte Ziele, die wahrhaftig keiner verdunkelten, geheimnisvollen Versammlungsorte und keiner Zauberinstrumente bedurften. Solche hätten in den Baugedanken des Ganzen auch gar nicht hineingepaßt. Sie wären künstlerisch unmotiviert gewesen.

Die Kuppeln waren bedeckt mit nordischem Schiefer aus den Voß'schen Schieferbrüchen. Der bläulich-graue Glanz im Sonnenlichte gab mit der Holzfarbe zusammen ein Ganzes, das mancher sympathisch begrüßt hat, der den Dornacher Hügel hinauf an einem leuchtenden Sommertage den Weg zum Goetheanum gemacht hat.

Jetzt trifft er einen Trümmerhaufen, aus dem eine niedrige Betonruine emporragt.

IV

Die eurythmische Kunst schien im Goetheanum-Bau besonders zur Geltung zu kommen. Sie ist sichtbare Sprache oder sichtbares Singen. Der einzelne Mensch führt Bewegungen durch seine Glieder, besonders die ausdrucksvollsten Bewegungen der Arme und Hände aus, oder auch Gruppen von Menschen bewegen sich, oder bringen sich in Stellungen zueinander. Diese Bewegungen sind geberdenartig. Aber sie sind nicht Geberden in gewöhnlichem Sinne. Diese verhalten sich zu dem, was in der Eurythmie dargestellt wird, wie das kindliche Lallen zu der ausgebildeten Sprache.

Wenn der Mensch sich seelisch durch die Sprache oder den Gesang offenbart, dann ist er mit seinem ganzen Wesen dabei. Er ist gewissermaßen *in der Anlage* durch seinen ganzen Körper in Bewegung. Aber er bringt diese Anlage nicht zum Ausdruck. Er hält diese Bewegung in der Entstehung fest und konzentriert sie auf die Sprach- oder Tonorgane. Man kann nun durch sinnlich-übersinnliches Schauen – um diesen Goetheschen Ausdruck zu gebrauchen – erkennen, welche Bewegungsanlage des ganzen körperlichen Menschen einem Ton, oder einem Sprachlaut, einer Harmonie, Melodie, einem gestalteten Sprachgebilde zugrunde liegt. Dadurch kann man Menschen oder Menschengruppen Bewegungen ausführen lassen, die genau ebenso auf sichtbare Art das Musikalische oder Sprachliche zur Darstellung bringen wie die Sprach- und Gesangsorgane auf hörbare. Der ganze Mensch, oder Menschengruppen werden zum Kehlkopf; die Bewegungen sprechen oder singen, wie der Kehlkopf tönt oder lautet.

Ebensowenig wie in der Sprache oder dem Gesang beruht in der Eurythmie etwas auf einer Willkür. Aber es hat ebensowenig Sinn zu sagen, Augenblicksgeberden seien der Eurythmie vorzuziehen, wie ein Willkürton oder Willkürlaut seien besser als die in der gesetzmäßigen Sprach- oder Tongestaltung liegenden Laute oder Töne.

Aber Eurythmie ist auch nicht mit Tanzkunst zu verwechseln. Man kann Musikalisches, das gleichzeitig ertönt, eurythmisieren. Dann wird nicht zur Musik getanzt, sondern sichtbar gesungen.

Die eurythmischen Bewegungen sind ebenso gesetzmäßig aus dem ganzen menschlichen Organismus herausgeholt wie die Sprache oder der Gesang.

Wenn eine Dichtung eurythmisiert wird, dann offenbart sich auf der Bühne die sichtbare Sprache der Eurythmie und gleichzeitig ertönt die Dichtung durch Rezitation oder Deklamation. Man kann nun nicht so zur Eurythmie rezitieren, oder deklamieren, wie man das oft liebt, durch bloßes Pointieren des Prosagehaltes der Dichtung. Man muß die Sprache wirklich als Sprache künstlerisch behandeln. Takt, Rhythmus, melodiöse Motive und so weiter oder auch das Imaginative der Lautbildung müssen herausgearbeitet werden. Denn es liegt jeder wahren Dichtung eine verborgene (unsichtbare) Eurythmie zugrunde. Frau Marie Steiner hat diese Art der Rezitation und Deklamation, die parallel der eurythmischen Darstellung gehen, besonders auszubilden versucht. Es scheint, als ob dadurch wirklich eine Art orchestralen Zusammenwirkens des gesprochenen und sichtbar dargestellten Wortes erreicht wäre.

Es erweist sich nämlich als unkünstlerisch, wenn eine Person zugleich rezitiert und eurythmisiert. Es muß auf verschiedene Personen verteilt sein. Das Bild einer Person, die beides an sich offenbaren wollte, zerfiele für den unmittelbaren Eindruck.

Die Ausgestaltung der eurythmischen Kunst beruht auf der sinnlich-übersinnlichen Einsicht in die ausdrucksvolle Bewegungsmöglichkeit des menschlichen Körpers. Für diese Einsicht ist nur eine spärliche Überlieferung – so weit mir bekannt – aus früheren Zeiten vorhanden. Aus Zeiten, in denen dem Menschenkörper das Durchscheinen des Seelisch-Geistigen noch in einem erhöhteren Maße angesehen worden ist als heute. Diese spärliche Überlieferung, die übrigens nach ganz anderen Absichten hinweist, als den in der Eurythmie vorhandenen, wurde selbstverständlich benützt. Doch mußte sie selbständig aus- und umgebildet, und vor allem in das Künstlerische ganz und gar umgeprägt werden. Von der Formenbewegung der Menschengruppen, die wir in der Eurythmie nach und nach ausgebildet haben, ist mir keine Überlieferung bekannt.

Wenn nun diese eurythmische Kunst auf der Bühne des Goetheanums auftrat, so sollte man das Gefühl haben, daß die ruhenden Formen der Innenarchitektur und der Plastik sich auf ganz naturgemäße Art zu den bewegten Menschen verhielten. Die erstern sollten die letztern gewissermaßen wohlgefällig in sich aufnehmen. Bau und eurythmische Bewegung sollten zu einem Ganzen verwachsen. Dieser Eindruck konnte noch erhöht werden, indem die Folge der eurythmischen Gestaltungen begleitet wurde von Lichtwirkungen, die im harmonischen Zusammenstrahlen und harmonischer Folge den Bühnenraum durchfluteten. Was da versucht wird, ist Licht-Eurythmie.

Und wenn die Bauformen der Bühne die eurythmischen Gestaltungen gleichsam als etwas zu ihnen Gehöriges aufnahmen, so diejenigen des Zuschauerraumes die parallel mit der Eurythmie auftretende Rezitation oder Deklamation, die von einem Sitze an der Seite der Bühne, da wo diese mit dem Zuschauerraum zusammenstößt, durch Marie Steiner erklangen. Vielleicht ist es nicht unzutreffend, zu sagen, der Zuhörer sollte in dem Bau selbst einen Genossen im Verstehen des gehörten Wortes oder Tones empfinden. Wenn man nicht mehr behaupten will, als daß eine solche Einheit von Bauform und Wort oder Musik *erstrebt* worden ist, so wird das Gesagte nicht allzu unbescheiden klingen. Denn keiner kann mehr überzeugt davon sein, daß dieses alles nur höchst unvollkommen erreicht worden ist, als ich selbst. Aber ich *habe* versucht, so zu gestalten, daß man fühlen konnte, wie die Bewegung des Wortes längs den Formen der Kapitäle und Architrave naturgemäß dahinlief.

Ich möchte damit nur andeuten, was man für einen solchen Bau *versuchen* kann: daß seine Formen das darin Dargestellte nicht bloß äußerlich umschließen, sondern es in lebendiger Einheit in sich im unmittelbaren Eindrucke *enthalten*.

Und würde ich damit *nur meine* Meinung aussprechen: ich hielte sie doch zurück. Aber ich habe das Gesagte von Andern gehört.

Ich weiß ja auch, daß ich die Formen des Baues aus der Seelenverfassung heraus empfindend gestaltet habe, aus der mir auch die Eurythmiebilder kommen.

Daß die Formen der Eurythmie fortlaufend im Erleben dessen gestaltet wurden, was im Zustandekommen der Bauformen erlebt werden konnte, wird nicht als ein Widerspruch gegen das Gesagte empfunden werden können. Denn so ist das Zusammenstimmen beider nicht durch eine verstandesmäßige Absicht erstrebt worden, sondern durch einen gleichgearteten künstlerischen Impuls entstanden. Wahrscheinlich hätte die Eurythmie nicht ohne die Arbeit am Bau gefunden werden können. Vor dem Baugedanken war sie nur in ihren ersten Anfängen vorhanden.

Die Unterweisungen für die seelische Gestaltung der bewegten Sprachformen wurde den Schülern zuerst in dem Saal gegeben, der in den Südflügel des Goetheanums eingebaut war. Die Innenarchitektur besonders dieses Saales sollte eine ruhende Eurythmie sein, wie die eurythmischen Bewegungen darinnen bewegte plastische Formen, aus dem gleichen Geiste gestaltet wie diese ruhenden Formen selbst.

In diesem Saale wurde am 31. Dezember zuerst der Rauch entdeckt, welcher von dem Feuerkeim herrührte, der in seinem Erwachsen das ganze Goetheanum zerstörte. Man fühlt, wenn man mit dem Bau in Liebe verbunden war, die unbarmherzigen Flammen schmerzend durch die Empfindungen dringen, die in die ruhenden Formen und in die darin versuchte Arbeit sich ergossen haben.

V

Gegen die Stilformen des Goetheanums kann selbstverständlich manches eingewendet werden. Ich habe sie stets als einen *ersten Versuch* bezeichnet, etwas Künstlerisches in der Richtung zu unternehmen, die in den vorangehenden Ausführungen charakterisiert worden ist.

Wer gar keinen Übergang von der erkenntnismäßigen Darstellung des Weltenwesens und der Weltenvorgänge durch Ideen in die bildmäßig künstlerische Verkörperung gelten lassen will, der muß diese Stilformen ablehnen. Aber worauf beruht es denn schließlich, daß man durch die Erkenntnis in der Seele etwas von den Weltinhalten in sich vergegenwärtigen will? Doch nur darauf, daß man im Erleben der Erkenntnisideen etwas gewahr wird, in dem man die äußere Welt in sich fortwirkend weiß. Die Welt spricht in der Menschenseele durch die Erkenntnis. Wer nur meint: *er* habe sich seine Ideen über die Welt gemacht, wer nicht die Welt in sich pulsieren fühlt, wenn er in Ideen lebt, der sollte nicht von Erkenntnis sprechen. Die Seele ist der Schauplatz, auf dem die Welt ihre Geheimnisse enthüllt.

Wer aber wirklichkeitsgemäß so von der Erkenntnis denkt, der muß zuletzt zu der Anschauung kommen, daß sein Denken in künstlerisches Gestalten übergehen muß, wenn er den Weltinhalt auf gewissen Gebieten in sich erleben will. Man kann sich vor einer solchen Anschauung verschließen. Man kann die Forderung aufstellen, Wissenschaft müsse sich von einer künstlerischen Verbildlichung fernhalten und bloß in den Ideengestaltungen aussprechen, die von den logischen Gesetzen gefordert werden. Aber eine solche Forderung wäre bloße subjektive Willkür, wenn das schöpferische Naturverfahren sich so darstellte, daß es in gewissen Gebieten nur als Künstlerisches erfaßt werden könnte. Wenn die Natur als Künstlerin verfährt, so muß der Mensch, um sie auszudrücken, zu künstlerischen Formen greifen.

Es ist aber eben auch ein Erkenntniserlebnis, daß die Natur, um ihr in ihrem Schaffen zu folgen, die Überleitung der logisch geformten Ideen in künstlerische Bildgestalten fordert.

Man wird zum Beispiel den menschlichen Leibesbau bis zu einem gewissen Punkte durch logisches Denken zum Ausdrucke bringen können. Aber von diesem Punkte an wird man das Erfassen in künstlerische Gestaltungen eintreten lassen müssen, wenn man nicht einen Schemen, eine Art Gespenst vom Menschen, sondern diesen in seiner lebendigen Wirklichkeit haben will. Und man wird fühlen können, daß in der Seele, indem sie in sich die Leibesform künstlerisch-bildhaft erlebt, ebenso die Weltwirklichkeit sich offenbart wie in den logisch geformten Ideen.

Ich war der Meinung, Goethes Weltansicht richtig darzustellen, als ich Ende der achtziger Jahre sein Verhältnis zu Kunst und Wissenschaft so darstellte: «Unsere Zeit glaubt das Richtige zu treffen, wenn sie Kunst und Wissenschaft möglichst weit auseinanderhält. Sie sollen zwei vollkommen entgegengesetzte Pole in der Kulturentwickelung der Menschheit sein. Die Wissenschaft soll uns – so denkt man – ein möglichst objektives Weltbild entwerfen, sie soll uns die Wirklichkeit im Spiegel zeigen oder mit andern Worten: sie soll mit Entäußerung aller subjektiven Willkür sich rein an das Gegebene halten. Für ihre Gesetze ist die objektive Welt maßgebend, ihr hat sie sich zu unterwerfen. Sie soll den Maßstab des Wahren und Falschen ganz und gar aus den Objekten der Erfahrung nehmen. – Ganz anders soll es bei den Schöpfungen der Kunst sein. Ihnen wird von der selbstschöpferischen Kraft des menschlichen Geistes das Gesetz gegeben. Für die Wissenschaft wäre jedes Einmischen der menschlichen Subjektivität Verfälschung der Wirklichkeit, Überschreitung der Erfahrung; die Kunst dagegen wächst auf dem Felde genialischer Subjektivität. Ihre Schöpfungen sind Gebilde der menschlichen Einbildungskraft, nicht Spiegelbilder der Außenwelt. Außer uns, im objektiven Sein liegt der Ursprung wissenschaftlicher Gesetze; in uns, in unserer Individualität der der ästhetischen. Daher haben die letzteren nicht den geringsten Erkenntniswert, sie erzeugen Illusionen ohne den geringsten Wirklichkeitsfaktor. – Wer die Sache so faßt, wird nie Klarheit darüber gewinnen, welches Verhältnis Goethesche Dichtung zu Goethescher Wissenschaft hat. Dadurch wird aber beides mißverstanden. Die welthistorische Bedeutung Goethes liegt ja gerade darinnen, daß seine Kunst aus dem *Urquell des Seins* fließt, daß sie nichts Illusorisches, nichts Subjektives an sich trägt, sondern als die Künderin jener Gesetzlichkeit erscheint, die der Dichter in den Tiefen des Naturwirkens dem Weltgeiste abgelauscht hat. Auf dieser Stufe wird die Kunst die Interpretin der Weltgeheimnisse, wie es die Wissenschaft in anderem Sinne ist. – So hat Goethe auch stets die Kunst aufgefaßt. Sie war ihm *eine* Offenbarung des Urgesetzes der Welt, die Wissenschaft war ihm die *andere*. Für ihn entsprangen Kunst und Wissenschaft aus *einer* Quelle. Während der Forscher untertaucht in die Tiefen der Wirklichkeit, um die treibenden Kräfte derselben in Form von Gedanken auszusprechen, sucht der Künstler dieselben treibenden Gewalten seinem Stoffe einzubilden. Goethe selbst spricht das so aus: «Ich denke, Wissenschaft könnte man die Kenntnis des Allgemeinen nennen, das abgezogene Wissen; Kunst dagegen wäre Wissenschaft zur Tat verwendet. Wissenschaft wäre Vernunft und Kunst ihr Mechanismus, deshalb man sie auch praktische Wissenschaft nennen könnte. Und so wäre denn endlich Wissenschaft das Theorem, Kunst das Problem.» Und ein Ähnliches spricht Goethe mit den Worten aus: «Der Stil ruht auf den tiefsten Grundfesten der *Erkenntnis*, auf dem Wesen der Dinge, insofern uns erlaubt ist, es in sichtbaren und greiflichen Gestalten zu *erkennen*.» (Vergleiche meine Einleitung zu Goethes naturwissenschaftlichen Schriften, die als selbständiges Buch demnächst im Stuttgarter Kommenden Tag-Verlag erscheinen wird.)

Was ich damals meinte: daß Goethe recht hat, wenn er so das Verhältnis von Kunst zur Wissenschaft denkt, das erscheint mir auch heute als das rechte. Deshalb durfte am Goetheanum das in Kunstform dargestellt werden, was in seinem Raume in Erkenntnisform ausgedrückt wurde.

Anthroposophie hat zu ihrer Darstellung den übersinnlichen Inhalt der Welt, so weit er der menschlichen Anschauung zugänglich ist. Man fühlt, daß jeder Ausdruck dieses Gehaltes durch logisch geformte Ideen nur eine Art Gedanken-Geberde ist, die auf diesen Inhalt hindeutet. Und die künstlerische Gestalt erscheint wie die andere Geberde, durch die die geistige Welt auf die Gedanken-Geberde antwortet; oder wohl auch umgekehrt, die Welt offenbart die Idee als Antwort, wenn man sie durch das künstlerische Bild frägt.

Die Stilformen des Goetheanums konnten deshalb nicht naturalistische Nachahmungen irgendeines äußerlich gegebenen Leblosen oder Lebendigen sein. Das Erleben des Geschehens in der geistigen Welt mußte die Hand führen, welche das Plastische formte, welche die Farbe auf die Fläche setzte. Man mußte den Geistgehalt der Welt in die Linienform sich ergießen, sich in der Farbe offenbaren lassen.

Mag deshalb noch so viel gegen diese Stilformen des Goetheanums eingewendet werden; der *Versuch*, der gemacht wurde, war doch der, im Sinne Goethescher Intentionen einem Erkenntnisstreben ein künstlerisches Heim zu schaffen, das aus demselben Geistquell war wie die darin gepflegte Erkenntnis selbst. Der Versuch mag unvollkommen gelungen gewesen sein; er war als solcher da: und das Goetheanum ist im Sinne Goethescher Kunstanschauung gebaut worden.

So lernte man das Goetheanum als die Heimstätte der Anthroposophie fühlen; so fühlt man sich aber auch, nach dem Unglücke vom 31. Dezember, nach der einen Seite hin, mit der Anthroposophie obdachlos geworden. Teilnehmende Besucher fanden sich am 1. Januar bei der Brandstätte ein, die sagten: wir wollen, was in diesem Bau uns lebte, im Herzen unsichtbar bewahren.

Das Goetheanum hat nur neun größere Veranstaltungen erlebt. Im September und Oktober 1920 fanden durch drei Wochen Vortragsreihen über die verschiedensten wissenschaftlichen Gebiete statt. Die Anregung dazu wurde aus dem Kreise der in der Anthroposophischen Gesellschaft arbeitenden Wissenschafter gegeben. In deren Händen lag auch die ganze Einrichtung der Vortragszyklen. Lehrer der Freien Waldorfschule und andere in einzelnen Wissenschaften durchgebildete Persönlichkeiten – und auch Künstler – wirkten mit. Die Idee, die dieser Veranstaltung zugrunde lag, war, zu zeigen, in welcher Art die einzelnen wissenschaftlichen Gebiete von der anthroposophischen Forschungsart aus beleuchtet werden können.

Mir fiel damals, als ich diese Zyklen miterlebte, auf, daß nicht alles sich so ausnahm wie ein aus dem Goetheanumgeiste heraus Geborenes. Wenn aus dem Geiste der anthroposophischen Gesamtvorstellungen, bei Beleuchtung einzelner Natur- oder Geschichtserkenntnisse, aus diesem Geiste heraus gesprochen wurde, so fühlte man Harmonie zwischen Bau und Erkenntnisdarstellung. Wenn Einzelfragen behandelt wurden, so war das nicht der Fall.

Ich mußte daran denken, wie während des Bauens die anthroposophische Arbeit über das Stadium hinausgewachsen war, in dem sie sich befand, als man zu bauen begonnen hatte. 1913 war der Gedanke derjenigen Persönlichkeiten, die den Bau beschlossen hatten, den anthroposophischen Arbeiten im engern Sinn und denjenigen künstlerischen Darbietungen, die aus der anthroposophischen Empfindungsart herausgewachsen waren, eine Stätte zu errichten. In die anthroposophische Erkenntnisarbeit fielen damals die wissenschaftlichen Einzelgebiete nur insofern, als sie sich naturgemäß in die umfassenderen Darstellungen der geisteswissenschaftlichen Betrachtung eingliederten.

Für dieses als den geistigen Inhalt war sachgemäß der Bau als das künstlerische Gefäß gedacht. Dieses Verhältnis war bei der Gestaltung des Baues zugrunde gelegt worden. Es durfte so sein. Denn darauf kam es an, künstlerisch auszusprechen, wie Anthroposophie in das menschliche Gesamtleben hineingestellt werden soll. Kam später die Bearbeitung einzelner wissenschaftlicher Gebiete in Frage, so sollte dies in abgesonderten Zubauten geschehen.

Bei einem Wiederaufbau eines Goetheanums muß wohl anders gedacht werden. Die Errichtung einer Zentralstätte für das Anthroposophische im engern Sinne lag nahe, weil es der Wille der Persönlichkeiten, die sich für den Bau einsetzten, war, diese Stätte aus Holz aufzuführen. In diesem Materiale läßt sich eine solche Zentralstätte künstlerisch durchempfinden. Für die Zubauten wäre dann ein anderes Material in Betracht gekommen. – An einen zweiten Holzbau ist ja nicht zu denken. Ich habe, bevor das Goetheanum in Angriff genommen worden ist, den maßgebenden Persönlichkeiten nach meinen Einsichten gesagt, was für künstlerische Empfindungen für Holz, was für ein anderes Material in Betracht kämen. Man entschied sich für Holz, weil man damals auf dem Standpunkt stand, so idealistisch als möglich vorzugehen. Dieser Idealismus hat die schöne Frucht gezeitigt, daß verständnisvolle Seelen wenigstens kurze Zeit ein Heim der Anthroposophie vor Augen gehabt haben, das in diesem Schwung der Linien, in dieser Ausdrucksfähigkeit der Formen ihnen in einem anderen Materiale nicht hätte hergestellt werden können. Diese Frucht ist heute eine tragische Erinnerung. Für den Schmerz über den Verlust fehlen die Worte. Dem Idealismus derer, die mir den Auftrag gaben, in Holz zu bauen, muß deshalb doch alle mögliche Anerkennung zuteil werden.

Der Bau ist gerade durch das Fehlen der gekennzeichneten Harmonie bei der ersten Veranstaltung eng mit dem Schicksal der anthroposophischen Entwickelung in den letzten Jahren verbunden. Die erste Vortragsreihe als Ganzes offenbart sich als etwas, das nicht ganz organisch aus derselben Idee herausgewachsen war wie der Bau selbst. Sie war wie etwas in den rein anthroposophischen Bau Hineingetragenes. – In der äußeren Wirklichkeit des menschlichen Zusammenlebens gehen eben die Dinge nicht immer den aus dem Innern eines geistigen Zusammenhanges geforderten Gang. Anthroposophie ist durchaus daraufhin veranlagt, ihre Entwickelungstendenzen bis dahin auszudehnen, wo diese auch in die speziellsten Erkenntnisgebiete einmünden. Allein so ist es in der Anthroposophischen Gesellschaft nicht gekommen. Es ist ein anderer Weg genommen worden. Wissenschaftlich gebildete Persönlichkeiten sind Mitglieder der Gesellschaft geworden. Die Wissenschaft war ihr Lebensweg und ihre Erziehungssache. Die Anthroposophie ist ihnen Herzenssache geworden. Sie haben sich von ihr für ihre Wissenschaft anregen lassen. So haben wir wissenschaftliche Ausführungen von anthroposophisch denkenden Persönlichkeiten bekommen, bevor die einzelnen Erkenntnisgebiete aus der Anthroposophie selbst heraus geboren worden sind. Manches wurde dadurch zustande gebracht, daß, als sich das Bedürfnis regte, über die verschiedensten Wissensgebiete Vortragszyklen aus anthroposophischem Geiste heraus vor engeren Kreisen gehalten wurden. Was dadurch entstanden ist, soll hier nicht als etwas hingestellt werden, was voreilig oder dergleichen war. Aber wie zum Beispiel auf pädagogischem Gebiet die Erziehungsmethoden in gerader Linie aus der Anthroposophie hervorgegangen sind, wie es auf künstlerischem Gebiete durch die Eurhythmie geschieht, so ist es auf anderen Gebieten der Anthroposophischen Gesellschaft vom Schicksal nicht bestimmt gewesen. Man forderte von der Anthroposophie auf gewissen Gebieten aus einer gut gesehenen zeitgemäßen Notwendigkeit heraus einen schnelleren Gang. Der bedingt, daß wissenschaftliche Einzelgebiete, die schon bearbeitet werden, und anthroposophische Entwikkelung erst in einander wachsen müssen.

Das drückte sich auch in der geschilderten Disharmonie der ersten Veranstaltung 1920 aus. Kommt ein Wiederaufbau zustande, so wird er – in einem andern Materiale – Einzelsäle – zum Beispiel in einem ersten Stockwerk – für wissenschaftliche Veranstaltungen und künstlerische Wirksamkeit enthalten können und dabei den Raum für das Anthroposophische im engern Sinne. Ein solcher Bau wird dann auf der einen Seite seinem Materiale, auf der andern der Entwickelung entsprechen, welche die anthroposophischen Bestrebungen in den letzten Jahren genommen haben.

Die Disharmonie war nur ein Ausdruck für das Bestreben, der Anthroposophie im engern Sinne ein Heim zu schaffen, das ihrem Entwickelungsstadium bis zum Jahre 1918 künstlerisch angemessen war. Vielleicht darf ich dieses anführen als Beweis dafür, wie Anthroposophie als Geistesinhalt und deren Heimstätte als künstlerische *Einheit* bei der Ausarbeitung der letztern empfunden worden ist.

Aber in einer merkwürdigen Harmonie mit diesem Baugedanken des Goetheanums empfinde ich heute, was sich damals in mir sträubte, das Goetheanum selbst festlich zu eröffnen, als in ihm die erste Veranstaltung eingerichtet wurde. Es konnte eben das Programm jener Vortragsreihe nicht zum Anlaß eines solchen Festes genommen werden. Das sollte erst dann stattfinden, wenn einmal eine Veranstaltung möglich geworden wäre, deren Ganzes mit der ursprünglichen Bauidee vollkommen im Einklang gestanden hätte. Es ist nicht dazu gekommen. Das Goetheanum ist vorher hinweggestorben. In den Herzen derer, die es geliebt haben, ist eine dauernde Trauerfeier geworden.

Über die weiteren Veranstaltungen, die noch in dem lieben Bau stattfinden konnten, soll im nächsten Aufsatz gesprochen werden.

VII

Wenn nun auch *die* Eröffnungsfeier, die Baugedanke und Veranstaltung des Goetheanums in vollem Einklange geoffenbart hätte, uns nicht möglich geworden ist, so konnten doch im Verlaufe von mehr als zwei Jahren nach den verschiedenen Seiten hin Versuche gemacht werden, die anthroposophische Geistesart zur Wirksamkeit zu bringen.

Dem ersten dreiwöchigen Vortragszyklus folgte im April

1921 ein zweiter einwöchiger. Gerade bei dieser Gelegenheit sollte gezeigt werden, wie die einzelnen menschlichen Wissensgebiete eine wesentliche Erweiterung erfahren können, wenn ihre Forschungswege in das geistige Gebiet hinein fortgesetzt werden.

Mir gewährte es bei diesem Anlasse eine besondere Befriedigung, durch meine eigenen Vorträge auf eine solch mögliche Erweiterung für eine Anzahl Wissensgebiete hinweisen zu können.

Bei diesen Veranstaltungen fiel mir auch immer die Aufgabe zu, die Besucher im Bau herumzuführen und dabei von dem Künstlerischen des Goetheanums zu sprechen. Auf der einen Seite widerstrebte es mir, theoretisch über Künstlerisches etwas zu sagen. Denn Kunst will angeschaut werden. Aber diese Führungen hatten noch eine andere Seite. Man konnte es vermeiden, in unkünstlerischer Weise Kunst «erklären» zu wollen. Das tat ich denn auch, so weit es mir von denen, die sich den Bau ansahen, gestattet schien. Aber es bot sich in Anknüpfung an die zu sehenden Formen und Bilder reichlich Gelegenheit, in freier fragmentarisch-aphoristischer Darstellung über Anthroposophisches zu sprechen. Und die Vorträge konnten dann mit dem, was bei der Führung gesprochen wurde, zu einem Ganzen verwoben werden. Dann fühlte man ganz intim, wie gut das anthroposophisch orientierte Wort geborgen war, wenn es an einer Säule, oder unter einem Bilde gesprochen wurde, die aus demselben Geiste stammten wie das Wort selbst.

Veranstaltungen dieser Art schlossen immer Eurythmiedarbietungen in sich. Man wurde bei ihnen gewahr, wie der Bau forderte, daß Erkenntnismäßiges, das in ihm vorgebracht wurde, durch Künstlerisches zu einem Ganzen gestaltet werden mußte. Der Innenraum des Goetheanums schien einen nicht durch Künstlerisches abgerundeten Vortragszyklus nicht zu dulden. Ich glaube, man empfand es wie eine Notwendigkeit, wenn Frau Marie Steiner von dem Orgelraum herab ihre Rezitations- und Deklamationskunst in die Vortragsveranstaltungen einfügte.

Wir haben ja auch die Freude gehabt, wiederholt Frau Werbeck-Svärdström von diesem Orgelraum herab, einmal mit ihren drei Schwestern zusammen, ihre herrliche Kunst entfalten zu hören. Den Teilnehmern wird, was sie da hören durften, gewiß unvergeßlich sein.

Mir persönlich machte es auch immer die allergrößte Freude, Albert Steffen vom Vortragspodium des Goetheanums herab zu hören. Was er sagt, will ja immer in plastischen Formen empfunden werden. Er ist wie ein Bildhauer der Sprache; und zwar ein Bildhauer, der in Holz schnitzt. Ich nahm eine Harmonie wahr zwischen den Bauformen und seinen Sprachplastiken, die er zugleich bedächtig und sicher in den Bau hineinstellte.

Im August 1921 durften wir eine Veranstaltung haben, die dem englischen Maler Baron von Rosenkrantz zu verdanken war. Man fühlte sich mit dieser Veranstaltung in dem Bau besonders heimisch. Es trat dabei das Band vor das Seelenauge, das geisterstrebende Wissenschaft und geistoffenbarende Kunst verbindet. Daß gerade bei diesem Anlasse die Aufmerksamkeit auf das gelenkt wurde, wofür der Bau ein Versuch sein wollte, ist begreiflich.

Ende September und Anfang Oktober versammelten sich im Goetheanum eine Anzahl deutscher Theologen, die den Impuls zu einer christlich-religiösen Erneuerung in sich trugen. Was hier erarbeitet wurde, fand einen Abschluß im September 1922. Ich selbst muß, was ich mit diesen Theologen in dem kleinen Saale des Südflügels, in dem später der Brand zuerst entdeckt worden ist, im September 1922 erlebt habe, zu den Festen meines Lebens rechnen. Hier konnte mit einer Reihe edelbegeisterter Menschen der Weg gegangen werden, der Geist-Erkenntnis in das religiöse Erleben hineinführt.

Ende Dezember und Anfang Januar von 1921 auf 1922 fand sich im Goetheanum ein Kreis englischer Pädagogen ein. Daß dies sein konnte, verdankt man den aufopfernden Bemühungen von Frau Prof. M. Mackenzie. Sie und Prof. Mackenzie nahmen an dem Kursus teil, den Baron von Rosenkrantz im

August veranstaltet hatte. Die bedeutende englische Pädagogin faßte bei diesem Anlasse den Entschluß, englische Lehrer und Lehrerinnen für die Weihnachtsferien zu einem Besuche des Goetheanums einzuladen. Mit einer Anzahl von Lehrkräften der Stuttgarter Waldorfschule zusammen durfte ich damals über Pädagogik, Erziehungs- und Unterrichtspraxis wieder in dem Saal des Südflügels sprechen. Den englischen Pädagogen hatten sich auch andere, aus Skandinavien, der Schweiz, Holland, Deutschland und so weiter zugesellt.

Im September 1922 durfte ich zehn Vorträge über «Kosmologie, Philosophie und Religion vom Gesichtspunkte der Anthroposophie» halten. Wieder rundeten den Zyklus meiner Vorträge Lehrkräfte der Waldorfschule und andere in der anthroposophischen Bewegung stehende Persönlichkeiten durch ihre Vorträge und die Diskussionen, die sie mit den Teilnehmern pflegten, ab. Ich ging zu jedem meiner Vorträge hin und von ihnen weg mit einem innigen Dankbarkeitsgefühle gegenüber denjenigen, welche den Bau des Goetheanums veranlaßt haben. Denn gerade bei diesen Vorträgen, in denen ich ein weites Gebiet der Erkenntnis vom anthroposophischen Gesichtspunkte zu umfassen hatte, mußte ich das Wohltuende tief empfinden, Ideen aussprechen zu dürfen, die sich in dem Bau eine künstlerische Umrahmung haben schaffen dürfen.

Veranstaltungen wie der «Dramatische Kurs», den Marie Steiner im Juli 1922 gab und ein Nationalökonomischer Kursus, den ich selbst im Juli und August 1922 abgehalten habe, fanden zwar nicht innerhalb der Räume statt, die uns das Unglück der Sylvesternacht genommen hat. Sie gehören aber in den Kreis dessen, wozu das Goetheanum die Anregung gegeben hat.

Eurythmiedarstellungen fanden seit längerer Zeit fortlaufend im Goetheanum statt. Ihren engen Zusammenschluß mit dem Wesen des Baues habe ich in einem früheren Artikel zu schildern versucht.

Für Ende Dezember und Anfang Januar 1922 auf 1923 war ein naturwissenschaftlicher Zyklus von Vorträgen in Aussicht genommen. Wieder sollten mit mir zusammen Persönlichkeiten, die auf dem Felde der Anthroposophie arbeiten, Vorträge halten und Diskussionen veranstalten. Von mir wurden den Vorträgen über Naturerkenntnis andere über rein Anthroposophisches eingefügt. Nur der erste Teil dieser Veranstaltung konnte noch in dem Goetheanum stattfinden. Nach der Eurythmiedarbietung und meinem Vortrag am Sylvesterabend nahmen uns die Flammen den Bau, in dem wir so gern weitergewirkt hätten.

In einem Nebenraume mußten die Vorträge fortgesetzt werden, während draußen noch die Flammen die letzten Reste des von uns so geliebten Goetheanums verzehrten.

IST ANTHROPOSOPHIE PHANTASTIK?

Für die Entwickelung des menschlichen Geisteslebens liegt ein in sich abgeschlossener Zeitabschnitt zwischen der aus dem griechischen Erkenntnisstreben herauftönenden Forderung: «Erkenne dich selbst» und dem im letzten Drittel des neunzehnten Jahrhunderts aus der naturwissenschaftlichen Weltbetrachtung abgelegten Bekenntnis: «Ignorabimus».

Der griechische Weltweise fand die Seelenverfassung des Menschen erst dann mit dem Leben selbst im Einklang, wenn die Erkenntnis der Welt in der Erkenntnis der Menschenwesenheit gipfelte, die im Selbstbewußtsein sich offenbart.

Der moderne Denker, der vermeint, zu seinem Bekenntnis durch die Naturwissenschaft gedrängt zu werden, spricht dem Menschen gerade diese Gipfelung seiner Seelenverfassung ab. Als Du Bois-Reymond sein «Ignorabimus» sprach, da lebte in ihm der Glaube: alles Wissen des Menschen könne sich nur zwischen den beiden Polen bewegen, der Materie und der Bewußtheit. Diese beiden Pole aber entziehen sich der menschlichen Erkenntnis. Man wird die Offenbarungen der Materie erkennen können, insofern sie sich in Maß, Zahl und Gewicht bestimmen lassen; man wird aber nie erfahren können, was hinter diesen Offenbarungen selbst als «Materie im Raume spukt». Ebensowenig wird man zu erkennen vermögen, wie in der eigenen Seele das Erlebnis entsteht: «ich sehe rot», «ich rieche Rosenduft» und so weiter, also dasjenige, was im bewußten Leben sich abspielt. Denn wie sollte man begreifen, daß es einer Summe sich bewegender Kohlenstoff-, Stickstoff-, Sauerstoff- und Wasserstoffatome im Gehirne nicht gleichgültig sei, wie sie sich bewegten, wie sie sich bewegt haben, wie sie sich bewegen werden. Man kann erfassen, wie sich der Stoff im Gehirn bewegt, man kann diese Bewegung nach den mathematischen Begriffen bestimmen; man kann sich aber keine Vorstellung davon machen, wie aus dieser Bewegung die bewußte Empfindung aufsteigt gleich dem Rauch aus der Flamme.

Sollte der Mensch diese «Grenzen seines Erkennens» überschreiten, so müßte er von der Naturerkenntnis zur Geisteserkenntnis fortschreiten. Und wo das Reden vom Geiste beginnt, da hört das Wissen auf, und es muß dem Glauben Platz machen. Das ist das Ignorabimus- («Wir werden nicht wissen») Bekenntnis.

Man kann nicht sagen, daß die moderne Seelenverfassung über dieses Ignorabimus-Bekenntnis in den anerkannten Erkenntnisbestrebungen hinausgekommen wäre. Gewiß, es sind allerlei Versuche dazu gemacht worden; aber diese beschränken sich doch darauf, auf diesen oder jenen Erkenntnisweg hinzuweisen; sie bringen aber nicht die Energie auf, diese Wege mit dem wirklichen Erkennen auch praktisch zu beschreiten. Der eine oder der andere sieht ein, daß der Mensch in seiner Ideenbildung etwas erlebt, das eine selbständige, nicht materielle Wesenheit in sich trägt; aber man bringt nicht die Tatkraft auf, sich in diese geistige Art des Ideenerlebens so energisch hineinzuleben, daß man von der Erkenntnis «die Ideen sind Geist» zu dem Erfassen der wirklichen Geisteswelt durchdringt, die sich in den Ideen nur wie an ihrer Oberfläche offenbart.

Man gelangt nur zu dem Erlebnisse: Wenn die Naturerscheinungen an den Menschen herantreten, dann antwortet er ihnen aus seinem Innern mit den Ideen. Aber man erfaßt nicht das Leben in den Ideen selbst. Man sieht darauf hin, wie man von der Natur zu Ideen angeregt wird; aber man versetzt sich nicht in dasjenige innere Erleben, das in Ideen selbst webt.

Diesen Schritt macht erst die Anthroposophie. Und man erkennt an ihr, daß sie ihn macht, dadurch, daß in ihrem Ideen-Erleben die Ideen nicht Ideen bleiben, sondern zu einer geistigen Wahrnehmungsform werden. Wer nur die geistige Wesenheit der Ideen durchschaut, der muß dabei stehen bleiben, in ihnen geistartige Bilder des Naturwesens zu sehen, bei denen er als dem einzigen unbegreiflichen Geistesinhalt sich zu beruhigen hat. Nur wer die im Ideenbilden unbewußt wirkende Seelentätigkeit zum inneren Erleben bringt, der steht dann durch dieses Erleben vor einer geistigen Wirklichkeit. Und dieses Erleben kann mit einer vollen Besonnenheit geführt werden, geradeso wie sie dem Mathematiker eignet, wenn er seine Probleme verfolgt. Aus den Denkgewohnheiten heraus, die man sich aus der Sinnen-Beobachtung, dem Experimentieren heraus angeeignet hat, *fürchtet* man heute, sofort in das Nebulose, Phantastische zu verfallen, wenn man mit der Ideenbildung nicht die Anlehnung an das hat, was die Sinne sagen, was die Meßmethoden, was die Waage ergeben. Man kommt dadurch nicht dazu, diejenige innere Seelenkraft bewußt in Tätigkeit überzuführen, die durch das Ideen-Bilden strömt, und in deren Erleben man ebenso an das Geistige stößt, wie durch die Tastorgane an das räumlich Ausgedehnte.

Was durch die Anthroposophie als Gedankenübung beschrieben wird, führt zu diesem Erleben. Und weil da jeder Schritt dieses Erlebens in ebensolcher Besonnenheit vollführt wird wie im Gebiete der Naturforschung das Messen und die Gewichtsbestimmung, so darf sich die Anthroposophie als die *exakte* Geistesforschung bezeichnen. Nur wer auf diesen exakten Charakter ihres Strebens nicht eingeht, wird sie mit den nebulosen Formen der Mystik zusammenwerfen, die heute so manchen Menschen betören.

Es behaupten nun auch manche, gerade weil Anthroposophie vom *Erleben* ausgehe, dürfe sie sich nicht den Charakter einer Erkenntnis zuschreiben. Denn Erkenntnis sei erst vorhanden, wo vom Erleben zum Herleiten des Einen aus dem Andern, zum logischen Verarbeiten und so weiter übergegangen wird.

Wer dies sagt, hat nicht beachtet, wie alle die Seelenbetätigungen, durch welche der moderne Mensch seine Wissenschaftlichkeit begründet, durch die Anthroposophie eben in das Erleben übergehen. Man verläßt in diesem Erleben nicht die Wissenschaftlichkeit, um zu einer phantastischen Seelentätigkeit überzugehen; sondern man nimmt eben die volle Wissenschaftlichkeit in das Erleben mit hinein.

In jedem Schritte der in dieser Wochenschrift öfter von den verschiedenen Gesichtspunkten aus beschriebenen geistigen Erkenntnisarten, der Imagination, Inspiration und echten Intuition lebt die Wissenschaftlichkeit mit ihrem vollen Grundcharakter weiter, nur auf dem Geistgebiete statt auf dem Naturgebiete.

Als Du Bois-Reymond sein Bekenntnis «Wir werden nicht wissen» ablegte, da stand vor seiner Seele, wie der Mensch innerlich erlebt: «ich sehe rot», «ich rieche Rosenduft» und wie jenseits dieses Erlebens «die Materie im Raume spukt» und der Mensch nicht an sie herankann. Auf diesem Wege kann er es auch nicht. Aber wenn er das Ideenbilden zum bewußten Erleben in der Imagination bringt, dann öffnet er das geistige Wahrnehmungsvermögen dem Geiste, dieser offenbart sich dann in der Inspiration, und der Mensch vereinigt sich als Geist mit dem Geiste in der Intuition. So findet der Mensch auf diesem Wege den Geist. Erlebt er sich aber in diesem, so gelangt er zwar nicht durch das Erlebnis «ich sehe rot», «ich rieche Rosenduft» durch die Oberfläche der Rose in die Rose hinein; aber er kommt zu dem Erleben dessen, was ihm von der Rose aus als Rot entgegenleuchtet, als Rosenduft entgegenströmt; er findet, daß er an die andere Seite des Rotleuchtens, des Rosenduftens gekommen ist; die Materie hört auf «im Raume zu spuken»; sie offenbart *ihren* Geist, und es wird eingesehen, daß der Glaube an die Materie nur ein Vorstadium ist für die Erkenntnis, daß auch im Raume nicht Materie spukt, sondern Geist waltet. Und die Vorstellung «Materie» ist nur eine provisorische, die so lange ihre Berechtigung hat, als ihr Geistcharakter nicht durchschaut ist. Man muß aber doch von dieser «Berechtigung» sprechen. Denn die Annahme der Materie ist begründet, solange man mit den Sinnen wahrnehmend der Welt gegenübersteht. Wer *in dieser Lage* den Versuch macht, irgend welche geistige Wesenheit hinter den Sinneswahrnehmungen statt der Materie anzunehmen, der phantasiert von einer Geisteswelt. Wer erst im inneren Erleben zum Geiste vordringt, dem verwandelt sich nicht träumerisch, sondern exakt anschaulich das, was hinter den Sinneseindrücken zuerst als Materie «spukt», in eine Form der Geisteswelt, der er selbst mit dem Ewigen seines Wesens angehört.

ANTHROPOSOPHIE UND MYSTIK

So wie man die Mystik heute kennt, ist sie ein Suchen nach inneren Erlebnissen, deren Erfahrung den Menschen befriedigt, nachdem ihm die Sehnsucht nach Erkenntnis des eigenen Wesens und seines Verhältnisses zur Welt aufgestiegen ist. Die nicht ganz bewußte Voraussetzung dabei ist, daß der Mensch imstande ist, Seelenkräfte zu entfalten, durch die er sich in das eigene Wesen bis in diejenige Tiefe versenken kann, in der er mit den Wurzeln des weltgestaltenden Daseins zusammenhängt.

Der Weg, der da in das eigene Innere der Seele genommen wird, stellt sich der genaueren Betrachtung als eine Fortsetzung desjenigen dar, den man bei der gewöhnlichen Erinnerung geht. Diese gibt dem seelischen Erleben in Bildern dasjenige wieder, was der Mensch im Verkehr mit der Welt erlebt hat. Die Bilder können mehr oder weniger treu die Erlebnisse wiedergeben, oder auch sie phantasievoll in der mannigfaltigsten Art umgestalten. Man wird den Vorgang, der naturgemäß sehr kompliziert ist, sich am einfachsten dadurch vergegenwärtigen, daß man den Vergleich mit einem Spiegel gebraucht. Die Eindrücke der Außenwelt werden von dem Menschen durch die Sinne aufgenommen und durch die Denkkräfte verarbeitet. Sie treffen innerhalb des Organismus auf Vorgänge auf, in denen sie nicht weiterlaufen, sondern aufgehalten und, im gegebenen Falle, wie die Lichtbilder von der Spiegelwand zurückgeworfen werden. Das Zurückwerfen geschieht allerdings so, daß der menschliche Organismus mehr oder weniger verändernd auf die von außen erhaltenen Eindrücke wirkt.

Der Mystiker dringt nun mit verstärkten Seelenkräften tiefer in das eigene Wesen ein, als dies bei der gewöhnlichen Erinnerung geschieht. Er stößt gewissermaßen durch die verstärkten Seelenkräfte hinter die Spiegelwand. Da trifft er dann auf Regionen der eigenen Organisation, die von dem Vorgang der gewöhnlichen Erinnerung nicht erreicht werden. Die Kräfte dieser Regionen wirken zwar mit, wenn Erinnerung zustande kommt; aber sie bleiben unbewußt. Es tritt nur ihre *Wirkung* zutage, indem das Erinnerungsbild gegenüber dem unmittelbaren Erlebnis etwas verändert ist. Was aber der Mystiker als die *Ursachen* dieser Wirkungen in sein Bewußtsein herein bekommt, das wird so erlebt wie eine Erinnerung. Es hat den Bildcharakter der Erinnerung. Während aber diese Erlebnisse wiedergibt, die im Erdenleben des Menschen einmal da waren, aber im Augenblicke des Erlebens nicht mehr da sind, erlebt der Mystiker Bilder, die niemals Erdenerlebnisse waren. In der Form von Erinnerungsgedanken erlebt er eine Bildwelt, die eben *nicht* Erinnerung ist.

Wenn man mit anthroposophischer Forschung an diese Dinge herankommt, so wird man gewahr, daß in den auf die gekennzeichnete Art gewonnenen mystischen Bildern die Vorgänge des eigenen Leibes sich offenbaren. In einer Art Symbolik, wie sie auch in den Traumbildern vorliegt, geschieht dieses. Man kann schon sagen: der Mystiker träumt von den Vorgängen der eigenen Leibesorganisation.

Es liegt ja gewiß für manchen, der von der Mystik anders denkt, eine arge Enttäuschung vor, indem das Obige aufgedeckt wird. Aber für denjenigen, der in die Rätsel der Wirklichkeitswelt eindringen will, ist jede Art von Erkenntnis willkommen, also auch die, daß, seelisch in einer gewissen Weise angesehen, die Leibesvorgänge als ein Gewebe erscheinen, das gleich den nächtlichen Träumen ist. Und in weiterem Verfolge dieser Erkenntnis zeigt sich, daß diese Tatsache ein Bürge dafür ist, wie die Leibesorganisation des Menschen zuletzt in seelischen Quellen den Ursprung hat.

Der anthroposophische Forscher muß diese Dinge kennen; er muß sich auf Wege und Aussichten der Mystik verstehen. Aber *sein* Weg ist ein anderer. Er dringt nicht wie der Mystiker unmittelbar hinter den Erinnerungsspiegel und so in die Leibesorganisation. Er verwandelt die Erinnerungskräfte, solange sie noch seelisch-geistige, solange sie reine Gedankenkräfte sind. Das geschieht auf dem Wege der Konzentration dieser Kräfte und des meditativen Verhaltens in denselben. Er verweilt auf überschaubaren Vorstellungen mit stark konzentrierten Seelenkräften. Dadurch verstärkt er diese Kräfte *innerhalb* der Region des Seelischen, während der Mystiker in das Gebiet der Leiblichkeit untertaucht.

Der anthroposophische Forscher kommt dadurch zur Anschauung eines feineren, ätherischen, eines Bildekräfteleibes, der als ein höherer mit dem physischen Menschenleibe verbunden ist. Der Mystiker kommt in ein *Träumen* über den physischen Leib hinein; der anthroposophische Forscher kommt zu einer überphysischen Wirklichkeit. Dieser Bildekräfteleib lebt nicht mehr in den räumlichen Formen; er lebt in einem rein zeitlichen Dasein. Er ist gegenüber dem räumlichen physischen Leib ein *Zeitleib*. Er stellt zunächst wie in einem auf einmal überschaubaren Tableau die Wirkungskräfte, die am physischen Leibe im Erdensein des Menschen tätig waren, in ihrem zeitlichen Verlaufe dar. Er unterscheidet sich deutlich von einer bloßen umfassenden Erinnerungsvorstellung des bisherigen Erdenlebens eines Menschen in einem gewissen Augenblicke. Eine solche Erinnerungsvorstellung stellt mehr die Art dar, wie die Welt und Menschen an den Erinnernden herangetreten sind; dieses charakterisierte Lebenstableau enthält aber die Summe und das Durcheinanderwirken der aus dem Innern des Menschenwesens kommenden Impulse, durch dic der Mensch an die Welt und an andere Menschen in Sympathie und Antipathie herangetreten ist. Es gibt dadurch die Art, wie sich der Mensch das Leben gestaltet hat. Es verhält sich dies Lebenstableau zur Erinnerungsvorstellung wie der Eindruck im Petschaft zum Abdruck im Siegellack.

In diesem Lebenstableau hat man einen ersten Gegenstand der anthroposophischen Forschung; man kann, von ihm ausgehend, weitere Schritte unternehmen.

Das hier Ausgeführte wird zeigen, wie wenig man die Sache trifft, wenn man Anthroposophie zusammenwirft mit andern bekannten seelischen Forschungswegen. Man hat in ihr nicht abstrakten Idealismus, sondern konkrete Geist-Erkenntnis; und so hat man sie auch nicht in ihrer Eigenart getroffen, wenn man sie mit dieser oder jener Form des Mystischen identifiziert, nur um sich nicht auf ihr ureigenes Wesen einzulassen, sondern sie mit dem abzutun, was man über eine solche Form als Meinung aufstellt, oder bei Vielen voraussetzt. Wird dies einmal berücksichtigt werden, so werden viele Mißurteile schwinden, die heute noch mit Bezug auf Anthroposophie in der Welt herumschwirren.

Man würde der Anthroposophie mehr Verständnis entgegenbringen, als dies heute von mancher Seite geschieht, wenn man sich in das Wesen der Geisteskämpfe vertiefen würde, die in der zweiten Hälfte des neunzehnten Jahrhunderts stattgefunden haben.

Das war die Zeit, in welcher gewissen Denkern der Sieg des naturwissenschaftlichen Forschens über das philosophische Streben, wie es sich in der vorangehenden Epoche betätigt hatte, entschieden schien. Man wies da auf Hegel hin, der nach der Meinung dieser Denker aus der Idee habe die ganze Welt herausentwickeln wollen, der aber in seinen Gedankenkonstruktionen die Welt der Wirklichkeit völlig verloren habe; während die souveräne Naturwissenschaft von dieser Wirklichkeit ausgehe und sich auf Ideen nur so weit einlasse, als die Beobachtung der Sinneswelt dies gestatte.

Dieser Denkungsart schienen die positiven Ergebnisse der Naturforschung in allen Punkten Recht zu geben. Man braucht nur Bücher, wie etwa Moriz Carrieres 1877 erschienene «Sittliche Weltordnung» eindringlich durchzulesen, und man wird sich dadurch mit einem Geisteskämpfer bekanntmachen, welcher der «souveränen Naturwissenschaft» gegenüber das Recht des Idealismus verteidigen wollte. Solche Geisteskämpfer gab es in jener Zeit viele. Man kann wohl sagen, die tonangebende Geistesrichtung ist über sie hinweggeschritten in dem Bewußtsein, daß deren Sache verloren sei. Es ist ihnen allmählich keine Aufmerksamkeit mehr geschenkt worden. Sie wollten durch ihren wissenschaftlichen Idealismus der Menschheit das Erkennen der geistigen Welt retten. Sie durchschauten, daß die «souveräne Naturwissenschaft» diese Erkenntnis gefährden muß. Sie setzten dem sinnlich Beobachteten die im menschlichen Selbstbewußtsein lebende Ideenwelt gegenüber und glaubten in dieser ein Zeugnis dafür zu besitzen, daß Geist in der Welt waltet. Sie vermochten aber ihre Gegner nicht zu überzeugen, daß die Ideenwelt von einer anderen Wirklichkeit spricht als die ist, auf welcher die Naturwissenschaft baut.

Die Anthroposophie empfindet anders, wenn sie zu diesen Geisteskämpfern zurücksieht, als die auf dem Boden der «souveränen Naturwissenschaft» stehenden Denker. Sie sieht in ihnen Persönlichkeiten, die bis zu dem Tore der Geisteswelt kamen, die aber nicht die Kraft hatten, dieses Tor zu öffnen. Der wissenschaftliche Idealismus hat recht; aber nur so weit wie jemand, der sich vorsetzt, eine Gegend zu betreten, der aber nur das Wollen aufbringt, bis an die Grenze der Gegend zu gelangen, nicht aber das andere, diese Grenze auch zu überschreiten.

Die Ideen, auf welche Carriere und seine Gesinnungsgenossen verwiesen, sind wie der Leichnam eines Lebewesens, der in seiner Gestaltung auf das Lebendige deutet, es aber nicht mehr enthält. Auch die Ideen des wissenschaftlichen Idealismus deuten auf das Leben des Geistes, sie enthalten es aber nicht. – Der wissenschaftliche Idealismus strebte nach den Ideen; die Anthroposophie strebt nach dem *Geistesleben* in den Ideen. Sie findet hinter der Denkkraft, die sich zu den Ideen erhebt, eine geistige Bildekraft, welche den Ideen innewohnt wie das Leben dem Organismus. Hinter dem Denken liegt in der menschlichen Seele die Imagination. Wer Wirklichkeit nur erleben kann in Anlehnung an die Sinneswelt, der muß diese Imagination nur als eine andere Form der Phantasie ansehen.

In der Phantasie erschafft sich der Mensch eine Bilderwelt, der er im Verhältnis zum Sinnesdasein keine Wirklichkeit zuschreibt. Er gestaltet diese Welt sich zur Freude, zum innerlichen Wohlgefallen. Er kümmert sich nicht darum, woher er die Gabe zur Erschaffung dieser Welt hat. Er läßt sie aus seinem Innern hervorquellen, ohne sich auf ihren Ursprung zu besinnen.

In der Anthroposophie erfährt man etwas über diesen Ursprung. Was da im Menschen waltet als die oft so beglückende Phantasie, ist das Kind des Kräftewesens, das im Kinde wirkt, wenn es wächst, was im Menschenwesen überhaupt tätig ist, wenn dieses die toten Stoffe zur Menschenform erbildet. Die Welt hat im Menschen etwas übrig gelassen von dem Maß dieser Wachstums-, dieser bildenden Kraft, etwas, das sie zur Gestaltung des Menschenwesens nicht aufbraucht. Der Mensch setzt sich in Besitz dieses Restes der Kraft, die sein eigenes Wesen gestaltet, und entfaltet ihn als Phantasie. Auch an der Pforte dieser Erkenntnis stand einer der Geisteskämpfer, auf die hier hingedeutet ist. Frohschammer, Carrieres Zeitgenosse, hat eine Anzahl Bücher geschrieben, in denen er die Phantasie zur Weltschöpferin macht wie Hegel die Idee oder Schopenhauer den Willen.

Aber man kann bei der Phantasie so wenig stehen bleiben, wie bei der Idee. Denn in der Phantasie ist ein *Rest* der weltschöpferischen Kraft wirksam, die im Menschenwesen gestaltend wirkt. Es muß mit der Seele auch hinter die Phantasie gedrungen werden.

Das geschieht in der imaginativen Erkenntnis. Diese setzt die Phantasietätigkeit nicht etwa bloß fort; sie bleibt zunächst in ihr stehen, empfindet deutlich, warum sie sich dem Sinnesdasein gegenüber nur zur Unwirklichkeit bekennen kann, kehrt aber nun auf dem Wege um und gelangt rückwärts schreitend zum Ursprunge der Phantasie und des Denkens. Sie rückt dadurch in die geistige Wirklichkeit ein, die sich ihr im Weiterdringen durch Inspiration und Intuition (geistige Wahrnehmung) offenbart. Sie steht in dieser geistigen Wirklichkeit wie die sinnliche Wahrnehmung in der physischen Wirklichkeit steht.

Die Imagination kann nur derjenige mit der Phantasie verwechseln, der den Lebensruck nicht empfindet zwischen dem Bewußtsein, das von den Sinnen abhängig ist und demjenigen, das im Geiste lebt. Ein solcher aber gliche dem, der aus einem Traume erwacht, aber das Erwachen nicht als einen Lebensruck empfindet, sondern beide Erlebnisse, das Träumen und das Wachsein, als gleichbedeutend ansähe.

Der abstrakte Denker fürchtet, daß in der Imagination weiter phantasiert werde; der künstlerische Mensch empfindet es leicht unbehaglich, daß die Phantasietätigkeit, in der er sich freischaffend, von der Wirklichkeit unbehelligt, entfalten will, eine andere Tätigkeit gelten lassen soll, deren Kind sie zwar ist, die aber im Bereich einer wahren Wirklichkeit waltet. Er vermeint, dadurch fiele auf das freie Kind der Menschenseele ein Schatten. Doch das ist nicht der Fall. Sondern das Erleben der geistigen Wirklichkeit läßt das Herz nur höher schlagen bei der Erkenntnis, daß der Geist mit der Kunst in die Sinneswelt einen Sprößling sendet, der in dieser nur deshalb als unwirklich erscheint, weil er seinen Ursprung «in einer andern Welt hat».

Anthroposophie möchte das Tor öffnen, an dem edle Geisteskämpfer in der zweiten Hälfte des neunzehnten Jahrhunderts gestanden haben, ohne die Kraft, dieses Tor aufzuschließen. Ihnen hat die Denkkraft den Weg bis zu den Ideen gewiesen; aber diese Denkkraft erstarrte in den Ideen; Anthroposophie hat die Aufgabe, das Schmelzen der erstarrten Kraft zu bewirken.

DER STREIT MICHAELS MIT DEM DRACHEN

I

Wer den Blick zurück in ältere Zeiten der menschlichen Seelenentwickelung wendet, dem muß bemerklich werden, wie im Weltanschauungsleben die Bilder sowohl der Natur wie des Geistes sich gewandelt haben. Man braucht gar nicht allzuweit zurückzuschauen. Noch im achtzehnten Jahrhundert war es so, daß man die Kräfte und Substanzen der Natur geistähnlicher, das Geistige mehr in Naturbildern gedacht hat als heute. Erst in der neuesten Zeit sind die Vorstellungen vom Geiste ganz abstrakt, die von der Natur so geworden, daß sie auf eine geistfremde Materie weisen, die für die menschliche Anschauung undurchdringlich ist. So fallen gegenwärtig Natur und Geist für das menschliche Auffassungsvermögen auseinander;

und keine Brücke scheint von dem einen zu dem andern zu führen.

Es ist aus diesem Grunde, daß grandiose Weltanschauungsbilder, die vor Zeiten eine große Bedeutung hatten, wenn der Mensch seine Lage im Weltganzen erfassen wollte, ganz in das Reich dessen eingezogen sind, was man als luftige Phantastik empfindet. Eine Phantastik, der sich der Mensch nur hingeben durfte, so lange ihm keine wissenschaftliche Exaktheit dies verbot.

Ein solches Weltanschauungsbild ist der «Streit Michaels mit dem Drachen».

Es gehört dieses Bild zu den Seeleninhalten, die das menschliche Wesen anders in die Urzeiten zurückverfolgten als die gegenwärtigen. Heute will man von dem Menschen der Gegenwart zu weniger menschenähnlichen Wesen als zu denen kommen, von denen er abstammt. Man geht von mehr vergeistigten Wesen zu weniger vergeistigten zurück. – Ehedem wollte man, indem man das menschliche Werden zurückverfolgte, auf mehr Geistiges stoßen, als in der Gegenwart erscheint.

Man schaute einen vorirdischen Zustand, in dem die gegenwärtige Form des Menschen noch nicht war. Wesen stellte man in dem damaligen Dasein vor, die in feinerer Substanzialität lebten, als sie der heutige Mensch hat. Sie waren «geistiger» als er. Von solcher Art war das Wesen, das als «Drache» von Michael bekämpft wird. Dieses war dazu bestimmt, einst in einer späteren Zeit die Menschenform anzunehmen. Dazu aber sollte es «seine Zeit» abwarten. Diese «Zeit» sollte nicht von ihm abhängen, sondern von dem Ratschluß über ihm stehender Geistwesen. Es sollte vorerst mit seinem eigenen Willen ganz in dem Willen dieser höheren Geistwesen beschlossen bleiben. – Da ging aber *vor* «seiner Zeit» der Hochmut in ihm auf. Es wollte einen «eigenen Willen» in der Zeit, in der es noch in dem höheren Willen leben sollte. Es bestand darin seine Widersetzlichkeit gegen den höheren Willen. Selbständigkeit des Willens bei solchen Wesen ist nur möglich in dichterer Materie, als sie damals vorhanden war. Sie müssen andere Wesen werden, wenn sie in ihrer Widersetzlichkeit beharren. Dem widersetzlichen Streben des gezeichneten Wesens war das Leben in der Geistigkeit, in der es war, nicht mehr angemessen. Sein Dasein empfanden seine Genossen als störend (ja zerstörend) in ihrem Reiche. So empfand Michael. Er war in dem Willen der höheren Geistwesen geblieben. Er unternahm es, das widersetzliche Wesen zu zwingen, die Form anzunehmen, die einem selbständigen Willen in der damaligen Weltlage allein möglich war, die der Tierheit – des Drachens, der «Schlange». Höhere Tiergestalten gab es noch nicht. Selbstverständlich wurde dieser «Drache» auch nicht sichtbar gedacht, sondern übersinnlich.

So steht vor dem Seelenauge des Menschen einer frühern Zeit der Kampf zwischen «Michael und dem Drachen». Er wurde als Tatsache gedacht, die sich abspielte, bevor es eine Natur gab, die Menschenaugen sehen können, und bevor noch der Mensch in seiner gegenwärtigen Form entstanden war.

Die gegenwärtige Welt ist aus derjenigen hervorgegangen, in der sich diese Tatsache abgespielt hat. Das Reich, in das der Drache verstoßen wurde, ist zur «Natur» geworden, die eine Materialität angenommen hat, durch die sie für Sinne sichtbar werden kann; es ist gewissermaßen der Bodensatz der früheren Welt. Das Reich, in dem Michael sich seinen geistergebenen Willen bewahrt hat, ist «oben» gereinigt geblieben, wie eine Flüssigkeit, aus der sich ein erst gelöster Zusatz als Bodensatz ergeben hat. Dieses Reich ist fortan bleibend ein solches, das Sinnen verborgen sein muß.

Die außermenschliche Natur ist aber der Drachenmacht nicht verfallen. Diese konnte in ihr nicht zur Sichtbarkeit sich erkraften. Sie blieb als unsichtbarer Geist in ihr. Der mußte sein Wesen von ihr absondern. Sie wurde ein Spiegel der höheren Geistigkeit, von der er abgefallen war.

In diese Welt ward der Mensch hineingestellt. Er konnte teilnehmen an der Natur und an der höheren Geistigkeit. So ward er eine Art Doppelwesen. In der Natur selbst blieb der Drache machtlos. In dem, was im Menschen selbst als Natur lebt, erhielt er Macht. Im Menschen lebt, was dieser als Natur aufnimmt, als Begierde, als tierische Lust. In diese Sphäre hat der abgefallene Geist Zutritt. Damit war der «Fall des Menschen» gegeben.

Der widersetzliche Geist ist in den Menschen verlegt. Michael ist seinem Wesen treu geblieben. Wendet sich der Mensch zu ihm mit dem Teil seines Lebens, das aus der höheren Geistigkeit urständet, dann entsteht in des Menschen Seele der «innere Kampf Michaels mit dem Drachen».

Solch eine Vorstellung war noch im achtzehnten Jahrhundert vielen Menschen geläufig. Ihnen war die äußere Natur der «Spiegel höherer Geistigkeit», die «Natur im Menschen» der Sitz der Schlange, die die Seele durch Hingabe an Michaels Kraft zu bekämpfen habe.

Wie konnte eine Seele, in der solche Vorstellungen lebendig waren, die äußere Natur ansehen? Die Zeit, da der Herbst naht, mußte die Erinnerung an den «Drachenkampf» des Michael bringen. Die Blätter entfallen den Bäumen, das blühend-sprossende Leben erstirbt. Wohlig nahm die Natur den Menschen im Frühling auf; wohlig pflegte sie ihn während des Sommers in den warmstrahlenden Sonnengaben. Wenn der Herbst beginnt, hat sie nichts mehr für ihn. Ihre Niedergangskräfte dringen in Bildern durch seine Sinne ein. Er muß sich aus seinem Menschen selbst geben, was die Natur ihm vorher gegeben hat. Ihre Macht in ihm wird schwächer. Er muß aus dem Geiste sich Kräfte schaffen, die ihm helfen, wo die Natur machtloser für ihn wird. Der Drache verliert mit der Natur seine Macht. Michaels Bild taucht vor der Seele auf. Das Bild des Drachenbekämpfers. Es war abgelähmt, da die Natur und mit ihr der Drache mächtig war. Aus dem heranströmenden Froste taucht dieses Bild auf.

Aber das Bild ist für die Seele eine Realität. Es ist, als ob der Vorhang in die geistige Welt sich öffnete, der von der Sommerwärme geschlossen war.

Der Mensch lebt das Leben des Jahreslaufes mit. Der Frühling ist irdischer Wohltäter; aber er spinnt den Menschen in das Reich ein, in dem der «Widersacher» seine unsichtbare Macht in ihm als Häßlichkeit der Schönheit der Natur gegenüberstellt. Im Herbstbeginn erscheint der Geist der «starken Schönheit», da die Natur «ihre Schönheit» verbirgt und damit auch den Widersacher in die Verborgenheit treibt.

So waren die Empfindungen vieler, die in älteren Zeiten das Michaelfest in ihrem Herzen feierten. Was zu alledem der Mensch der Gegenwart zu sagen hat, der neben der Natur- eine Geist-Erkenntnis gelten läßt, das soll Inhalt einer Betrachtung in dem nächsten Aufsatz sein.

DER MICHAELSTREIT VOR DEM BEWUSSTSEIN DER GEGENWART

II

In dem Bilde «der Streit Michaels mit dem Drachen» lebte ein starkes Bewußtsein davon, daß der Mensch durch seine eigenen Kräfte der Seele eine Lebensrichtung geben müsse, die ihr die Natur nicht geben kann. Die heutige Seelenverfassung ist geneigt, einem solchen Bewußtsein mit Mißtrauen zu begegnen. Sie fürchtet, durch dasselbe der Natur entfremdet zu werden. Sie möchte die Natur in ihrer Schönheit, in ihrem sprießenden, sprossenden Leben genießen, und sich diesen Genuß nicht rauben lassen durch die Vorstellung von einem «Abfall der Natur vom Geiste». Sie möchte auch in dem Erkennen die Natur sprechen lassen und sich nicht in das Phantastische verlieren, indem sie dem Geist, der sich über die Naturanschauung erhebt, eine Stimme beim Erstreben der Wahrheit über das Wesen der Dinge zugesteht.

Goethe hat eine solche Furcht nicht gehabt. Er empfand ganz gewiß in der Natur nichts Geistfremdes. Sein Gemüt stand weit offen der Schönheit, der inneren Kraft alles Natürlichen. Im Leben der Menschen berührte ihn vieles Unharmonische, Zerrissene, in Zweifel Werfende. Dem gegenüber fühlte er einen inneren Drang, mit der ewigen Konsequenz und Ausgeglichenheit der Natur zu leben. Aus solchem Leben hat er leuchtende Perlen seiner Dichtung herausgezaubert.

Aber in ihm war auch etwas von der Empfindung, das Werk des Menschen müsse durch eigenes Schaffen das Werk der Natur erst vollenden. Alle Schönheit der Pflanze empfand Goethe. Aber er empfand auch etwas Unvollendetes in dem Naturleben, das die Pflanze vor den Menschen hinstellt. Es liegt mehr in dem, was innerlich in der Pflanze webt und wirkt, als in dem, was in begrenzter Gestalt von ihr vor dem Auge steht.

Neben dem, was die Natur erreicht, empfand Goethe noch etwas wie «Absichten der Natur». Davon, daß man mit einer solchen Vorstellung die Natur personifiziere, ließ sich Goethe nicht beirren. Er war sich bewußt, daß er nicht aus einer persönlichen Willkür solche Absichten in das Pflanzenleben hineinträume, sondern daß er sie völlig objektiv in demselben schaue, wie er die Farbe der Blüte schauen kann.

Deshalb war er ungehalten, als Schiller ihm sein Bild von dem inneren Werdestreben der Pflanze, das er einmal vor den Augen des Dichterfreundes mit wenigen Strichen hinzeichnete, als «Idee» und nicht als «Erfahrung» bezeichnete. Er erwiderte dem Freunde, daß, wenn dieses eine «Idee» sei, er eben seine Ideen mit Augen schaue, wie er Farben und Formen mit Augen wahrnehme.

Goethe hatte eben eine Empfindung dafür, daß in der Natur nicht nur ein aufsteigendes, sondern auch ein absteigendes Leben ist. Er empfand das Keimen, Sprossen, Blühen, Fruchten; aber er empfand auch das Welken, Abblassen, Verdorren, Ersterben. Er empfand den Frühling; aber er empfand auch den Herbst, er konnte im Sommer durch das eigene Gemüt die Entfaltung der Natur in sich miter*leben*; aber er konnte auch im Winter mit demselben offenen Gemüte mit der Natur mit*sterben*.

Man wird in Goethes Werken diese zwiefältige Naturempfindung mit Worten nicht vollinhaltlich ausgesprochen finden. Aber man kann sie aus seiner ganzen Seelenhaltung herausfühlen. Es war in ihr noch ein Nachklang der alten Empfindung vom «Streite Michaels mit dem Drachen». Aber diese Empfindung war in das Bewußtsein des neuzeitlichen Menschen heraufgehoben.

Goethes Seelenhaltung hat nach dieser Richtung im neunzehnten Jahrhundert keine Fortsetzung gefunden. Die neuere Geistesanschauung muß zu einer solchen Fortsetzung hinstreben.

Die Naturempfindung ist keine vollendete, wenn der Mensch nur das Keimen, Sprossen, Blühen, Fruchten in seinem Innern miterlebt; er muß auch den Sinn für das Welken, Ersterben haben. Er wird dadurch der Natur nicht entfremdet. Er verschließt sich vor ihrem Frühling und Sommer nicht. Aber er fühlt auch ihren Herbst und Winter.

Der Frühling und der Sommer fordern Hingabe des Menschen an die Natur; der Mensch lebt sich aus sich heraus und in die Natur hinein. Der Herbst und der Winter regen an, sich in das Menschliche zurückzuziehen und dem Absterben der Natur die Auferstehung der Seelen- und Geisteskräfte entgegenzustellen. Der Frühling und der Sommer sind die Zeiten des Naturbewußtseins der Menschenseele; der Herbst und der Winter sind die Zeiten der Erfühlung des menschlichen Selbstbewußtseins.

Wenn der Herbst erscheint, dann nimmt die Natur ihr Leben in die Tiefen der Erde hinein; das Keimende, Fruchtende entzieht sie dem Auge des Menschen. In dem, was sie dem Auge zeigt, liegt nicht eine Erfüllung; da liegt eine Hoffnung: die Hoffnung auf den neuen Frühling. Die Natur läßt den Menschen allein mit sich.

Da beginnt die Zeit, in welcher der Mensch durch seine eigenen Kräfte sich beweisen muß, daß er lebe und nicht sterbe. Die Sommernatur hat dem Menschen gesagt: ich nehme dein «Ich» auf; ich lasse es mit den Blüten selber in meinem eigenen Schoße blühen. Die Herbstesnatur beginnt zum Menschen zu sagen: hole Kräfte aus den Tiefen deiner Seele, auf daß dein Ich in sich lebe, derweil ich mein Leben in die Tiefen der Erde verberge.

Goethe war unwillig, als sein Empfinden auf die Worte Hallers stieß: Ins Innere der Natur dringt kein erschaffner Geist; glückselig, wem sie nur die äußere Schale weist. Goethe fühlte: Natur hat weder Kern noch Schale; alles ist sie mit einem Male.

Die Natur hat zum Leben das Sterben nötig; der Mensch kann auch das Sterben miter*leben*. Er kommt dadurch nur tiefer in das «Innere» der Natur hinein. Er erlebt in seinem organischen Innern seine Atmung, seinen Blutumlauf. Die sind *sein* Leben. Was in der Natur im Frühling keimt, es steht ihm in Wahrheit so nahe wie seine eigene Atmung; es lockt seine Seele in das Naturbewußtsein hinaus; was im Herbste erstirbt, es steht ihm nicht ferner als das Kreisen seines Blutes; es stählt in seinem Innern das Selbstbewußtsein.

Das Fest des Selbstbewußtseins, das dem Menschen seine echte Menschlichkeit nahebringt: es ist da, wenn die Blätter fallen; der Mensch hat nur nötig, sich dessen bewußt zu werden. Es ist das Michaelfest, das Fest des Herbstbeginnes. Das Bild des siegenden Michaels kann da sein: es lebt in dem Menschen, der im Sommer liebend in die Natur aufgegangen ist, der aber den Schwerpunkt seines Wesens verlieren müßte, wenn er aus dem Verlorensein in der Natur nicht aufsteigen könnte, zu dem Erkraften des eigenen Geisteswesens.

GOETHES GEISTIGE UMGEBUNG UND DIE GEGENWART

Die Betrachtungen, die hier über das Bild vom «Streite des Michael mit dem Drachen» gegeben worden sind, mußten den Blick zurücklenken in die menschliche Seelenverfassung einer verhältnismäßig noch nicht weit zurückliegenden Vergangenheit. Es mußte darauf hingewiesen werden, wie noch im achtzehnten Jahrhundert Ideen gelebt haben, die als eine Erkenntnisgrundlage angesehen worden sind, während sie heute in das Gebiet menschlicher Phantasien geworfen werden.

Das Bild der Goetheschen Weltanschauung wird nur lebendig vor der Seele des Gegenwartsmenschen stehen können, wenn diese Tatsache richtig gewürdigt wird. In den siebziger und achtziger Jahren des achtzehnten Jahrhunderts liegt der Punkt in Goethes Leben, in dem sich seine Weltanschauung die Richtung gegeben hat, die ihr dann für eine weitere reiche Entwicklung geblieben ist. Goethe hat da durch Aufnahme der Naturerkenntnis in seine Denkart sich den innerlichen Ruck gegeben, der für ihn charakteristisch ist. Nicht in Abkehr von einer echten Anschauung der Natur, sondern im Einklang mit ihr wollte er die Höhen geistiger Erfassung des Weltenwesens erreichen.

Man wird diesen Ruck nur recht verstehen können, wenn man auf die geistige Umgebung Goethes sieht. Wenn man sieht, wie innerhalb dieser Umgebung er mit seinem Streben allein stand.

Von den vielen Erscheinungen, die dies bezeugen, ist die folgende vielleicht die nicht am wenigsten bedeutsame.

Im Jahre 1782 erschien von dem so liebenswürdigen Matthias Claudius die Übersetzung des Buches «Des Erreurs et de la Vérité». Das Buch rührte von St. Martin, dem sogenannten «unbekannten Philosophen» her. Es stellt das Streben dar, durch Anknüpfung an Urweisheiten der Menschheit zu einer befriedigenden Weltanschauung zu kommen. Damit aber wird darauf gedeutet, daß diejenigen, welche sich in der Richtung dieses Buches mit ihrem Denken bewegten, keine Möglichkeit sahen, von den Gesichtspunkten aus, zu denen die naturwissenschaftliche Denkungsart kommen kann, eine innerliche Erkenntnisbefriedigung zu erlangen. Goethe wollte das aber mit aller Energie.

Heute darf insbesondere der Umstand interessieren, *daß* in Goethes Zeitgenossen ein *Bedürfnis* nach derjenigen Ideenrichtung entstehen konnte, die in St. Martin verkörpert ist.

Die naturwissenschaftliche Denkungsart drängte nach einer Welt-erfassung hin, die für die eigentliche Erkenntnis die moralischen Impulse ganz ausschließt. Diese können ihr nur als etwas gelten, das abseits von den Naturideen in der menschlichen Seele aufleuchtet. Die natürliche Weltentwickelung, auf die der menschliche Blick gerichtet ist, muß ihr gemäß, nach

Anfang und Ende ohne den Einschlag moralischer Ideen gedacht werden. In den Weltnebeln, aus denen Welten hervorgehen, die zuletzt auch den natürlichen Menschen aus sich erstehen lassen, wirken keine moralischen Impulse.

Abseits von dieser Naturanschauung standen – um Goethe herum – noch diejenigen, die nach so etwas verlangten, wie es ihnen Matthias Claudius durch die Übersetzung von St. Martins Werk geben wollte*. Goethe aber stand in der Naturanschauung drinnen. Andere wollten außer der Naturanschauung die Erkenntnis des Menschen mit der moralischen Weltordnung verbinden; er wollte dies *innerhalb* derselben erreichen.

St. Martin redet von einer vorzeitlichen schweren Urschuld, einer Ursünde des Menschen. Dieser war einst aus einer übersinnlichen Welt heraus in seinem wahren Wesen gestaltet. Er ist es nicht mehr. Er trägt jetzt ein anderes Wesen an sich. Er ist von sich selbst abgefallen. Er hat sich mit den Stoffen der sinnlichen Welt so umkleidet, wie es seinem ursprünglichen Wesen nicht angemessen ist. Dieser Abfall erstreckt sich bis in die einzelnen Erscheinungen des Lebens hinein. Eine solche ist die Sprache. Wie der Mensch in den einzelnen Gebieten der Erde jetzt spricht, so kann er nicht mit seinen Worten das wahre Wesen der Dinge treffen. Er muß an ihrer Äußerlichkeit hängen bleiben. Für den noch nicht von sich abgefallenen Menschen war eine Ursprache bestimmt, welche mit den in den Dingen der Welt wirkenden Schöpferkräften eine Einheit bildete.

Mit solchen Ideen wird die Naturordnung an eine moralische Ordnung angeknüpft. In einer Welt von rein natürlicher Entwickelung hat diese moralische Ordnung keinen Platz.

Im Grunde mußte für die Anhänger St. Martins alle Erkenntnis darin bestehen, durch eine Entfaltung des menschlichen Innern die ursprüngliche Seelenverfassung des Menschen wieder zu erringen.

* Es darf hier darauf verwiesen werden, daß im Stuttgarter «Kommender Tag-Verlag» die schon selten gewordenen Werke St. Martins wieder erschienen sind.

Von einem solchen Streben sind die Werke St. Martins erfüllt. Sie konnten nur Menschen befriedigen, die auch in der Naturerkenntnis ein Ergebnis des menschlichen Abfalles von sich selbst erblickten. Die Urschuld hat diese Erkenntnis gezeugt, so mußten sie meinen; und wahre Erkenntnis kann nur errungen werden außerhalb der Naturanschauung.

Diese Gesinnung gibt diesen Werken für den heutigen Menschen etwas Fremdes. Sie mußte das auch schon für Goethe. Wieviel ihm selbst gerade von St. Martin bekannt geworden ist, darauf kommt es nicht an. Sondern darauf, daß es in seiner Zeit Menschen gab, deren Geistesbedürfnisse durch die Hinneigung zu St. Martin befriedigt werden konnten. *Das* bezeichnet dic Seelenverfassung Vieler, denen gegenüber er sich innerlich behaupten mußte.

Er konnte sich nicht abseits von der Naturanschauung stellen. Er konnte zum Anschauen des Geistes nur gelangen, wenn sich ihm durch die Beobachtung der Naturerscheinungen das Geistige erschloß. Für ihn ist der Mensch nicht von seiner ursprünglichen Wesenheit abgefallen, sondern er trägt sie in sich; nur zunächst für ihn selber unwahrnehmbar. Aber gerade durch diese Unwahrnehmbarkeit im Anfange seines Lebens ist der Mensch imstande, durch die eigenen Kräfte sich zu der Anschauung seines wahren Wesens hindurchzuringen. Naturanschauung ist für Goethe nicht Ergebnis eines menschlichen Abfalles, sondern die Grundlage des Aufstieges zu sich selbst, der in jedem Augenblicke möglich ist. Damit aber hat Goethe die wahre Idee der seelischen Freiheit seiner Weltanschauung einverleibt. Sie ist in seinen Werken wohl nirgends ganz deutlich ausgesprochen. Aber sie liegt verborgen in ihnen. Wer sie sucht, der findet sie, wenn er sich an die Denkungsart Goethes hingibt.

Man wird Goethe in die Gegenwart nur richtig hineinstellen, wenn man dies bemerkt. Er hat in den achtziger Jahren in sich die unbesiegliche Sehnsucht empfunden, aus seiner geistigen Umgebung zu fliehen. Er hat in Italien nicht Italien gesucht: er hat durch die Anschauungen, die er da erlangen konnte, sich selbst, sein eigenes wahres Wesen gesucht. Verfolgt man Goethe während seiner italienischen Reise, so sieht man *den* Goethe, der der Welt so wertvoll geworden ist, Stufe nach Stufe entstehen.

Darinnen liegt eben der Freiheitscharakter in einem wahren, echten menschlichen Streben. Bei Goethe liegt darinnen das ganz Neue, das mit ihm in die Seelenverfassung der Menschen gekommen ist. Das ist in ihm auch eine Verbindung mit dem Michael-Impuls. Es ist diejenige, die er in einer ihm fremden Umgebung nicht gewinnen konnte, die er aber durch eine einzigartige Versenkung in sich selbst gewonnen hat.

Dadurch ist er demjenigen so nahe, der heute nach Geist-Erkenntnis sucht. Er hat sich in seiner Zeit oft recht fremd gefühlt; der heutige Geist-Sucher fühlt sich bei ihm so heimisch.

VORWORT

Marie Steiner

Das Jahr 1932 lenkt den Blick der Kulturwelt auf Goethe. Überall, wo man eine Empfindung hat für das, was der Menschheit Würde verleiht, wird seiner gedacht: im Stillen oder im freudigen Zusammenschluß gleichgesinnter Kräfte zu mehr oder weniger dem Geiste Goethes entsprechenden Festlichkeiten. Vielleicht ist sogar der gedämpfte Ton, der in diesem Jahr über allen Veranstaltungen liegt als Ausfluß der Armut, der Krisenzeit, der gebrochenen äußeren Macht Deutschlands ein nicht ungesundes Symptom einer inneren Einkehr. Hat man doch energisch sich entgegengestellt den Geschmacklosigkeiten, deren sich im Geiste der heutigen Zeit die Reklame zu geschäftlichen Zwecken bedienen wollte; hat man doch, um diese Geschmacklosigkeit und den Phrasenaufbausch zu vermeiden, sogar aus ehrlichem aber kurzem Denken heraus die Jahrhundertfeier überhaupt unterbinden wollen. Es war dies merkwürdig, weil es keineswegs der innern Wahrheit entsprechen konnte, die doch auch darinnen besteht, daß man das Dankesgefühl, die Bewunderung, in festliche Stimmung kleiden will: denn eine «gottgewählte Stunde» ist die, welche eine der reifsten und geistig stärksten Seelen zur Erde niedersendet oder zurückruft; ihre zyklische Wiederkehr im Jahrhundertrhythmus ist eine Festtags-Angelegenheit. Aber Furcht vor der Phrase und der hohlen Geste ist ein berechtigtes Gefühl, und man kann verstehen, wenn dieses sich als Widerstand äußert gegen bloßes Getue, gegen banausisches, seichtes Gebaren. So verfällt man denn in jenes andere Extrem, das Goethe in seiner mild-nachsichtigen und prägnanten Weise charakterisiert hat mit den Worten: Im Deutschen lügt man, wenn man höflich ist. – Fast wäre man geistig unhöflich geworden, nur um nicht unwahr zu sein. Es war selbstverständlich, daß ein solcher Protest nicht Gehör finden würde; denn das Herz ist in solchen Dingen oft klüger als der Kopf. Wie sehr auch das Verständnis für Goethe abgenommen hat und wie wenig auch mit seinen Gedanken gelebt wird, das Volksherz fühlt doch, daß es sein Höchstes preisgibt, wenn es seiner größten Söhne an solchem Tage nicht feierlich gedenkt. Es wäre etwas wie Selbstmord, wenn man unterbinden wollte die Gefühlsäußerungen, die aus mächtigen Untergründen heraus, eine gottgewählte Stunde feiern wollen.

Goethe: der Name nur wird ausgesprochen, und alles rund herum wird lebendig. Ein weltenweiter Horizont erschließt sich. Dieser Name führt uns weit hinaus über unsern zeitlichen Gesichtskreis, umfaßt nicht nur die Tiefen deutscher Sprachkultur, leuchtet uns nicht nur entgegen aus den Wäldern deutscher Dichtung: nein, die Menschheit wird mit diesem Namen zu sich selbst gerufen; der Werdeprozeß des Erdenorganismus schwingt in ihm mit; Wolkenformen erglänzen, Nebel wehen und Farbenzauber bricht sich Bahn; Steine, Pflanzen und Tiere wesen und wechseln in mannigfacher Gestaltung. Alle Menschheitsstimmen werden wach; sie tönen uns wieder entgegen aus dem in lebendiger Wandlung sie bergenden Zeitenschoße. Er hält die Zeit fest mit seinem Dichterwort: ihre Erscheinungen, ihr Schaffen, ihre Typen, ihre Individualitäten, sie alle werden von der Fackel dieses Geistes neu und tiefer beleuchtet. Wie von magischem Licht durchflutet treten sie aus ihrem Dämmerdunkel heraus, die Helden der nähern und der fernen Vergangenheit; mit ihnen, farbenschillernd, ihre ganze Epoche. Und auf dem Hintergrunde dieses Farbenreichtums leuchten sie auf wie weißes Seelenlicht, die zarten Gestalten, die von der erlösenden Kraft der Liebe sprechen, in Worten, durchzittert vom Hauch der Ewigkeit. Sie führen den Fluchbeladenen, Schicksalzermalmten, wieder der Gnade entgegen. Sie senken in seiner Seele ein Licht, das ihn über den Tod hinaus leiten wird zu höherer Gestaltung. Und dieses Bewußtseinslicht, das selbst einen Achilles über sein zorniges, rohes Urbild hinauswachsen läßt in dem wunderbaren Fragment «Die Achilleis», es nimmt den Helden nichts von ihrer Urwüchsigkeit und Lebendigkeit, es gießt nur über sie einen Schimmer jener Göttlichkeit, den jeder Mensch in seinem unsterblichen Ich verborgen trägt. Das eine Leben erscheint dadurch als ein Glied in der Kette eines höheren Geschehens, eines tieferen Wollens. Diese dauernde Kette sucht der Dichter zu ergreifen durch seine Gestalten, aber auch durch seinen wissenschaftlichen Forschungseifer, der ihn zur Ganzheit der Erscheinungen führt und ein Teil seiner schaffenden Kraft ist. Wie seine grüne Schlange in dem Märchen der deutschen Ausgewanderten, durchsucht er alle Klüfte der Erde, schlürft in sich das Gold, das er findet und durchleuchtet sich damit, gibt uns dann in seinen Werken die in Edelsteine zerfallenen Teile seines Wesens. Und wie in dem Licht der Edelsteine Sonne und Planeten in ihren Kräften weiterschimmern, so in den Werken Goethes die mannigfaltigsten Kulturblüten und Kulturwendepunkte der Menschheit. Die wunderbare Kristallisationskraft seiner Gedanken bewirkt dieses Leuchten der Sprache. Die Rhythmen fliegen ihm schon in der Jugend zu wie Melodien von den Sternen, in seinem Alter beherrscht er die Maße und ihre Klangesfülle wie einer, der selbst von den Sternen gelernt hat zu lenken und zu herrschen. Das ward ihm, weil er die ganze Fülle jenes Göttertranks schon hier auf Erden durchkosten konnte, der aus Menschenleid und -lust und -liebe den Göttern als Opfer dargebracht wird. Gebend und nehmend nahm er teil am Opfer.

Goethe war zwar nicht einer jener Wenigen, vom Schicksal Auserwählten, welche die Sünden der Menschheit auf sich nehmen und zu ihrer Erlösung schreiten. Seine Berufung war das Darleben des vollen Menschenwesens. Zusammenfassend sollte er noch einmal alle Höhepunkte des Menschtums durchleben in einer Weise, die veredelnd emporhob, was er berührte; denn ihm wandelte sich alles Menschliche um ins Künstlerische. Es objektivierte sich, wurde gegenständlich. Das war die Zauberkraft seinen Wesens: was er berührte, wurde Kunst. Wie in den Tiefen der Erdenschichten der Edelstein sich bildet, so durchstrahlte ihm der Geist das Alltagserlebnis und schuf sich die künstlerische Form, machte es zum Gefäß eines Erkenntnisgehalts, der die eigentliche Realität war, und für welchen das natürliche Geschehen nur Gleichnis und Sinnbild sein konnte. Himmel und Erde durchdringen sich bei Goethe wie einst in Griechenlands Blütezeit. Deshalb konnte er auch erst ganz frei werden und ganz er selbst in Italien, durch welches Griechenland zu ihm sprach. In Luft und Landschaft, in den Schöpfungen der Kunst, in den Überresten jener gottbegnadeten Kultur konnte er einen Hauch von Griechenland erhaschen, konnte etwas verspüren von dem harmonischen Gleichgewicht, in dem einst Gott, Natur und Mensch zu einander standen. Alle seine Schaffenskräfte, die gedroht hatten zu erstarren, ihn zu ersticken, wurden wieder wach. Jenes ersehnte und nun betretene italische Land und jener Himmel bargen noch in sich die Schönheit, die einer solchen Vermählung von Geist und Sinnenschein entspricht. Sie sollte ihm die Kraft geben, die nach abwärts sich senkende Zivilisation der Gegenwart zu ertragen.

Wie stark der Einschlag der griechischen Kultur in seiner Seele sich geregt hatte, zeigen ja schon seine Jugenddichtungen. Am stärksten wohl jenes Sturmlied, das in seinem überschäumenden Drängen fast atemraubend ist, aber so durchpulst und durchglüht von übermächtigem Erlebnisfeuer, daß es uns die Höhepunkte eines griechischen Jünglingsdaseins mit packender Gewalt vor die Seele führt: dieses Durchlodertwerden vom eigenen Dämon, dieses köstlich erquickende

Untertauchen in den Schönheitswellen der Musen und Charitinnen, dionysisches Vergehen in der Unendlichkeit des Schmerzes und apollinisches Entrücktsein in den Harmonien des Sphärenklangs, das Brausen Jupiters in Sturm und Blitz, und dann wiederum sausendes Wagengerassel und wilder Peitschenknall auf der Zeus geweihten olympischen Bahn! Ist es nicht, als ob der Dichter sein eigenstes Erleben noch einmal, Jahrtausende überspringend, in Worte wiederhallen läßt, es hinausjauchzt, so daß es alle Maße durchwirbelt und durchbricht, und wir hier eine rhythmische Prosa über uns flutend haben, die dem hohen Tageserleben jener überschäumenden Feststimmung an Kraftausströmung gleicht!

Und wie gebändigt tritt uns griechisches Erleben entgegen in «Iphigenia», so wie sie in Italien wiedergeboren worden ist. Die seelische Durchdringung mit Griechenland liegt für Goethe zwischen der Prosafassung und der spätern metrischen Gestaltung seiner Iphigenie. Gotische und dorische Gestaltungsimpulse in Sprache umgesetzt! Kühner aussteigender Spitzbogenschwung und ruhiges Dahinfließen tragender Säulenkraft. Das wuchtigste Schicksal: Götterfluch auf titanischen Heldenschultern durch den Zauber des in edlen Maßen hingleitenden Wortes wie zur Harmonie umgewandelt. Als Umgebung: barbarisches Skythentum, das im Tempel der Artemis einst einen griechischen kolonisatorischen Einschlag erhalten hat und noch davon erhellt wird! Es ist, als ob alle Blätter des heiligen Hains flüstern und singen von griechischem Geist, der alles Rohe bezwingen muß. «Iphigenia» ist reinstes Griechentum, emporgehoben zum Ichbewußtsein, nicht Nachbildung, sondern Metamorphose auf höherer Stufe des Besten, was einst der griechische Geist ersann.

Zu hehr für das noch nicht durchläuterte Ich einer Faustnatur wäre die Idealgestalt der Iphigenia. Sie entschwebt ja schon der Erde. Aber alles schönheitstrunkene Sehnen G o e t h e - F a u s t s mußte zurückgreifen zu jener Zeit, wo im Griechentum durch das Ineinanderdringen von Himmel und Erde Werke entstanden und Taten getan wurden, welche den wachgewordenen Sinnen die Erde als den Gipfelpunkt der Glückseligkeit erscheinen ließen. Dieser Rausch ist festgehalten in der Gestalt der Helena; ihn mußte Goethe-Faust noch einmal durchleben, ihn hervorholen aus dem Arkanum des Zeitenschoßes. Helenas Bild schillert vor Faust bei seiner ersten Berührung mit dem Gedächtniskreis der Erde; es wird ihm keine Ruhe geben, bis er in diese Welt der weiterwesenden, nie zerrinnenden Gestaltungen untertaucht, die der Mutterschoß der rückwärtsflutenden Zeit aufbewahrt in grenzenloser Raumlosigkeit, «in der Gebilde losgebundenen Reichen». Aber dieser so emporgehobene und erfaßte Schönheitstraum wird dem Dichter Goethe die Kraft geben zur Verwirklichung seines höchsten Strebens: die Geheimnisse der Natur und des Geistes, die hinter der irdischen Offenbarung verborgen sind, in das künstlerische Wort zu bannen.

Hinter das Griechentum zeitlich zurücktretend, in Urzustände der Menschheit, als sie von Göttern die ersten Gaben für eine künftige Eroberung der Erde empfing, führt uns der Dichter in seinem großartigen Entwurf zu einem Pandora-Drama, so großartig, daß der erste Akt ein geschlossenes Drama wurde, nicht zu überbieten durch weiteren Ausbau. In Bildern, wie sie das Griechentum geschaffen hat, in einer Sprache von nicht zu übertreffender Schönheit erleben wir wie eine Heimat der Formkräfte; ein Reich der Urbilder, das, emporsteigend aus der Büchse der Pandora, alle kommenden Kulturen befruchten mußte, befruchtet hat bis in unsere Gegenwart hinein. Fließende Beweglichkeit, zu Goldlicht geprägter Schein, gestalteter Wille – das ist «Pandora», als Dichtung noch fern wie ein Stern jenem Verständnis, das vom heutigen Denken vermittelt wird.

Doch damit hatte Goethe den Kreis der durch das Griechentum realisierten Weisheit durchlaufen. Für die Erlösung des Menschen, dem heute Geist und Organisation des Griechen nicht mehr zu Gebote stehen, der in die Materie verstrickt ist, bedurfte es noch anderer Kräfte. Sie zu finden, durchforschte er mit seiner Wissenschaft den Erdenraum, nach Maßstab aller ihm zu Gebote stehenden Möglichkeiten; versenkte sich in die Literaturen des Morgenlandes wie in die des Abendlandes, durchprüfte noch einmal alles das, was ihm das Studium okkulter Schriften und seine einst getriebenen alchimistischen Versuche hatten geben können. Die Erforschung der Natur hatte ihn bis an das Tor der Wissenschaft des Geistes geführt; seiner letzten Erkenntnis gab er Ausdruck im Faust in Bildern des Christentums; und in den «Unterhaltungen deutscher Ausgewanderter» in Bildern des Märchens. Die «Geheimnisse» aber blieben unvollendet. Bruder Markus durchschreitet das Tor, gelangt in den Vorhof, darf in der reinlichen Zelle ruhen, aus welcher er das geheimnisvolle Klingen vernimmt –, aber noch ist er in der Zelle eingeschlossen; hineilend zum Fenster erblickt er drei Gestalten mit Fakkeln in den Händen: sie verschwinden in der Ferne.

Im unterirdischen Templ zeigte uns Goethe, wie drei Könige warten, daß die Zeit sich erfülle: das Opfer der Schlange bewirkt, daß der Tempel sich zum Sonnenlicht emporheben kann. Hier in den Geheimnissen haben wir ein anderes Bild. Wir sollen mit Bruder Markus geduldig durch gewundene Pfade wandeln, auch wenn sie sich in den Büschen zu verlieren drohen. Nach langem Wandern treten wir vor ein Tor, das ihn mit heiligem Schauer erfüllt, denn:

«Das Zeichen sieht er prächtig aufgerichtet,
Das aller Welt zu Trost und Hoffnung steht,
Zu dem viel tausend Geister sich verpflichtet,
Zu dem viel tausend Herzen warm gefleht,
Das die Gewalt des bittern Tods vernichtet,
Das in so mancher Siegesfahne weht:

Ein Labequell durchdringt die matten Glieder,
Er sieht das Kreuz und schlägt die Augen nieder.

Er fühlet neu, was dort für Heil entsprungen,
Den Glauben fühlt er einer halben Welt;
Doch von ganz neuem Sinn wird er durchdrungen,
Wie sich das Bild ihm hier vor Augen stellt:
Es steht das Kreuz mit Rosen dicht umschlungen.
Wer hat dem Kreuze Rosen zugesellt?
Es schwillt der Kranz, um recht von allen Seiten
Das schroffe Holz mit Weichheit zu begleiten.

Und leichte Silberhimmelswolken schweben,
Mit Kreuz und Rosen sich emporzuschwingen,
Und aus der Mitte quillt ein heilig Leben
Dreifacher Strahlen, die aus einem Punkte dringen ..»

Damit hat Goethe im Bilde dasjenige gegeben, was der Mensch seiner Zeit als offenbares Geheimnis der ganzen Menschheit geben durfte. Mehr Licht zu geben war versagt. Es mußte sich dasjenige erfüllen, was die Menschheit als solche, wenn auch mit blinden Augen, zur Schwelle brachte, an der ihr das «Besinne dich» zugerufen wird. Der Weg zu dieser Schwelle führte durch eine Wüste. Die Wüste des ödesten Materialismus, des Abfalls der Kunst vom Geiste, des Versinkens der Natur in den blinden Mechanismus bis zu der endlichen Herrschaft der Maschine über den Menschen. An diesem Punkte sind wir angelangt, weit weg von den Zielen, die uns Goethe gestellt hat. Gibt es einen Weg zu ihm zurück? Es ist notwendig, ihn zu finden, wenn wir nicht dem geistigen Tod verfallen sollen. Wie grau und hart unser Prüfungsweg in der Rückschau auch scheinen mag, wenn das Licht einer dämmernden Erkenntnis auf ihn fällt, es ist notwendig, ihn in seinem fahlen Verwesungsschimmer zu sehen, damit wir ihm noch in letzter Stunde entrinnen.

*

Aus dieser Überzeugung heraus bringen wir in diesem Buche gesammelt jene Aufsätze Rudolf Steiners, die uns vor Augen führen, welchen gesunden Weg wir verlassen haben, indem wir Goethe vergaßen. Sie sollen durch das Negative, das unsere Zeitenströmung hervorgebracht hat, uns Goethe zeigen in der Positivität seines Wirkens; sie zeigen uns im Denkprozeß so mancher hervorragender Geister der Gegenwart das, was man den Abfall von Goethe nennen kann. Sie stellen fest, daß all das Schöne, welches im ethischen Idealismus noch lebte, nicht genügen konnte, um der Mechanisierung des Denkens entgegenzuwirken. Sie zeigen auch das Mittel, um jener Tyrannis durch den Stoff, jenem dämonischen Egoitätsdogma, zu entgehen. Das Betreten jener Wege, die uns wieder zum Geist zurückführen können, die uns Goethe gezeigt hat, ist die einzige Rettung.

Das Verschiedenartige, Episodische der hier zu einem Bande gesammelten Aufsätze Rudolf Steiners wird in das Licht dieses einen Gedankens gerückt: Wie wird der Menschheit am besten der Weg geebnet, der sie die Quellen des Geistes wiederfinden läßt? Wie kann sie zu dem Punkte geführt werden, an dem sie nicht mehr durch Vorurteil und Autoritätsglauben verhindert wird, die Wissenschaft des Geistes als ein Gebiet anzusehen, in das sich der moderne Mensch hineinwagen darf? Goethe ist dazu der gesunde Ausgangspunkt. Mit ihm, mit Anwendung der für eine lebendige Naturanschauung geltenden Denkmethoden durfte man es wagen, in einem neuzeitlichen Sinne, in der Sprache der Bewußtseinsforschung an die Erkenntnisgebiete heranzutreten, die sich der Sinnesanschauung verschließen.

Ein jeder muß sich seinen Helden wählen, dem er die Wege zum Olymp nacheifern will, sprach, wiederholend jenes Dichterwort, Rudolf Steiner, und beschritt einer Welt zum Trotz in Fortführung des Goethe-Gedankens jene Wege, die, verschüttet und abgebrochen, des Momentes harrten, den

Goethe vorhergesagt hatte: erst um das Jahr 2000, sprach er, würde man ihn verstehen. Das Jahr 2000 rückt unserm Blickfeld näher. Goethe hat in Momenten des Unmuts harte Worte gesprochen über die Zeitgenossen, die Nachwelt und das Publikum*): «Ich will nichts davon hören, weder von dem Publikum noch von der Nachwelt, noch von der Gerechtigkeit, wie sie es nennen, die sie einst meinem Bestreben widerfahren lassen. Ich verwünsche den Tasso bloß deshalb, weil man sagt, daß er auf die Nachwelt kommen wird; ich verwünsche die ‹Iphigenie›, mit einem Worte, ich verwünsche alles, was diesem Publikum irgend an mir gefällt. Ich weiß, daß es dem Tag und daß der Tag ihm angehört; aber ich will nun einmal nicht für den Tag leben ... Ja, wenn ich es nur je dahin noch bringen könnte, daß ich ein Werk verfaßte – aber ich bin zu alt dazu –, daß die Deutschen mich so ein fünfzig oder hundert Jahre recht gründlich verwünschten und aller Orten und Enden mir nichts als Übles nachsagten; das sollte mich außer Maßen ergötzen .... Sie mögen mich nicht! Das matte Wort! Ich mag sie auch nicht! Ich habe es ihnen nie recht zu Danke gemacht! Vollends, wenn mein Walpurgissack nach meinem Tode sich einmal eröffnen und alle bis dahin verschlossenen, stygischen Plagegeister, wie sie mich geplagt, so auch zur Plage für andere wieder loslassen sollte; oder wenn sie in der Fortsetzung von ‹Faust› etwa zufällig an die Stelle kämen, wo der Teufel selbst Gnad' und Erbarmen vor Gott findet, das, denke ich doch, vergeben sie mir sobald nicht!»

Es sind harte Worte.

Sie dürften uns zur Selbstbesinnung aufrufen. Sie zeigen uns, wie wenig Goethe sich verstanden gefühlt hat, wie viel Haß und üble Nachrede ihm entgegengeschleudert worden ist, die er nun mit dieser Verachtung quittiert. Mephistopheles war ihm die Gestalt, durch die er seinen Spott über die

* Gespräch mit Falk, Juni 1816.

kleine Welt hat ausgießen können. Ein Spott, der sich ihm an der Qual bitterer Erkenntnis entrang, eine andere Seite der Faustnatur, die Faust heraussetzen, von der er sich befreien muß, so wie er die Wagnernatur überwinden muß. Schmerzvoller Hohn spottet seiner selbst und weiß recht wohl wie ... «Dreißig Jahre haben sie sich nun fast mit den Besenstielen des Blocksberges und den Katzengesprächen in der Hexenküche, die im «Faust» vorkommen, herumgeplagt, und es hat mit dem Interpretieren und dem Allegorisieren dieses dramatisch-humoristischen Unsinns nie so recht fortgewollt. Wahrlich man sollte sich in seiner Jugend öfter den Spaß machen und ihnen solche Brocken wie den Brocken hinwerfen. Nahm doch selbst die geistreiche Frau von Staël es übel, daß ich in dem Engelsgesang, Gott Vater gegenüber, den Teufel so gutmütig gehalten hätte; sie wollte ihn durchaus grimmiger. Was soll es nun werden, wenn sie ihm auf einer noch höheren Staffel und vielleicht gar einmal im Himmel wieder begegnet?»

Was Goethe über die tieferen Geheimnisse des Daseins wußte, das mußte er mit Bitternis hinunterschlucken. Er spricht es aus in diesen harten Worten. Und er rechnete nicht mehr auf Verständnis. Ja, er rechnete sich's zur Ehre an, nicht verstanden zu werden. Seine Bildersprache war den Zeitgenossen ein versiegeltes Buch. – Und wie ist es in diesem Jahrhundert? Man hat Goethe verloren. Man wird ihn feiern, aber man hat längst die Wege verlassen, die zu ihm führen.

Einer nur hat es gewagt sie zu erschließen; hat versucht, den Wald des Materialismus gleichsam auszuroden; hat es erst versucht in der Sprache der Philosophie, in der erkenntnistheoretischen Durchleuchtung der feinsten Gedankenprobleme. Für ein solches gedankliches Turnen war unsere sportliebende Zeit nicht geschaffen; das Bedürfnis nach sinnlicher Anschauung läßt solches gedankliche Seilschweben unsympathisch und ärgerlich erscheinen. Taub waren die Ohren der Philosophen. Dieser Weg mußte aufgegeben werden. In den gesammelten Aufsätzen dieses Buches sind es die vier ersten, die noch diese Sprache sprechen. Es mußte anders und es mußte zu andern gesprochen werden, sollte der Zusammenklang gefunden werden, sollte der Zusammenklang gefunden werden dessen, was die Zeit heute am meisten brauchen und was aus dem Geiste heraus ihr gegeben werden kann und muß. Das Wagnis mußte unternommen werden, zu allen suchenden Seelen zu sprechen, welchen Kulturkreisen sie auch angehören mochten.

So entstand aus dem Geistverlangen suchender Seelen und dem Hinhören und Entgegenkommen Rudolf Steiners die Anthroposophische Bewegung. Man findet in seinem «Lebensgange» die Situation, in die er damals gestellt war, genau geschildert; man ersieht daraus, wie die Arbeit an Goethe, die Auseinandersetzung mit Goethe ihm Vorstufe ward für ein geistgemäßes Wirken nach außen, das der Zeit und ihren Forderungen entsprach. So war es ihm auch Herzensbedürfnis, dem Bau, der die künstlerische Krönung seines Lebenswerkes wurde, den Namen Goethes zu geben.

*

Das Goetheanum in Dornach, ein Denkmal zu Ehren Goethes, schon lange bevor das Goethe-Jahr die Erinnerung an ihn wieder wachgerufen hat, blickt in ruhiger Würde und geistgegründeter Sicherheit, die keineswegs auf das Bewußtsein irdischer Fortdauer sich stützt, schon seit einer Reihe von Jahren hinab in das schöne Birstal des Jura. Jenes Tal mit seinen anmutigen Höhen, die in der Sylvesternacht 1922/23 so sagenhaft prächtig und schaurig erglühten vom Widerschein der Flammen jenes zerstörten Wunderbaus, den Rudolf Steiners Künstlergeist errichtet hatte, und der in seinen plastischen Formen und ihrer progressiven lebendigen Umbildung ein Ausdruck war des weltbefruchtenden Goetheschen Gedankens der Metamorphose. Dasjenige, was Goethe dem Menschheitsfortschritt als Impuls geschenkt hatte, konnte hier architektonisch, plastisch und malerisch in Formen, die dem angewandten Holzmaterial entsprachen, durch die Schaffenskraft eines an die Goethetat anknüpfenden überragenden Geistes festgehalten werden. Es hätte das Anschauen dieser nun vernichteten geistweckenden Formen unendlich viel der Menschheit geben können, das befruchtend in die Seelen sich gesenkt hätte. Der in jeder Einzelheit künstlerisch durchempfundene Bau, der den Namen Goetheanum erhielt und als Freie Hochschule für Geisteswissenschaft dem wiedererstrebten Einklang von Kunst, Wissenschaft und Religion hätte dienen sollen, fiel den feindlichen Mächten des Hasses und der Zerstörung zum Opfer. Doch Geistgeschaffenes und Menschheitsförderndes wirkt nicht bloß durch die sinnliche Anschauung. Es erzeugt aus dem, was durch Arbeit und Opfermut und fruchtbares Gedankenleben geschaffen worden ist, neue Kräfte, die von innen heraus die Seelen ergreifen und inspirierend auf sie wirken. Und Menschen, die sich solchen Einflüssen durch stetes ringendes Streben erschließen, wird es immer geben. Was zu groß und tief gewesen ist für eine den Dekadenzkräften hingegebene Zeit, die es an sich hat vorbeiziehen lassen, ohne es zu fassen und zu ergreifen, was aber notwendig war, damit geistige Zukunftskräfte in den Verwesungsprozeß unserer Zivilisation hineingesenkt würden, das wird, gestärkt und verinnerlicht durch die Kraft des Verzichts und des Opfers, wieder auferstehen in den Herzen und den Fähigkeiten kommender Geschlechter. Auch wenn es wieder gelänge, die sichtbaren Denkmäler zu zerstören und alle Schriften zu vernichten, in denen ein heute notwendig gewordenes Wissen vom Übersinnlichen niedergelegt ist, so bleibt doch eine im Erdenwirken mit dem Geistwillen sich verbindende, gottwollende

Kraft bestehen und findet auch außerhalb des Sinnenscheins jene Wege, die in die Herzen dringen. Geistsubstanz bleibt als Kulturferment bestehen: dies ist der in der Not und Krisenwirrnis unserer Zeit tröstende und stärkende Gedanke.

Wenn auch das erste, duch seine künstlerische Vollendung dem Namen Goethes und Rudolf Steiners voll gerecht werdende Goetheanum zu Asche geworden ist, und wenn auch das zweite Goetheanum, das wie eine feste Burg aus den Trümmern des ersten sich erhoben hat, durch die Schlichtheit seiner Innenräume nur ein schwacher Ersatz ist für die frühere formvollendete Schönheitswelt jenes dahingesunkenen, so ist doch auch der äußerlich jetzt in strengen Linien und innen im notwendigen Verzicht sich erhebende neue Bau so sehr aus den Opferkräften und dem Gottvertrauen geistergebener Menschen entstanden, daß er ein sittlicher Kraftfaktor sein kann innerhalb einer Welt der sprühenden Egoität. Dies bekunden seine Formensprache und die in ihm geleistete Arbeit, und dies gibt ihm seine Würde und jene innere Sicherheit, die utopistisch scheinen könnte: ist er doch hineingestellt in eine Welt des Abbaus und Zerfalls, in eine Zeit der Vernichtung aller bestehenden ethischen Werte und ökonomischen Grundlagen. Doch, gegründet in dem Gefühl der freien sittlichen Verpflichtung gegenüber einer geistigen Notwendigkeit und der Dankbarkeit gegenüber erhaltenem unermeßlichem Geistesgut, mußte er aus den Trümmern des ersten erstehen, wenn auch die Krisis der Zeit sein Bestehen in Frage zu stellen scheint, und von Monat zu Monat die Ungewißheit besteht, ob sich die Arbeit wird durchtragen lassen. Das kleine auf seine eigenen Kräfte gewiesene Häuflein Menschen, das hier den Aufgaben der Zukunft dienen will, steht einer Welt von Hindernissen und Feindschaft gegenüber. Es gibt sich keinen Illusionen hin über das Mangelnde seiner eigenen Kräfte und Fähigkeiten, aber es weiß: diese muß es einsetzen, damit geschähe «was geschehen *muß*».

Rudolf Steiner begann seine geisteswissenschaftliche, menschenweckende Tätigkeit mit dem Hinweis auf Goethe. Ausgangspunkt für seine Darlegung der neuen Geisteslehre wurde ihm «das Märchen von der grünen Schlange und der schönen Lilie», in welchem Goethe in Bildgestalt sein Glaubensbekenntnis niedergelegt hat. Es ruht darin ein tief esoterischer Kern, den Rudolf Steiner in der Sprache der Bewußtseinserkenntnis uns nahe gebracht hat. Dieser esoterische Gehalt, der ein objektiver ist und aus dem die Kräfte einer geistigen Zukunftsgestaltung der Menschheit erblühen können, ist auch den vier modernen Mysteriendramen Rudolf Steiners zugrunde gelegt. Was jahrzehntelang in seinen Gedanken sich formte und Gestalt gewann, wurde dann in den Nächten eines mitten im Menschengetümmel mit treibender Tagesarbeit überfüllten Sommermonats niedergeschrieben. Und was im «Faust» drängendes Streben ist, hier wurde es ruhige Erkenntnisgrundlage, entnommen den im Märchen zu Bildern gestalteten kosmischen Mächten der Schönheit, Weisheit und Schaffenskraft.

Für das Eindringen in die Gesetzmäßigkeit der Geisteswissenschaft wies seit dem Anfang des Jahrhunderts Rudolf Steiner hin auf die Gedankenmethodik Goethes, die dieser seinem Erfoschen der lebendigen Gesetzmäßigkeit der Natur zugrunde gelegt hatte, und die ihm den hinter den Naturgeschehnissen wirkenden Geist offenbarte. In der Fortsetzung jener Denkmethoden, in ihrer Anwendung auf die Erscheinungen des im Sinnlich-Unwahrnehmbaren wirkenden Geistes sah Rudolf Steiner den für die Neuzeit gebotenen Weg, um in steigender Ichbeherrschung zu konkreten Gewißheiten zu kommen und die Unsicherheiten eines bloß abstrakten Idealismus zu überwinden.

In konsequenter Durchführung dieses Erkenntnisprinzips wurde in der Anthroposophischen Gesellschaft jahrzehntelang zu arbeiten versucht. Das so erlebte Ineinandergreifen von Kunst und Wissenschaft als einem in sich harmonisch gefügtem Tor der Erkenntnis führte bald zum Gedanken der Ausgestaltung eines Baus, der eine Umhüllung jenes Gedankens werden könnte. So entstand aus der tatkräftigen Begeisterung der in solchem Sinne strebenden Menschen das Goetheanum, der leuchtende Holzbau in plastischen, handgeschnitzten, organisch wirkenden Formen, auf fester Zementgrundlage, unter den zwei ineinandergreifenden Kuppeln aus opalisierend schimmerndem nordischen Schiefer. Der von Rudolf Steiner entworfene, errichtete und im Innern ausgeschmückte Bau, den wir das erste Goetheanum nennen, und der nun in unserer Erinnerung lebt als etwas, was der Menschheit wie eine Leuchtwarte zum Geiste hin hätte dienen können, ist ihr genommen von den dem Fortschritt gegnerischen Mächten.

Schon in den ersten Jahren seiner Tätigkeit als Begründer einer exakten Geisteswissenschaft wies uns Rudolf Steiner – zunächst aus Anlaß der großen Feste, die sinngemäß im Geiste einer sich offenbarenwollenden zeitgemäßen Esoterik gefeiert wurden – hin auf jenes Fragment Goethescher Dichtung «die Geheimnisse», das ein anderer Versuch ist, den esoterischen Quellen Bildgestalt und dichterischen Ausdruck zu geben. Vielfach wurden die «Geheimnisse» bei solchen Gelegenheiten gesprochen, die dahinterstehenden Impulse ins Bewußtsein gehoben und gemeinsam erlebt. Sie bildeten gleichsam die Schwelle zu jenem Tor der Erkenntnis, durch das mit Hilfe der Geisteswissenschaft nun die Menschen hindurchschreiten sollen, um sich selbst zu finden, um ihre im Zerstiebungsprozesse befindliche Menschheit zu retten. Strenge Gegenständlichkeit des Sprechens, Abkehr von allem persönlich Empfundenem, Gedachtem, Gewolltem, ein Hinüberfließen in das ernste Innenwesen des Wortes, nicht des eigenen engen Selbstes, erwies sich als notwendig beim Sprechen solcher Dichtung, wie es ja auch bei den Liedern und Hymnen von

Novalis und den Sprüchen Rudolf Steiners, bei den Gedichten Morgensterns und Albert Steffens der Fall ist. Aus Form und Inhalt der «Geheimnisse», der zur Seelenruhe gehobenen Geistgespräche Fausts, des epischen Stroms des Geschehens in Goethes «Achilleis», der klingenden Maße und Bewegungsharmonien in Goethes «Pandora» ergab sich die Möglichkeit einer Wiedererneuerung der Sprechkunst im Geiste des von Goethe selbst Gewollten, wie er es so vielfach in seinen Schriften bekundet und als Frucht seiner Arbeit mit darstellenden Künstlern schildert.

Aber aus diesem geistgegründeten, organisch sich entfaltendem, an Goethe geschultem, und in tausend Umgestaltungen sich darlebendem, schöpferischem Denken Rudolf Steiners konnte auch eine neue Kunst als Offenbarerin geheimer Naturgesetze ins Leben treten: die Kunst der Eurythmie; jener Bewegungskräfte, welche auch der Sprache zugrunde liegen, die dem Wesen des Wortes entstammt und alle anderen Künste befruchten, aus der Erstarrung lösen kann. Sie erst macht eine vollwertige szenische Darstellung des Faust möglich. Diese Kräfte waren es, die hinüberflossen in die Formen des dem Andenken Goethes gewidmeten Baus; sie machten aus der Architektur und Plastik einen äußerlich zum Stillstand gebrachten Bewegungsrhythmus, der innerlich um so regsamer sich kundtat und die Wände gleichsam durchbrach, wetteifernd in dieser durchscheinenden Beweglichkeit mit den lichtschimmernden farbigen Glasfenstern, die den Aufstieg des Menschen zur Erkenntnis in handgravierten Bildern wiedergaben (nach einer von Rudolf Steiner neu geschaffenen, nun aber auch schon anderwärts angewandten Technik) und den aufsteigenden Farbkurven der Kuppelwölbungen, die ihre Leuchtkraft aus dem von Pflanzen besonders hergestellten Farbmaterial erhielten, eine Umrahmung bildend für die progressive Darstellung kosmischen Geschehens und Menschheitswerdens.

Hätte Goethe durch diesen Bau wandeln können, er hätte ein seines Genius würdiges Denkmal erkannt und freudig begrüßt. Die Gestalt seines zum Ich emporstrebenden Faust wäre ihm in der Kuppelmalerei des Innenraumgewölbes inmitten der Kulturrepräsentanten und der sie inspirierenden Genien entgegengetreten. Er hätte die Lösung der von ihm noch nicht durchschauten Geheimnisse erblickt in der mächtigen Holzplastik, die den göttlichen Menschheitsrepräsentanten und Befreier zwischen den besiegten und – erlösten Gewalten des Widerstands hindurchschreiten läßt. Das von ihm und Schiller erstrebte Ziel, Kunst zu einem Erkenntnisorgan machen, hätte hier einen weiteren Ausdruck gefunden. So hätte er eine weiterschreitenden Erfüllung seines Strebens nach Wiedervereinigung von Kunst, Wissenschaft und Religion erlebt.

Die Notwendigkeit einer Geisteswissenschaft als Rettung aus der Krisis, in die uns der einseitige, selbst in den Religionen sich als Gesinnung breit machende Materialismus stürzte, hat auf die Frage, die sich Rudolf Steiner in der Mitte seines Lebensganges stellte: «Muß man verstummen?», als Antwort die Anthroposophie erstehen lassen: die Wissenschaft vom Geiste des Menschen in der Welt, und vom Geiste der Welt in dem Menschen, der durch unzählige Metamorphosen und Entwicklungsstadien hindurch den Weg zu seinem Ursprung zurückfindet. Und da diese Wissenschaft vom Geiste in Goethes geistgemäßer Naturerkenntnis tief begründet ist, und ihre Entfaltung zum Konkret-Geistigen hin nur durch gewisse Schranken gehemmt war, die ihn von der direkten Erfahrung im Übersinnlichen trennen, nicht aber seine Intuition und sein inneres Wissen berührten, so durfte der Bau, der ein Ausdruck sein sollte der Anthroposophischen Geist-Erkenntnis und eine Arbeisstätte für deren Pflege: «Goetheanum» genannt werden. Das Feuer, das ihn vernichtet hat, wird weiterleben in den Herzen derer, die seinen Zielen dienen wollen und damit dem Geiste Goethes und der Zukunft der Menschheit.

In einer Zeit, wo man es wagt, aus vorgefaßten Meinungen heraus Goethes Andenken in einer solchen Weise anzugreifen, daß man ihn, weil er Aufklärung gesucht hat für manche Rätsel des Lebens in einer der üblichen und staatlich konzedierten Geheimgesellschaften, als Verräter an seinem Freunde Friedrich Schiller und an seiner Nation hinstellt, ist man ganz besonders dankbar für das warme Gedenken alles dessen, was durch ihn an Kräften der Positivität, der Liebe, der Menschlichkeit, der Geistesproduktivität, im Erdenlaufe sich ausgewirkt hat. Und so möge denn dieses Goethejahr den Sinn der Menschen machtvoll hinlenken auf das, was, wenn es ergriffen worden wäre und fortgeführt, das Heilmittel hätte sein können gegenüber dem Verfall unserer Kultur und neue Schaffenskräfte hätte wecken können, Natur und Geist für das erkennende Bewußtsein zu einer wesend-wirkenden, denkerisch-waltenden Einheit hätte verbinden können.

Der vorliegende Band enthält eine Auswahl der Aufsätze Rudolf Steiners, welche er zwischen 1921 und 1925 für die Zeitschrift «Das Goetheanum» geschrieben hatte, und die vollständig enthalten sind innerhalb der Gesamtausgabe im Band Bibl.-Nr. 36 «Der Goetheanumgedanke inmitten der Kulturkrisis der Gegenwart». Über die Gesichtspunkte, welche der vorliegenden Auswahl zugrunde liegen, vergleiche man die Vorbemerkung auf Seiten 9/10. Der Nachweis der jeweiligen ersten Veröffentlichung in «Das Goetheanum» ist im Inhaltsverzeichnis gegeben.

Hinweise zu den zahlreichen von Rudolf Steiner genannten Persönlichkeiten werden jeweils bei deren erster Erwähnung gegeben. Weitere Nennungen sind aus dem Register ersichtlich. Sofern in den Anmerkungen nichts anderes vermerkt ist, handelt es sich um deutsche Persönlichkeiten.

Werke Rudolf Steiners, welche innerhalb der Gesamtausgabe (GA) erschienen sind, werden in den Anmerkungen mit der Bibliographie-Nummer angegeben. Siehe auch die Übersicht am Schluß des Bandes.

Zu Seite

11 *drei Persönlichkeiten:* Goethe an Zelter am 7. November 1816, und im Aufsatz «Geschichte meines botanischen Studiums», 1817 und 1831.

12 *«Der angebornen Farbe ...»:* «Hamlet», 3. Akt, 1. Szene.

13 *«Da ist Notwendigkeit»:* «Italienische Reise», III, 6. September 1787.

14 *«Eine Notwendigkeit»:* In «Shakespeare und kein Ende», II. Shakespeare, verglichen mit den Alten und Neusten.

in der Zeit ihres Freundschaftsbundes: Friedrich Schiller, 1759–1805, ab 1894 Freundschaft mit Goethe.

das von Goethe berichtete Gespräch: «Glückliches Ereignis», in «Zur Naturwissenschaft überhaupt, besonders zur Morphologie». Ersten Bandes erstes Heft, 1817.

18 *Kaspar Wilhelm Borck (Bork),* 1704–1747. Als preußischer Gesandter in London übersetzte er Shakespeares «Julius Caesar» 1741.

22 *Karl Julius Schröer,* 1825–1900. Von 1866–1895 Dozent für Literaturgeschichte an der Technischen Hochschule in Wien. Siehe Rudolf Steiner «Mein Lebensgang» (1923–25), GA Bibl.-Nr. 28.

Tragödie von Mayerling: In Mayerling (Niederösterreich) fanden am 30. Januar 1889 Kronprinz Rudolf von Österreich mit Baronin Vetsera den Tod.

Nero (Lucius Domitius), 37–68 römischer Kaiser. Bekannt wegen seiner grausamen Ausschweifungen.

23 *Ernst von Lasaulx*, 1805–1861. Die wichtigsten Schriften gab Dr. H. E. Lauer unter dem Titel «Verschüttetes deutsches Schrifttum», Ausgewählte Werke 1841–1860, Stuttgart 1925, wieder heraus.

28 *meines Aufsatzes «Anthroposophie und Idealismus»*: Veröffentlicht in «Das Goetheanum», Jahrg. II, Nr. 38, 29. April 1923; siehe Seite 165 der vorliegenden Ausgabe.

Ungestört verlief das Gespräch: In einem Brief aus Weimar vom 4. September 1891 an Pauline Specht schreibt Rudolf Steiner: «... In den letzten Tagen war auch Herman Grimm einige Tage hier, mit dem bekannt zu werden, mir sehr erfreulich war. Er ist ein Mann, der durchaus die Dinge von hohen Gesichtspunkten aus ansieht, und das zu vernehmen ist eine Wohltat...» Siehe Rudolf Steiner, Briefe Band I, Dornach 1955, (GA Bibl.-Nr. 38/39).

29 *«Hauptstadt der Welt»:* «Italienische Reise I», 1. November 1786.

30 *Marcus Junius Brutus*, 85–42 v. Chr., Römischer Politiker, war an der Verschwörung gegen Caesar führend beteiligt.

Achill. Gestalt aus der griechischen Mythologie. Sohn des Peleus und der Thetis. Als der tapferste, schönste und herrlichste aller griechischen Helden geschildert.

Agamemnon. Gestalt aus der griechischen Mythologie. Sohn des Atreus, König von Mykene.

38 *Julian Schmidt*, 1818–1886, Kritiker und Literarhistoriker. «Bilder aus dem geistigen Leben unserer Zeit», Leipzig 1871–1873.

Wilhelm Scherer, 1841–1886, Germanist, Mitbegründer des Goethe-Archives in Weimar.

Lachmann-Hauptische Schule: Philologische Textkritik an der antiken, biblischen und altdeutschen Literatur.

Kurt Lachmann, 1793–1851, klassischer Philologe und Germanist.

Moriz Haupt, 1808–1874, klassischer Philologe und Germanist.

Erich Schmidt, 1853–1913, deutscher Literaturhistoriker. 1885 Direktor des Goethe-Archives in Weimar.

41 *Kant-Laplacesche Hypothese:* Immanuel Kants (1724–1804) kosmogonische Nebeltheorie «Allgemeine Naturgeschichte und Theorie des Himmels oder Versuch von der Verfassung und dem mechanischen Ursprunge des ganzen Weltgebäudes, nach Newtonschen Grundsätzen abgehandelt», 1755, wurde im Jahre 1796 durch den französischen Astronomen und Mathematiker Pierre Simon Laplace (1749–1827) in einigen wesentlichen Punkten ergänzt; allgemein als Kant-Laplacesche Theorie bezeichnet.

42 *Albert Schweitzer*, 1875–1965. Evangelischer Theologe, erst Privatdozent in Straßburg, Musikforscher, Organist, Philosoph, seit 1913 Missionsarzt in Lambarene, Französisch Äquatorialafrika (jetzt Republik Gabun).

Von Reimarus zu Wrede: Titel des 1906 herausgegebenen Buches, das später als erweiterte Ausgabe unter dem Titel «Geschichte der Leben-Jesu-Forschung» erschien.

46 *Maximiliane Brentano*, 1756–1793, Jugendfreundin Goethes.

47 *die Erklärung des Unfehlbarkeitsdogmas:* Im Jahre 1870.

Wilhelm Freiherr von Ketteler, 1811–1877, Bischof von Mainz, anfangs Gegner des Unfehlbarkeitsdogmas.

51 *meines Buches «Von Seelenrätseln»* (1917), GA Bibl.-Nr. 21, Kap. III: «Franz Brentano (Ein Nachruf)».

55 *der schöne Gedanke Goethes:* «Sprüche in Prosa»: «Das Schöne ist eine Manifestation geheimer Naturgesetze, die uns ohne dessen Erscheinung ewig wären verborgen geblieben.»

62/63 *Karl Julius Schröer:* «Die deutsche Dichtung des 19. Jahrhunderts in ihren bedeutenderen Erscheinungen». Populäre Vorlesungen, Leipzig 1875. Vgl. auch Hinweis zu S. 22.

71 *Henrik Steffens*, 1773–1845. Norwegischer Philosoph. «Anthropologie». Neu herausgegeben und mit einer Vorrede und Anmerkungen versehen von Dr. Hermann Poppelbaum, Stuttgart 1922.

79 *Friedrich Nietzsche*, 1844–1900, «Vom Nutzen und Nachteil der Historie für das Leben», 1874. Zweites Stück der «Unzeitgemäßen Betrachtungen».

81 *«wenn sie am notwendigsten wäre ...»:* Die ausgelassene Stelle im Zitat heißt: «Die Athener verbannten durch das Scherbengericht die überragenden, der demokratischen Gleichheit gefährlichen Mitbürger; die marxistische Lehre ...».

83 *Oswald Spengler*, 1880–1936. Pessimistischer Kulturphilosoph. «Der Untergang des Abendlandes. Umrisse einer Morphologie der Weltgeschichte.» Zweiter Band: «Welthistorische Perspektiven», München 1922.

96 *Awesta:* Teil der religiösen Literatur der Anhänger Zarathustras in einer altiranischen Sprache.

98 *Cecil:* Englische Familie. William Cecil Lord Burghley, erlangte durch seine beiden Ehen die Titel eines Earl of Exeter und Earl of Salisbury.

100 *Ich habe in meiner «Philosophie der Freiheit»:* «Die Philosophie der

Freiheit. Grundzüge einer modernen Weltanschauung. Seelische Beobachtungsresultate nach naturwissenschaftlicher Methode» (1894), GA Bibl.-Nr. 4.

112 *Benedetto Croce*, 1886–1952, italienischer Kultur- und Geschichtsphilosoph. «Goethe», Zürich, Leipzig, Wien 1920.

114 *Charlotte Buff*, 1753–1828. Sie lernte Goethe 1772 in Weimar kennen, heiratete 1773 J. Ch. Kestner.

119 *Kunst eine Offenbarung:* Sprüche in Prosa, siehe Hinweis zu S. 55.

120 *Gottfried von Berlichingen*, 1480–1562. Sein Lebensbericht diente Goethe als Quelle für sein Drama «Götz von Berlichingen».

124 *Er hat da auch den Satz ausgesprochen:* In «Der Versuch als Vermittler von Objekt und Subjekt»: «Diese Bedächtlichkeit, nur das Nächste ans Nächste zu reihen, oder vielmehr das Nächste aus dem Nächsten zu folgern, haben wir von den Mathematikern zu lernen, und selbst da, wo wir uns keiner Rechnung bedienen, müssen wir immer so zu Werke gehen, als wenn wir dem strengsten Geometer Rechenschaft zu geben schuldig wären.»

126 *In meinen Einleitungen zu Goethes naturwissenschaftlichen Schriften:* Die naturwissenschaftlichen Schriften Goethes wurden von Rudolf Steiner 1883–1897 mit Einleitungen und Kommentaren im Text herausgegeben in Kürschners «Deutsche National-Litteratur» (Nachdruck in 5 Bänden Dornach 1975, GA Bibl.-Nr. 1 a–e). Eine selbständige Ausgabe der Einleitungen erschien 1925 unter dem Titel: «Goethes Naturwissenschaftliche Schriften», GA Bibl.-Nr. 1.

Joseph Kürschner, 1853–1902. Lexikograph, Herausgeber der «Deutschen National-Litteratur».

127 *Johann Christian August Heinroth*, 1773–1843. Anthropologe und Psychiater, Professor der psychischen Heilkunde an der Universität Leipzig. Sein «Lehrbuch der Anthropologie» erschien 1822.

Goethe hat sich darüber tief befriedigt ausgesprochen: Siehe Hinweis zu S. 126, Band II, in dem Aufsatz «Bedeutendes Fördernis durch ein einziges geistreiches Wort».

Robert Zimmermann, 1824–1898, Ästhetiker und Philosoph. «Anthroposophie im Umriß. Entwurf eines Systems idealer Weltansicht auf realistischer Grundlage», Wien 1882.

129 *in der Theosophischen Bibliothek Vorträge, deren Inhalt in meinem Buche «Die Mystik im Aufgange des neuzeitlichen Geisteslebens»* veröffentlicht ist: (1901) GA Bibl.-Nr. 7. Über den Vortragszyklus, der sich von Oktober 1900 bis April 1901 erstreckte siehe «Die Geschichte

und die Bedingungen der anthroposophischen Bewegung im Verhältnis zur Anthroposophischen Gesellschaft», GA Bibl.-Nr. 258.

130 *aus meinem Buche «Theosophie»:* «Theosophie. Einführung in übersinnliche Welterkenntnis und Menschenbestimmung» (1904), GA Bibl.-Nr. 9.

Annie Besant, 1847–1933. Englische Theosophin, von 1907 an Präsidentin der Theosophischen Gesellschaft.

131 *meine vier ... Mysteriendramen:* «Vier Mysteriendramen» (1910 bis 1913), GA Bibl.-Nr. 14. Siehe die Zeittafel zu den Dramatischen Aufführungen in München zu Beginn dieses Bandes.

132 *Dr. Emil Großheintz*, 1867–1946. Nach dem Scheitern des Münchener Bauvorhabens stellte er aus seinem Grundbesitz Land für den Goetheanum-Bau in Dornach zur Verfügung.

133 *einen naturwissenschaftlichen Kursus:* «Der Entstehungsmoment der Naturwissenschaft in der Weltgeschichte und ihre seitherige Entwickelung» (9 Vorträge vom 24. Dezember 1922 bis 6. Januar 1923), GA Bibl.-Nr. 326.

mein Vortrag: Siehe den Vortrag vom 31. Dezember 1922 innerhalb des Zyklus «Das Verhältnis der Sternenwelt zum Menschen und des Menschen zur Sternenwelt. Die geistige Kommunion der Menschheit». (12 Vorträge vom 26. November bis 31. Dezember 1922), GA Bibl.-Nr. 219.

134 *In der Eröffnungsrede:* Ansprache zur Eröffnung der Anthroposophischen Hochschulkurse am Goetheanum, am 26. September 1920, in «Die Kunst der Rezitation und Deklamation», Dornach 1928, vorgesehen für GA Bibl.-Nr. 253.

136 *Goethe spricht ... die Worte:* In «Sprüche in Prosa».

147 *«Unsere Zeit glaubt; ...»:* In «Von der Kunst zur Wissenschaft». GA Bibl.-Nr. 1, unter VIII.

148 *«Ich denke, Wissenschaft ...»:* Goethe, aus Makariens Archiv.

«Der Stil ruht ...»: Schriften zur Kunst, Kap.: Einfache Nachahmung der Natur, Manier, Stil.

meine Einleitungen zu Goethes naturwissenschaftlichen Schriften: Siehe Hinweis zu S. 126.

150 *Im September und Oktober 1920:* Erster Anthroposophischer Hochschulkursus am Goetheanum, 26. September bis 16. Oktober 1920. Die Vorträge Rudolf Steiners sind enthalten in «Grenzen der Naturerkenntnis», GA Bibl.-Nr. 322.

154 *durch meine eigenen Vorträge:* Ansprachen und Vorträge Rudolf Steiners im Zweiten Anthroposophischen Hochschulkurs vom 3. bis 10. April 1921 in Dornach. In «Die befruchtende Wirkung der Anthroposophie auf die Fachwissenschaften», GA Bibl.-Nr. 75.

155 *Albert Steffen*, 1884–1963, Schweizerischer Schriftsteller. Vorsitzender der Anthroposophischen Gesellschaft 1925–1963.

Im August 1921: Sommerkurs (Summer Art Course) vom 21. bis 27. August 1921. Vorgesehen für GA Bibl.-Nr. 77.

im September 1922: Die hier gemeinte «Bewegung für religiöse Erneuerung» (Christengemeinschaft) geht auf die Initiative von Dr. Friedrich Rittelmeyer zurück.

Ende Dezember und Anfang Januar von 1921 auf 1922: «Die gesunde Entwickelung des Leiblich-Physischen als Grundlage der freien Entfaltung des Seelisch-Geistigen» (Weihnachtskurs für Lehrer am Goetheanum vom 23. Dezember 1921 bis 7. Januar 1922), GA Bibl.-Nr. 303.

156 *Im September 1922:* Während des Französischen Kurses am Goetheanum (Semaine Française) vom 6. bis 15. September 1922, «Die Philosophie, Kosmologie und Religion in der Anthroposophie», GA Bibl.-Nr. 215. Die Autoreferate der Vorträge erschienen unter dem Titel: «Kosmologie, Religion und Philosophie», GA Bibl.-Nr. 25.

der «Dramatische Kurs»: Vom 18. bis 21. Juli 1922. Dr. Steiner gab dazu an jedem der vier Tage Erläuterungen und Ergänzungen. Siehe «Methodik und Wesen der Sprachgestaltung», GA Bibl.-Nr. 280.

ein «Nationalökonomischer Kursus»: 14 Vorträge vom 24. Juli bis 6. August 1922, GA Bibl.-Nr. 340, und «Nationalökonomisches Seminar» (1922), GA Bibl.-Nr. 341.

für Ende Dezember und Anfang Januar: Siehe Hinweis zu S. 133.

157 *Emil Du Bois-Reymond*, 1818–1896, Physiologe. Sein «Ignorabimus» sprach er in einem Vortrag «Über die Grenzen des Naturerkennens» in der zweiten öffentlichen Sitzung der 45. Versammlung Deutscher Naturforscher und Ärzte zu Leipzig am 14. August 1872.

167 *Jakob Frohschammer*, 1821–1893, Philosoph und katholischer Theologe. Er wich von der offiziellen katholischen Lehrmeinung ab und wurde exkommuniziert.

176 *Louis Claude Marquis de Saint-Martin*, 1743–1803, französischer Theosoph. «Des Erreurs et de la Vérité», 2. Ausgabe Lyon 1784, deutsch «Irrtümer und Wahrheit», Hamburg 1782 und Stuttgart 1922/1925, 2 Bände.

LITERATURHINWEIS

(GA = Rudolf Steiner Gesamtausgabe)

Zur Weiterführung und Vertiefung der Darstellungen des vorliegenden Bandes sei auf folgende Ausgaben von Rudolf Steiner verwiesen:

Aufsätze

Methodische Grundlagen der Anthroposophie 1884 bis 1901. Gesammelte Aufsätze zur Philosophie, Naturwissenschaft, Ästhetik und Seelenkunde. GA Bibl.-Nr. 30.

Philosophie und Anthroposophie. Gesammelte Aufsätze 1904 bis 1918. GA Bibl.-Nr. 35.

Vorträge

Pfade der Seelenerlebnisse. Acht öffentliche Vorträge, Berlin 1909/10, GA Bibl.-Nr. 58, Taschenbuch 6220.

Metamorphosen des Seelenlebens. Sieben öffentliche Vorträge, Berlin 1909/10, GA Bibl.-Nr. 59, Taschenbuch 6030.

Was wollte das Goetheanum und was soll die Anthroposophie? Elf öffentliche Vorträge in verschiedenen Städten 1923/24, GA Bibl.-Nr. 84.

Innere Entwicklungsimpulse der Menschheit. Goethe und die Krisis des 19. Jahrhunderts. Sechzehn Vorträge, Dornach 1916, GA Bibl.-Nr. 171.

Die Sendung Michaels. Die Offenbarung der eigentlichen Geheimnisse des Menschenwesens. Zwölf Vorträge, Dornach 1919, GA Bibl.-Nr. 194.

Alte und neue Einweihungsmethoden. Vierzehn Vorträge, Dornach, Mannheim, Breslau 1922, GA Bibl.-Nr. 210.

Menschenfragen und Weltenantworten. Dreizehn Vorträge, Dornach 1922, GA Bibl.-Nr. 213.

Das Geheimnis der Trinität. Der Mensch und sein Verhältnis zur Geistwelt im Wandel der Zeiten. Elf Vorträge, Dornach, Oxford, London 1922, GA Bibl.-Nr. 214.

Geisteswissenschaftliche Erläuterungen zu Goethes «Faust», Band I: Faust, der strebende Mensch. Vierzehn Vorträge, Berlin 1911, Dornach 1915/16 und Straßburg 1910. GA Bibl.-Nr. 272.

Geisteswissenschaftliche Erläuterungen zu Goethes «Faust», Band II: Das Faust-Problem. Die romantische und die klassische Walpurgisnacht. Zwölf Vorträge, Dornach 1916 bis 1919, ein Vortrag Prag 1918, GA Bibl.-Nr. 273.

Goethes geheime Offenbarung in seinem Märchen «Von der grünen Schlange und der schönen Lilie». Ein Aufsatz 1918, elf Vorträge 1904/05, 1908/09 in verschiedenen Städten, Sonderausgabe 5204.

REGISTER

Abkürzungen: A. = Aufsatz
V. = Vortrag/Vorträge
W. = Werke
A = Anmerkung

Soweit bei den Namen nichts anderes vermerkt ist, handelt es sich um deutsche Persönlichkeiten.

Das Lebenswerk, welches Rudolf Steiner der Nachwelt hinterlassen hat, dürfte nach Gehalt und Umfang innerhalb der Kulturwelt wohl ohne Beispiel dastehen. Seine Schriften – die Werke und Aufsätze – bilden die Grundlage für das, was er im Laufe seines Lebens in Vorträgen und Kursen seinen Zuhörern als «anthroposophisch orientierte Geisteswissenschaft» von immer neuen Aspekten aus darstellte und ausführte. Der größte Teil dieser rund sechstausend Vorträge ist in Nachschriften erhalten geblieben. Daneben entfaltete er auch auf künstlerischem Gebiet eine große Tätigkeit, welche ihren Höhepunkt in der Errichtung des ersten Goetheanumbaues in Dornach fand. So liegen eine große Anzahl malerischer, plastischer und architektonischer Arbeiten, Entwürfe und Skizzen von seiner Hand vor. Die durch ihn gegebenen Anregungen für die Erneuerung zahlreicher Lebensgebiete beginnen in der gegenwärtigen Zeit vermehrte Beachtung zu finden.

Seit dem Jahre 1956 wird durch die «Rudolf Steiner-Nachlaßverwaltung» an der Herausgabe der *«Rudolf Steiner Gesamtausgabe»* gearbeitet, die einen Umfang von etwa 330 Bänden erhalten wird. In den beiden ersten Abteilungen erscheinen die *Schriften* und das *Vortragswerk*, während in einer dritten Abteilung das *künstlerische Werk* in geeigneter Form zur Wiedergabe gelangt.

Einen systematischen Überblick über das Gesamtwerk gibt die 1961 erschienene Bibliographie: *«Rudolf Steiner. Das literarische und künstlerische Werk. Eine bibliographische Übersicht»*, auf welche sich die im folgenden verwendete Bezeichnung «Bibl.-Nr.» bezieht. Über den jeweiligen Stand der erschienenen Bände orientiert der Katalog des «Rudolf Steiner Verlages».

Chronologischer Lebensabriß

(zugleich Übersicht über die geschriebenen Werke)

1861 Am 27. Februar wird Rudolf Steiner in Kraljevec (damals Österreich-Ungarn, heute Jugoslawien) als Sohn eines Beamten der österreichischen Südbahn geboren. Seine Eltern stammen aus Niederösterreich. Er verlebt seine Kindheit und Jugend an verschiedenen Orten Österreichs.

1872 Besuch der Realschule in Wiener-Neustadt bis zum Abitur 1879.

1879	Studium an der Wiener Technischen Hochschule: Mathematik und Naturwissenschaft, zugleich Literatur, Philosophie und Geschichte. Grundlegendes Goethe-Studium.
1882	Erste schriftstellerische Tätigkeit.
1882–1897	Herausgabe von Goethes Naturwissenschaftlichen Schriften in Kürschners «Deutsche National-Litteratur», fünf Bände (Bibl.-Nr. 1 a-e). Eine selbständige Ausgabe der Einleitungen erschien 1925 unter dem Titel *Goethes Naturwissenschaftliche Schriften* (Bibl.-Nr. 1).
1884–1890	Privatlehrer bei einer Wiener Familie.
1886	Berufung zur Mitarbeit bei der Herausgabe der großen «Sophien-Ausgabe» von Goethes Werken. *Grundlinien einer Erkenntnistheorie der Goetheschen Weltanschauung mit besonderer Rücksicht auf Schiller* (Bibl.-Nr. 2).
1888	Herausgeber der «Deutschen Wochenschrift», Wien (Aufsätze daraus in Bibl.-Nr. 31). Vortrag im Wiener Goethe-Verein: *Goethe als Vater einer neuen Ästhetik* (in Bibl.-Nr. 30).
1890–1897	Weimar. Mitarbeit am Goethe- und Schiller-Archiv. Herausgeber von Goethes Naturwissenschaftlichen Schriften.
1891	Promotion zum Doktor der Philosophie an der Universität Rostock. 1892 erscheint die erweiterte Dissertation: *Wahrheit und Wissenschaft. Vorspiel einer «Philosophie der Freiheit»* (Bibl.-Nr. 3).
1894	*Die Philosophie der Freiheit. Grundzüge einer modernen Weltanschauung. Seelische Beobachtungsresultate nach naturwissenschaftlicher Methode* (Bibl.-Nr. 4).
1895	*Friedrich Nietzsche. Ein Kämpfer gegen seine Zeit* (Bibl.-Nr. 5).
1897	*Goethes Weltanschauung* (Bibl.-Nr. 6). Übersiedlung nach Berlin. Herausgabe des «Magazin für Literatur» und der «Dramaturgischen Blätter» zusammen mit O.E. Hartleben. (Aufsätze daraus in Bibl.-Nrn. 29-32.) Wirksamkeit in der «Freien literarischen Gesellschaft», der «Freien dramatischen Gesellschaft», im «Giordano Bruno-Bund», im Kreis der «Kommenden» u. a.
1899–1904	Lehrtätigkeit an der von W. Liebknecht gegründeten Berliner «Arbeiter-Bildungsschule».

1900/01	*Welt- und Lebensanschauungen im 19. Jahrhundert,* 1914 erweitert zu: *Die Rätsel der Philosophie* (Bibl.-Nr. 18). Beginn der anthroposophischen Vortragstätigkeit auf Einladung der Theosophischen Gesellschaft in Berlin. *Die Mystik im Aufgange des neuzeitlichen Geisteslebens* (Bibl.-Nr. 7).
1902–1912	Aufbau der Anthroposophie. Regelmäßige öffentliche Vortragstätigkeit in Berlin und ausgedehnte Vortragsreisen in ganz Europa. Marie von Sivers (ab 1914 Marie Steiner) wird seine ständige Mitarbeiterin.
1902	*Das Christentum als mystische Tatsache und die Mysterien des Altertums* (Bibl.-Nr. 8).
1903	Begründung und Herausgabe der Zeitschrift «Luzifer», später *«Lucifer-Gnosis»* (Aufsätze in Bibl.-Nr. 34).
1904	*Theosophie. Einführung in übersinnliche Welterkenntnis und Menschenbestimmung* (Bibl.-Nr. 9).
1904/05	*Wie erlangt man Erkenntnisse der höheren Welten?* (Bibl.-Nr. 10). *Aus der Akasha-Chronik* (Bibl.-Nr. 11). *Die Stufen der höheren Erkenntnis* (Bibl.-Nr. 12).
1910	*Die Geheimwissenschaft im Umriß* (Bibl.-Nr. 13).
1910–1913	In München werden die *Vier Mysteriendramen* (Bibl.-Nr. 14) uraufgeführt.
1911	*Die geistige Führung des Menschen und der Menschheit* (Bibl.-Nr. 15).
1912	*Anthroposophischer Seelenkalender. Wochensprüche* (in Bibl.-Nr. 40, und selbständige Ausgaben). *Ein Weg zur Selbsterkenntnis des Menschen* (Bibl.-Nr. 16).
1913	Trennung von der Theosophischen und Begründung der Anthroposophischen Gesellschaft. *Die Schwelle der geistigen Welt* (Bibl.-Nr. 17).
1913–1923	Errichtung des in Holz als Doppelkuppelbau gestalteten ersten Goetheanum in Dornach/Schweiz.
1914–1923	Dornach und Berlin. In Vorträgen und Kursen in ganz Europa gibt Rudolf Steiner Anregungen für eine Erneuerung auf vielen Lebensgebieten: Kunst, Pädagogik, Naturwissenschaften, soziales Leben, Medizin, Theologie. Weiterbildung der 1912 inaugurierten neuen Bewegungskunst «Eurythmie».

1914	*Die Rätsel der Philosophie in ihrer Geschichte als Umriß dargestellt* (Bibl.-Nr. 18).
1916–1918	*Vom Menschenrätsel* (Bibl.-Nr. 20). *Von Seelenrätseln* (Bibl.-Nr. 21). *Goethes Geistesart in ihrer Offenbarung durch seinen «Faust» und durch das «Märchen von der Schlange und der Lilie»* (Bibl.-Nr. 22).
1919	Rudolf Steiner vertritt den Gedanken einer «Dreigliederung des sozialen Organismus» in Aufsätzen und Vorträgen, vor allem im süddeutschen Raum. *Die Kernpunkte der sozialen Frage in den Lebensnotwendigkeiten der Gegenwart und Zukunft* (Bibl.-Nr. 23). *Aufsätze über die Dreigliederung des sozialen Organismus* (Bibl.-Nr. 24). Im Herbst wird in Stuttgart die «Freie Waldorfschule» begründet, die Rudolf Steiner bis zu seinem Tode leitet.
1920	Beginnend mit dem Ersten anthroposophischen Hochschulkurs finden im noch nicht vollendeten Goetheanum fortan regelmäßig künstlerische und Vortragsveranstaltungen statt.
1921	Begründung der Wochenschrift «Das Goetheanum» mit regelmäßigen Aufsätzen und Beiträgen Rudolf Steiners (in Bibl.-Nr. 36).
1922	*Kosmologie, Religion und Philosophie* (Bibl.-Nr. 25). In der Silvesternacht 1922/23 wird der Goetheanumbau durch Brand vernichtet. Für einen neuen in Beton konzipierten Bau kann Rudolf Steiner in der Folge nur noch ein erstes Außenmodell schaffen.
1923	Unausgesetzte Vortragstätigkeit, verbunden mit Reisen. Zu Weihnachten 1923 Neubegründung der «Anthroposophischen Gesellschaft» als «Allgemeine Anthroposophische Gesellschaft» unter der Leitung Rudolf Steiners.
1923–1925	Rudolf Steiner schreibt in wöchentlichen Folgen seine unvollendet gebliebene Selbstbiographie *Mein Lebensgang* (Bibl.-Nr. 28) sowie *Anthroposophische Leitsätze* (Bibl.-Nr. 26), und arbeitet mit Dr. Ita Wegman an dem Buch *Grundlegendes für eine Erweiterung der Heilkunst nach geisteswissenschaftlichen Erkenntnissen* (Bibl-Nr. 27).
1924	Steigerung der Vortragstätigkeit. Daneben zahlreiche Fachkurse. Letzte Vortragsreisen in Europa. Am 28. September letzte Ansprache zu den Mitgliedern. Beginn des Krankenlagers.
1925	Am 30. März stirbt Rudolf Steiner in Dornach.

RUDOLF STEINER GESAMTAUSGABE

Überblick über das literarische und künstlerische Werk

Erste Abteilung: Die Schriften

I. Werke

Goethes Naturwissenschaftliche Schriften, eingeleitet und kommentiert von R. Steiner, 5 Bände (Bibl.-Nr. 1a-e); separate Ausgabe der Einleitungen (Bibl.-Nr. 1)

Grundlinien einer Erkenntnistheorie der Goetheschen Weltanschauung (Bibl.-Nr. 2)

Wahrheit und Wissenschaft. Vorspiel einer «Philosophie der Freiheit» (Bibl.-Nr. 3)

Die Philosophie der Freiheit (Bibl.-Nr. 4)

Friedrich Nietzsche, ein Kämpfer gegen seine Zeit (Bibl.-Nr. 5)

Goethes Weltanschauung (Bibl.-Nr. 6)

Die Mystik im Aufgange des neuzeitlichen Geisteslebens und ihr Verhältnis zur modernen Weltanschauung (Bibl.-Nr. 7)

Das Christentum als mystische Tatsache und die Mysterien des Altertums (Bibl.-Nr. 8)

Theosophie. Einführung in übersinnliche Welterkenntnis und Menschenbestimmung (Bibl.-Nr. 9)

Wie erlangt man Erkenntnisse der höheren Welten? (Bibl.-Nr. 10)

Aus der Akasha-Chronik (Bibl.-Nr. 11)

Die Stufen der höheren Erkenntnis (Bibl.-Nr. 12)

Die Geheimwissenschaft im Umriß (Bibl.-Nr. 13)

Vier Mysteriendramen: Die Pforte der Einweihung – Die Prüfung der Seele Der Hüter der Schwelle – Der Seelen Erwachen (Bibl.-Nr. 14)

Die geistige Führung des Menschen und der Menschheit (Bibl.-Nr. 15)

Anthroposophischer Seelenkalender (in Bibl.-Nr. 40)

Ein Weg zur Selbsterkenntnis des Menschen (Bibl.-Nr. 16)

Die Schwelle der geistigen Welt (Bibl.-Nr. 17)

Die Rätsel der Philosophie in ihrer Geschichte als Umriß dargestellt (Bibl.-Nr. 18)

Vom Menschenrätsel (Bibl.-Nr. 20)

Von Seelenrätseln (Bibl.-Nr. 21)

Goethes Geistesart in ihrer Offenbarung durch seinen «Faust» und durch das «Märchen von der Schlange und der Lilie» (Bibl.-Nr. 22)

Die Kernpunkte der sozialen Frage in den Lebensnotwendigkeiten der Gegenwart und Zukunft (Bibl.-Nr. 23)

Aufsätze über die Dreigliederung des sozialen Organismus und zur Zeitlage 1915-1921 (Bibl.-Nr. 24)

Kosmologie, Religion und Philosophie (Bibl.-Nr. 25)

Anthroposophische Leitsätze (Bibl.-Nr. 26)

Grundlegendes für eine Erweiterung der Heilkunst nach geisteswissenschaftlichen Erkenntnissen. Von Dr. Rudolf Steiner und Dr. Ita Wegman (Bibl.-Nr. 27)

Mein Lebensgang (Bibl.-Nr. 28)

II. Gesammelte Aufsätze

Gesammelte Aufsätze zur Dramaturgie 1889-1901 (Bibl.-Nr. 29)

Methodische Grundlagen der Anthroposophie. Gesammelte Aufsätze zur Philosophie, Naturwissenschaft, Ästhetik und Seelenkunde 1884-1901 (Bibl.-Nr. 30)

Gesammelte Aufsätze zur Kultur- und Zeitgeschichte 1887-1901 (Bibl.-Nr. 31)

Gesammelte Aufsätze zur Literatur 1886-1902 (Bibl.-Nr. 32)

Biographien und biographische Skizzen 1894-1905 (Bibl.-Nr. 33)

Luzifer-Gnosis. Grundlegende Aufsätze zur Anthroposophie und Berichte aus der Zeitschrift «Luzifer» und «Lucifer-Gnosis» 1903-1908 (Bibl.Nr. 34)

Philosophie und Anthroposophie. Gesammelte Aufsätze 1904-1918 (Bibl.Nr. 35)

Der Goetheanumgedanke inmitten der Kulturkrisis der Gegenwart. Gesammelte Aufsätze aus der Wochenschrift «Das Goetheanum» 1921-1925 (Bibl.-Nr. 36)

III. Veröffentlichungen aus dem Nachlaß

Briefe – Wahrspruchworte – Bühnenbearbeitungen – Entwürfe zu den Vier Mysteriendramen 1910-1913 – Anthroposophie. Ein Fragment aus dem Jahre 1910 – Gesammelte Skizzen und Fragmente – Aus Notizbüchern und -blättern (Bibl.-Nrn. 38-47)

Zweite Abteilung: Das Vortragswerk

I. Öffentliche Vorträge

Die Berliner öffentlichen Vortragsreihen («Architektenhaus-Vorträge») 1903/04 bis 1917/18 (Bibl-Nrn. 51-67)

Öffentliche Vorträge, Vortragsreihen und Hochschulkurse an anderen Orten Europas 1906-1924 (Bibl.-Nrn. 68-84)

II. Vorträge vor Mitgliedern der Anthroposophischen Gesellschaft

Vorträge und Vortragszyklen allgemein-anthroposophischen Inhalts – Evangelien-Betrachtungen – Christologie – Geisteswissenschaftliche Menschenkunde – Kosmische und menschliche Geschichte – Die geistigen Hintergründe der sozialen Frage – Der Mensch in seinem Zusammenhang mit dem Kosmos – Karma-Betrachtungen (Bibl.-Nrn. 91-244)

Vorträge und Schriften zur Geschichte der anthroposophischen Bewegung und der Anthroposophischen Gesellschaft (Bibl.-Nrn. 251-263)

III. Vorträge und Kurse zu einzelnen Lebensgebieten

Vorträge über Kunst: Allgemein-Künstlerisches – Eurythmie – Sprachgestaltung und Dramatische Kunst – Musik – Bildende Künste – Kunstgeschichte (Bibl.-Nrn. 271-292)

Vorträge über Erziehung (Bibl.-Nrn. 293-311)

Vorträge über Medizin (Bibl.-Nrn. 312-319)

Vorträge über Naturwissenschaft (Bibl.-Nrn. 320-327)

Vorträge über das soziale Leben und die Dreigliederung des sozialen Organismus (Bibl.-Nrn. 328-341)

Vorträge für die Arbeiter am Goetheanumbau (Bibl.-Nrn. 347-354)

Dritte Abteilung: Das künstlerische Werk

Reproduktionen und Veröffentlichungen aus dem künstlerischen Nachlaß

Originalgetreue Wiedergaben von malerischen und graphischen Entwürfen und Skizzen Rudolf Steiners in Kunstmappen oder als Einzelblätter

Die Bände der Rudolf Steiner Gesamtausgabe sind innerhalb einzelner Gruppen einheitlich ausgestattet. Jeder Band ist einzeln erhältlich. Ausführliche Verzeichnisse können beim Verlag angefordert werden.